교육의 이해

이위환 · 박은실 · 정선영 · 형정은 · 안도연

창지사

머리말

21세기에 들어와서 인간의 생존방식과 인간과 세계에 대한 인식은 이전 세기에서 경험했던 것과는 매우 다르고 급속한 변화를 겪고 있다. 이러한 가운데 우리 미래 세대가 방향을 찾고 가치를 창출하며 앞으로 만나는 환경에서 잘 살아갈 수 있도록 능력을 키우고 가르치는 일은 상당히 복합하고 깊은 고민을 필요로 하는 것 같다. 그런 점에서 무엇을, 어떻게, 왜, 보다 효율적으로 가르칠지에 대하여 근본적으로 다시 검토해 보아야 할 때인 것 같다.

교육학이 담고 있는 범위는 상당히 넓고, 교육학 내에는 철학, 사학, 심리학, 사회학, 공학, 행정학, 상담학 등 다양한 세부적 영역들이 서로 관련되어 있다. 이 책은 교육학의 각 영역이 갖고 있는 기본적이고 핵심적인 내용들을 소개하여 교직에 입문하고자 하는 예비교사들이 교육학을 구성하고 있는 기본 개념들과 원리들을 이해하고 교육학 전체의 윤곽을 파악하는 데 도움이 되고자 하였다.

교사가 되기 위해서는 각자의 전공 지식을 충분히 갖추는 것도 필요하지만, 그 기저에는 인간을 바로 이해하고 바른 방향으로 이끌어 주는 교육학적 관점이 구심점이 되어야 한다. 또한 교육에 대한 균형 있는 시각은 교육의 내용이나 방법 등 교육활동 전반에 영향을 미치기 때문에 교육학적 기초를 다시는 것은 예비교사들에게 매우 중요하다고 생각한다. 그런 점에서 이 책은 교육학의 전체적 구조를 이해하고 교육의 방향성을 확고히 하며 균형 있는 시각을 갖는 데 도움이 되고자 하였다. 아무쪼록 예비교사들이 교육학에 대한 충분한 지식을 갖추어서 교육성과를 극대화하는 방향으로 교육활동을 수행하는 데 도움이 되길 기대한다.

이러한 목적에서 이 책은 다음과 같이 구성되었다. 제1장은 교육의 본질, 제2장은 교육의 철학적·사학적 이해, 제3장은 교육과정의 이해, 제4장은 교육의 심리학적 이해, 제5장은 교육의 공학적 이해, 제6장은 교육의 사회학적 이해, 제7장은 교육의 행정학적 이해, 제8장은 생활지도와 상담을 중심으로 살펴보았다.

저술 과정에서 쉽고 다채로운 언어를 사용하여 학습의 즐거움을 주고자 하였으나 표현력의 부족함을 많이 느꼈다. 독자들의 이해를 돕기에는 설명이 충분하지 못하거나 정교하지 못한 표현 등 또한 아쉬움으로 남는다. 이는 향후 개정판이 나올 때 반드시 수정하도록 하겠다. 끝으로 이 책의 출판을 기꺼이 허락해주신 창지사 김기섭 사장님을 비롯하여 출판 과정에서 수고를 아끼지 않고 힘써 주신 편집부 여러분들게 진심으로 감사를 드린다.

2024년 3월

대표저자 이위환·박은실

목차

제7장 교육의 행정학적 이해

제8장 생활지도와 상담

제1장
교육의 본질

1. 교육의 개념
2. 교육의 가능성과 한계성
3. 유전과 환경의 교육적 영향
4. 교육의 3요소

1. 교육의 개념

교육이란 말은 우리가 사용하는 말 가운데서 가장 많이 쓰이고 있는 용어 중의 하나 일 것이다. 또한 교육이라는 행위를 사람이 사랑을 가르쳐 키우는 일이라고 잠정적으로 생각해 준다면, 교육은 인간이 지구상에 존재하면서부터 있어 왔다고 할 수 있다. 많은 문헌 가운데는 교육학(pedagogy) 및 교육의 개념적인 의의에 대하여 여러 가지로 해석을 하고 있으나 시원스럽지 않은 점이 많고, 여러 가지 이론을 무분별하게 사용되는 경우를 흔히 볼 수 있다. 그러나 교육학과 교육 사이에는 그들의 용어가 표시하고 있는 것과 같이 엄연히 구별할 수 있기 때문에 교육학 및 교육에 대하여 밝혀 둘 필요가 있다.

교육학(Pedagogics, Pedagogy, Education)이란 용어이다. Paidagogos는 아동을 데리고 학교에 인도하는 임무를 가지고 있는 것으로써, 교육학을 그 어원에서 생각한다면 '아동을 인도' 하는 학(學)이라고 생각할 수 있으나, 오늘날 사용되는 학술용어로서는 깊고 넓은 뜻을 가지고 있다. 따라서 일반적인 정의를 보면 '교육에 관한 사실을 연구의 대상으로 하고, 그의 원리와 방법을 강구하는 과학'이라고 정의할 수 있다.

교육학은 교육에 관한 학이므로, 교육학에 관한 견해는 스스로 교육에 관한 견해에 의존하고 있다. 따라서 교육학의 목적은 올바른 교육을 실현시키기 위한 이론을 연구하는데 있다. 교육학은 그와 같은 실천성을 가지고 있으며 또한 다른 기초과학과 보조과학에 의해서 처음으로 성립하는 응용과학이라고 생각하는 학자가 있다. 그 대표적인 학자는 헤르바르트(F. Herdart, 1776~1841)이다. 그러나 오늘날에 있어서는 교육학은 일개의 독립과학이라고 확인하는 학자들이 많이 배출하게 되었다. 교육학의 자율성에 대해서는 오늘날 아무도 의심하는 자가 없다.

자율성을 가지고 일개의 독립과학으로 성립하는데,

독립의 연구 영역이 있어야 하고,

독자의 연구 목적이 있어야 하며,

독자의 연구 방법이 있어야 한다.

그러므로 교육학에 교육이라는 독자적인 연구영역이 있고 이것은 다른 어떠한 과학에 있어서도 볼 수 없는 특징이라고 하겠다.

교육이란 무엇인가? 간략하게 요약하면 '교육은 피교육자의 성장발달을 조성 보도하며, 일정한 방향으로 인도하는 작용이다'라고 생각할 때 교육은 가르치고 기르고 또는 조성하는 사상에서 성립된다. 교육이란 사람이 사람에게 미치는 영향이라기보다 영향을 미치게 하는 사람, 교육자와 영향을 받는 사람 즉, 피교육자가 한정되어 그 양자 간에 교육이란 작용이 성립되는 것이다.

'교육', '교육한다' 혹은 '교육을 받는다'는 것은 무엇을 의미할까? 이와 같은 문제에 답함으로써 우리는 교육활동에 참여하고있는 사람들이 무엇을 어떻게 해야 하는지에 관한 실마리를 찾을 수 있다. '교육'의 의미를 탐구하기 위한 출발점으로서 피터즈(R.S. Peters)의 견해를 살펴보자.

'윤리학과 교육(Ethics and Education)'에서 교육이란 말은 '규범적 의미'를 지니고 있다고 피터즈(R.S, Peters)는 주장했다. 교육이란 무엇인가 바람직한 것을 도덕적으로 인정할 수 있는 방법을 통해서 의도적으로 전달하는 것을 의미한다. 피터즈(R.S. Peters)의 말로 표현 한다면 '무엇인가 바람직한 것이 성취되어야 한다는 기준'을 말한다. 따라서 교육이란 바람직한 것을 전달하는 것이다.

이와 관련지어 '교육한다'는 말이 있다. 학생에게 공해, 선거, 도덕, 축구, 글씨 등 그 외 수 많은 일들에 관해서 항상 교육을 해야 한다는 말을 늘 쓰고 듣는다. 이 경우에 교육한다는 말의 명확한 의미는 어떠한 지식을 가르쳐야 하며, 그 지식은 이해되어야 하고 이를 통해서 그 사람의 행동은 변화되어야 한다는 것이다. 이렇게 볼 때 교육받은 인간이란 지식이나 이해의 개념과 관련지어 전체적으로 변화된 사람이라고 볼 수 있다.

우리가 살고 있는 우주질서에 대한 견해에 따라 또는 인간과 사회를 어떻게 보느냐에 따라 교육관이 달라진다. 교육적 가치체제에 개인적 필요, 사회적 필요를 포함하며 이들은 세계관·인간관·사회관에 따라 달리 해석되는 것이다. 그러므로 교육의 정의는 시대와 그 교육적 가치와 교육사상에 따라서 각기 여러 가지로 내릴 수 있다.

칸트(I. Kant, 1724~1804)는 도덕적·인격적인 견지에서 '소박하고 미숙한 사람을 도덕적·인격적으로 인간을 인간답게 형성하는 작용이다.'라고 정의하였다. 이것은 인간다운 인간은 교육을 통해서만 이루어질 수 있다는 것이다. 또한 그의 인간다운 인간을 도덕적이고 인격적인 사람으로 보고 교육의 목표에서 도덕적이며 인격적인 면을 중시하였는데 이는 동양의 고매한 성인으로 변화시키는 작용이 교육의 본질이라고 보았다. 인간은 이성적인 존재이므로 사물의 올바른 지식이나 학문을 가르치고 배우며 지성이 발달하여 이성(Logos)이 계발되고 이를 행하게 되어 덕행을 하게 된다고 하였다.

루소(J.J. Rousseau, 1721~1778)나 케이(Ellen Key, 1849~1916)는 개인성, 자연성의 견지에서 '교육은 인간의 자연적 발달을 위한 모든 조성활동이다.' 라고 교육을 정의하였다. 즉 '교육이 자연의 법칙에 따라 개체의 발달을 기술적, 지성적으로 조성하려는 인류 고유의 사업이라면 미성숙한 자연인을 독립적인 생활인으로 성숙할 수 있도록 성숙자가 미성숙자를 육성하는 모든 작용이다.' 라고 정의한 것이다. 그는 인간의 자연성은 신의 섭리에 의해 이루어졌기 때문에 완전하고 선한 것이라고 하였다. 이 자연성이 자발자전(自發自展)할 수 있도록 교사가 조성하는 것이 교육의 본질이라고 규정했다.

어린이의 자연성을 실현하는 환경적 조성을 참다운 교육이라고 하면서 어린이의 요구를 충족시켜주면 덕성이나 인격이 스스로 지녀진다고 하여 정의감정에 중점을 주었다. 오늘날 정의 교육의 강조와 아동중심 교육이 주장되고 있는 것을 루소(J.J. Rousseau)의 정의 교육이라고 할 수 있다.

페스탈로치(J.H Pestealozzi, 1746~1827), 나토르프(P. Natorp, 1854~1924), 크리크(E. Krieck, 1882~1947) 등은 사회적 견지에서 교육을 정의하기를 '교육은 사회 개선의 교육적인 수단이다.' 라고 하였으며, 또한 교육은 생활의 근본기능이며 인간생활과 인류역사 발전에 큰 영향을 주는 것이라고 보았다.

특히 페스탈로치 3H(Head, Heart, Hand)의 조화를 주장하면서 인간을 자연적 상태(무율 동물인), 사회적 상태(타율 사회인), 도덕적 상태(자율 도적인)의 세 가지로 구분하여 교육은 자연적 상태에서 사회적 상태로, 더 나아가서는 도덕적 상태로 높이는 작용이라고 하였다. 즉 교육은 사람을 사회의 요구에 알맞도록 조화 있게 계발시켜 사회개선에 보람 있는 인간으로 변화시키는 작용이라고 보았다. 이러한 사회화(Socialization)는 실제 사회과정에 참여함으로써 이루어지는 것으로 그 사회작용은 사람에 의해서 이루어져야 한다고 하였다. 이것이 바로 교육을 사회개선의 수단이라고 정의한 것이다.

슈프랑거(E. Spranger, 1882~1963)는 문화적인 견지에서 교육을 정의하기를 '교육은 성숙한 사람이 미성숙한 사람을 자연의 상태에서 이상의 상태로 끌어올리기 위해 문화유산을 통하여 유의적, 구체적, 연속적으로 주는 문화적 작용이다.' 라고 하였다. 문화의 전달은 가치의 전달이라는 관점에서 교육은 인간의 가치추구 또는 가치의 실현이라고 하였다. 또 '가르친다' 의 의미를 '문화유산을 전달하라' 라는 의미로 해석하였다. 따라서 교육의 본질을 문화의 전달·전승으로 본 것이다.

마리탱(J. Maritain, 1822~1973)과 윌만(O. Willmann, 1839~1920)은 종교적 견지에서 '교육은 신의 의사를 실현시키는 과정이다.' 라고 정의하였다. 또한 '개개인의 교육은 소질을 지니고 어떤 환경에 태어났음은 신에 의해서 주어진 것이며 교육은 이러한 신의 모상(模相)으로서 인간 영혼 완성에 참여하고 공헌해야 한다.' 라고 하였다.

특히 마리탱(J. Maritain)은 교육이란 인간을 형성 내지 완전에로 지향하게 하는 과정이며, 성인들이 의식적으로 젊은 청년들을 계발하는 것이며, 가장 좁은 의미의 교육으로서 제반 학교 및 대학 같은 곳에서 취급되는 특수한 직분을 의미한다고 하였다.

코메니우스(J.A. Comenius, 1592~1670)는 인간이 신과 일체가 되어 영원한 행복을 누리도록 하는 것이 교육이라고 하면서 우리 인간은 지식과 도덕, 경건심을 가지고 태어났기 때문에 이것을 계발시킴으로써 신과 일체가 될 수 있다고 하였다. 또한 교육은 지식을 수여하고 덕성을 함양하며 신앙을 갖도록 하는 것이라고 보았다.

듀이(J. Dewey, 1859~1952)는 생활경험의 견지에서 '교육이란 생활이며, 성장이고, 사회과정이며, 축적된 경험의 재구성.'이라고 정의하였다. 또한 '교육이란 생물이 살아 있는 동안 계속되는 자연적 경험이며 사람의 생활 과정 속에서 자연적으로 성립되는 것이므로 교육은 곧 생활이다.'라고 하였다. 그러므로 교육은 모든 사람이 하급자인 동시에 교육자이고 모든 장소가 교육의 장이 될 수 있다는 것이다. 이와 같이 교육은 일생을 통해서 부모나 형제는 물론이요, 주위에 있는 모든 사람들까지도 교육적 관계를 가지고 있다.

그러므로 '교육은 끝없는 경험개조와 과정이며 경험을 사회적으로 실용적으로 넓히고 깊게 하는 적이다.'라고 하였으며, 또한 '교육은 생활의 사회적 연속을 위한 수단이다.'라고 정의하였다.

이상과 같이 교육에 관한 개념규정을 여러 학자들이 각기 다르게 규정하고 있으나, 교육은 인간을 대상으로 하는 인간형성 과정인 동시에 작용이라는 공통적인 견해로 집약할 수 있다. 교육은 미성숙자의 성장발달을 조성하며 가치있는 방향으로 인도하고 변화시키는 작용이다. 그러므로 교육이란 인간의 행동을 의도적이고 계획적이며 형식적으로 변화시키는 과정인 것이다.

인간행동의 변화란 인간의 특성을 개조하고 육성하는 것으로서 지식과 사고화 태도, 가치관 등을 바람직한 방향으로 변화시켜 인간을 형성해 나가는 작업을 말한다. 교육에서는 인간의 행동이 자연적으로 변화하기를 기대하는 것이 아니라, 일정한 계획에 따라 의도적으로 인간 행동을 변화시키는 과정이라 할 수 있다. 이러한 계획적인 인간 행동의 변화는 목적의식과 체계적인 활동을 전제로 하는 것이며, 이것이 곧 교육인 것이다. 교육은 자연적 인간을 이상적 인간으로 육성하는 동시에 그 사회·문화적인 유산을 계승·발전시켜서 사회의 존속과 발전을 위해 사용하는 사회개혁의 수단이라고 할 수 있다.

2. 교육의 가능성과 한계성

인간은 무한한 가능성을 갖고 태어났다. 학자에 따라서는 잠재적 능력이라고도 하고 가소성 또는 도야성이라고도 표현한다. 이러한 능력은 후천적 조건에 의하여 영향을 받는다.

성장 가능성을 분류해 보면 신체적 성장 가능성, 지적 가능성, 정서적 가능성, 사회적 가능성, 도덕적 가능성을 들 수 있다.

신체적 가능성은 영양 섭취에 따라 상당한 차이를 나타내며 체력 단련에 따라서도 많은 차이를 보인다. 지적인 가능성은 유전설에도 불구하고 양육과 정을 통해 후천적으로 극대화 할 수 있음을 경험하게 된다. 정서적 가능성은 안정을 추구할 수 있는 능력을 갖고 있다. 사회적 가능성은 인간은 어릴 때부터 타인과 관계를 맺으려는 능력을 갖고 있다. 도덕적 가능성은 인간은 동물과 달리 도덕적 식별력을 갖고 있다. 이러한 성장 가능성은 가능성으로 끝나는 것이 아니라 적극적으로 성장하려는 자체 추진력이 있다. 그것을 성장력이라고 말한다.

즉, 인간은 먹으려 하고 운동을 하려는 욕구를 갖고 있으며, 어릴 때부터 알고자 하는 충동이 강해 주위 사람들에게 많은 질문을 하게 되고, 정서적 안정을 위해 여러 가지 행동기제 즉, 동일시, 합리화, 보상, 대치, 공격, 도피작용 등을 행사하게 된다. 사회적으로 집단에 소속하려는 욕구가 강하며 도덕적으로 착한 일을 하여 타인으로부터 인정받고 싶어한다. 인간에게 이러한 잠재적 능력 또는 가소성이 있기에 교육이 가능한 것이다.

우리는 여기서 인간의 무서운 가능성과 잠재능력을 발견할 수 있다. 인간의 잠재 가능성에 대한 신념이 강할수록 교육·교육자의 교육력은 강하고 박력 있는 교육활동 방향으로 전개될 것이다.

3. 유전과 환경의 교육적 영향

우리는 앞서 인간 형성의 과정에 있어서 유전과 환경의 힘이 다 같이 중대한 역할을 하고 있음을 알아보았다. 교육이란 인간 개체가 가지고 있는 선천적인 소질 즉, 유전으로부터 받은 성질을 환경에 의해서 그의 가능성을 성장 발달시켜 나가는 과정인 것이다. 따라서 인간형성은 유전과 환경 그리고 교육의 삼자가 상호작용 함으로써 이루어지는 것이다.

인간형성에 있어서 유전과 환경의 요인 중 어느 쪽이 보다 결정적인 작용을 하느냐를 규정 짓기는 어려운 것이다. 일반적으로 인간의 신체적 특성은 대부분 유전적 요인에 의해서 결정된다는 점에는 별다른 의견이 없으나 심리적인 특성이 과연 어떤 면에 결정되느냐에 대해서는 학자에 따라서 각기 다른 견해가 있는 것이다.

1) 유전과 환경의 상호작용

(1) 유전적 요인과의 작용

유전적 요인이 인간형성에 무시할 수 없는 작용을 한다는 점엔 의심할 바가 없다. 여기에서 유전적인 요인으로는 직접적으로 작용하는 예와 간접적으로 작용하는 예를 들 수 있다. 직접적인 영향을 미치는 경우로는 유전인자 자체가 어떤 결함이 있거나 또는 유전과정에서 질환 같은 것으로 어떤 환경적인 작용이 그것을 회복시킬만한 역할을 할 수 없을 때이다. 간접적인 작용의 경우는 유전적으로 허약한 체질을 타고났을 때 주위환경으로부터 사회적인 유입상태가 되어 지능발달이나 성격상의 왜곡상태를 일으키는 것을 들 수 있다.

(2) 환경의 구조적·기능적 작용

환경이 인간형성에 주는 영향은 두 가지로 작용한다. 하나는 인간의 심리적 특성을 형성하는 데 유기적인 관계로 영향을 주는 것과, 또 하나는 환경이 직접적 자극으로 작용하는 측면이다. 전자를 환경의 구조적인 요인에 의한 것이라 하고, 후자를 환경의 기능적 요인이라고 본다. 구조적 작용의 대표적인 경우로는 출생 시에 일어나는 뇌장애의 현상으로 발생되는 정신박약 상태를 들 수 있다. 뇌장애는 출생 시 또는 출생 후에 외부로부터 자극이 왔을 때 정신기능의 발달에 커다란 지장을 가져옴으로써 나타난다고 볼 수 있다.

이와 같은 경우 정신박약 상태를 가져오는 요인은 환경적으로 결정된 유기적 또는 구조적인 영향에 의한 것이다. 환경의 기능적 작용이란 어떤 환경적인 자극이 직접적으로 인간형성에 영향을 주는 것을 의미하는 것이다. 그 예로서 사회계층의 영향에 따라 지적발달·성격 형성·흥미·동기·가치관으로 작용하는 것이다. 이와 같이 유전적 요인과 환경적 요인이 어떻게 작용하느냐를 생각하는 것이 중요하다.

2) 환경의 중요성

위에서 고찰한 바와 같이 인간형성에 있어서 유전적 요인이 직접적으로 작용하는 경우도 있기는 하나, 대부분의 경우 유전적인 요인이 환경적인 요인과의 어떤 작용을 통해서 인간형성에 영향을 미친다고 볼 수 있다. 이런 점에서 근래에 심리학자들의 환경의 작용에 관한 연구가 활발하였다.

블룸(Bloom, 1964)은 장기간에 걸친 종단적(Longitudinal) 연구와 환경의 작용에 대한 문헌을 분석하여 환경의 작용에 대한 실증적이고 설득적인 증거를 다음과 같이 제시하였다.

첫째, 환경은 인간의 특성에서 일어나는 변화의 범위와 종류를 결정해 준다. 특히 학교 학습을 통해서 나타나는 학력은 상당한 정도로 환경요인에 의해서 결정된다고 말하였다. 또한 인간의 흥미·태도·가치관과 그 밖의 성격적 특성에 있어서도 유전적 또는 유기적인 근거는 희박하고 오히려 환경에 의해서 크게 결정된다는 증거를 제시하고 있다.

둘째, 환경의 영향은 인간발달의 과정 중에서 가장 급격한 발달이 이루어지는 시기에 더욱 크게 작용한다. 인간발달은 급격한 발달의 시기가 있는가 하면 완만한 발달의 시기가 있는데, 환경이 급격한 시기에 큰 것이며 완만한 시기에는 적다는 것이다.

셋째, 인간에게 주어지는 환경 중에서 초기 환경의 영향이 더욱 크고 중요하다. 취학 전의 유아기가 발달이 가장 급격한 시기이며 초기 환경이 인간형성의 가장 중요한 출발점인 것으로서 중요하다는 것이다.

넷째, 환경은 원천적으로 개인에 따라 변별적인 작용을 한다고 할 수 있으나, 환경에 접하고 있는 모든 개인을 동일하게 변화시키는 작용을 하는 경우도 있다. 그 예로 문화실조(culture deprevation) 상태나 혹은 빈곤상태가 가져오는 심리적 특성에 대한 작용을 들 수 있다.

다섯째, 환경의 영향에 의한 변화에는 한계가 있다. 인간형성의 초기단계에는 환경의 영향이 강력하지만 점차 성인이 됨에 따라 감소되어 나중에는 별로 영향을 미치지 못하게 된다는 것이다. 인간의 심리적·정신적 능력의 근원은 선천적인 것이나 이것을 구체적으로 실현시키는 것은 환경 즉, 교육의 힘에 의한 것이다.

3) 형식적 교육과 비형식적 교육

교육은 출생에서부터 사망 시까지 그리고 어느 장소, 어느 시기를 막론하고 성장과정 내지 인간생활을 하는 과정에서 끊임없이 동반되는 것이다. 이러한 측면에서 볼 때 교육은 광의의 뜻을 지니며 또한 포괄성을 가지게 된다.

사람은 출생하면서부터 사회에서 생활하고 교육을 받는다. 즉 인간은 공동생활을 하는 동안에 언어, 행동, 생활양식을 배우고, 자아(ego)를 발견하며 인격을 형성한다. 따라서 교육은 학교와 교실, 그리고 수업시간 중에만 이루어지는 것이 아니라 언제 어디서나 의도적이건 무의도적이건 항상 이루어지는 하나의 사회적 현상인 것이다. 그러므로 우리의 모든 생활은 교육이라 할 수 있다.

이러한 의미에서 듀이(J. Dewey)가 '교육은 사회로부터 사회를 통해서 사회에 이르기까지의 교육이 아니면 안 된다'라고 한 것과 같이 사회와 생활을 떠난 교육은 이루어질 수 없는 것이며, 개인은 또한 사회의 일원인 것이다. 개인의 자기 완성은 그 능력에 따라 일생을 두고 점진적으로 달성되는 것이지만 교육은 이와 같이 생활을 통하여 자기의 능력을 도야하는 것이다.

따라서 교육은 공동사회를 위한 교육인 동시에 개인을 위한 개인의 교육인 것이다. 어떠한 감화나 영향도 사회와 인간의 형성과 발전에 이바지한다면, 그것이 의도적이건 무의도적이건 간에 교육으로 이루어지게 된다.

이러한 교육을 듀이(J. Dewey)는 형식적인 교육과 비형식적인 교육으로 나누었다. 전자는 협의의 교육이요, 후자는 광의의 교육이라 할 수 있다.

크리크(E. Krieck)는 의도적 교육(학교 교육), 반의도적 교육(가정과 직장교육), 비의도적 교육(사회 교육)으로 나누었으며, 교육이 무엇인가에 대해서는 범위가 넓음과 좁음에 있어서 의미하는 바가 다르고, 또한 그것을 받아들이는 대상에 따라서도 그 의미가 달라진다.

교육은 교육목적이나 방법 또는 대상에 따라 여러 가지 형태로 구분할 수 있다.

① 교육하고자 하는 의도나 목적의식의 유무에 따라 형식적 교육(의도적 교육)과 비형식적 교육(무의도적 교육)으로 구분할 수 있다.

② 교육의 목적이나 성격에 따라 일반교육(보통교육)과 특수교육(직업교육)으로 구분한다.

③ 교육의 장을 중심으로 가정교육, 사회교육 및 학교교육으로 구분한다.

④ 교육대상의 성질에 따라 유아교육, 아동교육, 성인교육으로 구분한다.

⑤ 학교 계층에 따라 유치원교육, 초등교육, 중등교육, 고등교육으로 구분한다.

⑥ 교육하는 방법의 특수성에 따라 시청각교육, 실습교육, 방송통신교육으로 구분한다.

⑦ 교육의 기간에 따라 단기교육, 장기교육, 생애교육 등으로 구분할 수 있다.

그리하여 여기서는 교육의 형태를 형식적 교육과 비형식적 교육에 관해 살펴보고자 한다.

(1) 형식적 교육

형식적 교육(formal education)이란 인간형성을 위하여 의도적으로, 또는 구체적인 계획 하에서 이루어지는 것을 말한다. 형식적인 교육은 교육자와 피교육자가 있고, 교사(敎舍), 시설, 설비와 일정한 교육내용이 있어서 의도적, 조직적, 계속적으로 형식을 갖추어 교육하는 것이 특징이다. 따라서 형식적인 교육에서는 사회의 영향이 아동에게 미치는 것이다. 또한 사회적 동화라는 막연한 것이 아니라, 인간의 성장발달을 도와 문화의 향상과 사회의 발전을 도모하려는 의도적인 영향이며, 그 영향은 일정한 계획 하에 계속적으로 할 수 있도록 성장발달을 도모하는 의도적, 계획적 활동인 것이며, 그 목적은 실현단계에 따라 구성된 교재내용을 매개로 하며, 효율적인 지도방법이다.

따라서 형식적 교육이란 계획적이고 의도적인 교육이며, 교육기관에 의한 교육이다. 교육기관이란 교육목적을 가지고 특정한 계획 밑에 설치된 것으로서, 학교가 그 대표적인 것이라 할 수 있으며, 그 외에 훈련소, 양성소, 학관, 서당, 강습소 등과 같은 교육기관이 있다. 또한 형식적인 교육은 이러한 것에만 국한되는 것이 아니라 가정이나 직장, 그리고 일반 사회에서도 행해질 수 있다. 이것들은 학교교육에 비하여 의도의 명확도와 계획의 정밀도는 낮을지라도 어느 정도 형식적인 교육이라 할 수 있다. 예를 들면 가정에서 부모와 자녀에게 예법이라든지 지식, 기능을 습득시킬 의도 하에 꾸짖고, 칭찬하고, 부모 자신이 언행을 삼갈 때에 거기에는 의도적으로 교육이 이루어지고 있는 것이다.

그리고 관청, 사회, 공장, 기타 직장에서도 상사나 또는 선배가 미숙한 후배를 의도적, 계획적으로 교육하는 일이 있으므로 직장의 경우에도 형식적인 교육이 행해지고 있는 것이다. 이와 같이 학교 이외의 가정이라든지, 또는 일반사회에서의 교육이 비합리적, 봉건적이라 할지라도 의도적, 계획적으로 형식적인 교육이 이루어지고 있으며, 이와 같은 교육은 인간형성에 있어서 중요한 작용을 하고 있다.

(2) 비형식적 교육

비형식적 교육(informal education)이라 함은 교사(敎舍)나 교재를 필요로 하지 않고 사회로부터 받는 사회적 동화라 할 수 있다. 이러한 비형식적인 교육은 뚜렷한 목적, 조직, 형식 그리고 계속성이 없으며, 일시적으로 교육적 영향을 미치는 교육적 기능을 갖고 있는 것이 특색이다.

크리크(E. Krieck)는 '교육은 인류에게 언제 어디서나 행해지고 있는 정신적인 근본 기능이다.'라 말하고, '지구는 인류의 학교'라고 한 것은 사회생활 그 자체가 인간형성에 작용하고 있음을 지적한 것이다. 순진한 아동이 친구를 잘못 사귄 탓으로 불량아가 된다든지 불량한 아동이 착한 아동과 어울림으로써 착한 마음을 갖는 경우가 있듯이, 인간은 서로 접촉하는 데 따라 인간형성이 이루어지는 것이다.

비형식적 교육은 무의도적 교육으로서 기능적 교육이라고도 하며, 교육기관에 의하지 않은 교육이다. 서적이나 잡지, 영리를 목적으로 하는 영화, 라디오, TV 등 특히 교육의 목적에 있어서 설비된 국방부 직할부대 및 기관 이외의 모든 사회기관에 의해서 자연발생적으로 이루어지고 있는 교육이다.

엄격한 의미에서 보면 가정교육이니, 사회교육이니, 자연교육이니 하는 것이 그 대표적인 것이다. 가정교육이나 사회교육도 근래에 와서 일정한 형식을 갖춘 계속적이며 의도적인 교육으로 재조직되어야 하겠다는 생각들이 있기는 하나, 역시 비형식적 가능성을 벗어나지 못하고 있는 것으로 생각된다.

비형식적으로 이루어지고 있는 교육의 특색은 뚜렷한 교육의 목적이나 조직 및 형식이 없이 무의도적으로 이루어지고 있는 점에 있다. 인간의 사회에는 어느 곳에나 교육현상이 이루어진다고 하겠는데, 이렇게 광의로 해석하여 사회과정에서 자연발생적으로 일어나는 무의도적 교육이 바로 비형식적 교육이 된다.

이와 같이 인간이 살고 있는 곳에는 언제 어디를 막론하고 비형식적 교육이 이루어지고 있다. 따라서 가풍과 세습 또는 학교에서 자연적으로 이루어지는 교풍 등이 인간 형성에 커다란 영향을 미친다는 것을 생각할 때, 교육은 사회생활 그 자체가 가지고 있는 인간 형성의 기능이라고 볼 수 있다. 그러나 여기서 비형식적인 교육이 막대한 영향을 줄 경우 형식적 교육을 통해서 이루어 놓은 교육의 성과를 망칠 수도 있다는 사실을 주시해야 한다.

이러한 의미에서 형식적인 교육과 비형식적인 교육은 인간형성에 있어서 모두 중요한 것이며, 이는 상호간에 밀접한 관계를 가지고 있다. 따라서 형식적 교육만으로는 충분한 교육적 효과를 거둘 수 없으며, 비형식적 교육의 협조 없이는 형식적 교육의 목적을 달성할 수 없는 것이다.

4. 교육의 3요소

교육의 요소(elements of education)란 의도적인 교육활동이 이루어지기 위하여 반드시 필요한 요건을 말한다. 일반적으로 인적요소와 물적 요소로 구분할 수 있으며, 교육의 3요소라고 하면 교육의 주체인 교사와 객체인 학생 그리고 매개체인 교재를 말한다.

교육이란 실천적인 작업이므로 실천의 주체와 대상이 있게 마련이다. 실천의 주체를 '교육의 주체(The Subject of Education)'라 하고, 실천의 대상을 '교육의 객체(The Object of Education)'라 한다. 그리고 교육의 주체와 객체의 매개체로서의 교육내용을 '교육의 재료(Educational materials)' 또는 '도야제(Bildungsg-ut-er)'라고 한다. 교육은 이러한 3요소가 상호작용하는 가운데서 성립된다.

루소(J.J Rousseau)는 교육의 3요소로서 자연, 인간, 사물을 제시했다. 자연은 아동의 내재적 인간성 즉, 그의 소질과 성장의 힘을 말한 것이고, 인간과 사물은 이에 영향을 미치는 외적 환경을 의미하는 것이다. 그러므로 교육요소 중에는 환경의 영향을 중요시하고 있다.

환경을 중요시한 현대의 교육학자 가운데 우리는 듀이(J.Dewey)를 생각할 수 있다. 그는 '다만 학습자의 주위에 있는 것이 그대로 환경이 되는 것이 아니라 그것이 학습자의 행동과 접촉되고, 상호작용을 할 때 비로소 진정한 환경이 되는 것'이라고 하였다. 그러므로 교육활동의 최소한의 요건은 본질적으로 교사와 학생과 교재 등의 3요소가 상호작용 할 때 비로소 성립된다.

(1) 교사

교사는 교육의 주체로서 학생의 학습활동을 계획하고 지도하는 역할을 하는 사람이다 교사의 최대의 기능은 비록 그 형태가 어떻든 교수의 기능이다. 그러므로 교사는 가르쳐야 할 내용에 대한 정확한 이해와 학습자에 대한 올바른 이해가 선행되어야 하며 유효한 교수방법을 체득하고 있어야 한다. 또한 교사는 미성숙한 학습자의 올바른 인도자요, 안내자요, 학습자의 잠재력을 최대한 키워주고 도와주는 조성자 및 조언자로서 책임과 기능을 가지고 있다.

학습의 주체는 학생이라고 할 수 있으나 교육의 주체는 분명히 교사가 되어야 한다. 주체로서의 교사는 적어도 다음과 같은 몇 가지 조건을 교사의 자질로서 갖추어야 하는데(Gilbert Highet) 그것은 첫째, 자기 담당 교과에 대한 깊은 이해, 둘째, 자기 전공에 계속적으로 정열을 쏟는 것, 셋째, 학생을 좋아하는 것, 넷째, 학생의 성장발달에 대하여 과학적으로 깊이 이해하는 것, 다섯째, 기타의 자질로서 유머감 등이 있다. 또한 교육의 주체자로서의 교육자는

① 인간의 탐구자이어야 하며,
② 역사와 사회의 연구자이어야 하며,
③ 진리의 추구자이어야 하며,
④ 사랑의 자각자이어야 하며,
⑤ 교육의 전문가이어야 하며,
⑥ 진정한 예술가이어야 하며,
⑦ 철저한 실천가이어야 한다.

(2) 학생

학생은 교육활동의 핵심적인 작용의 대상자이지만 학습활동에서는 주체자이다. 학습활동에서 학생의 부재를 생각한다는 것은 불가능하다. 교사의 교수 없이도 학습은 일어날 수 있으나 학생 없이 학습은 있을 수 없다고 말할 수 있기 때문에 학습의 주체는 학생인 것이다.

그러므로 학생은 교육의 객체이며 대상이지만 그는 단순한 수동적 위치에 있는 것이 아니라 스스로 타고난 천부의 가능성과 잠재력을 능동적으로 실현해 가는 학습의 적극적인 주체자이다. 학생은 어디까지나 자기 내면에 스스로 알려고 하는 욕망과 성장하려는 적극적인 힘을 가지고 있다. 그러나 목적을 자각하고 목표를 향해서 나가는 데 필요한 지식을 습득하거나 이를 해결하는 힘이 부족하고 미숙한 상태에 있을 뿐이다. 그러나 이 미숙은 성장의 기초조건이며, 적극적인 힘 즉, 성장하려는 힘을 의미한다. 이 때문에 교육적 환경의 조성자로서 교사의 역할이 중요한 것이다.

교육활동에서 학생에 대한 다음과 같은 두 가지 특징이 존중되어야 한다. 먼저 인간으로서 모든 학습자는 전인적 인간으로서의 공통점이 존중되어야 한다. 전인적 인간이란 지·정·의가 완전하게 조화된 원만한 인간을 말한다.

인간을 구성하고 있는 요소들이 아무리 많고 인간의 다른 점이 아무리 많이 존재한다고 해도 인간은 누구나 인간이라고 불릴 수 있는 공통점이 있으며 교육에서는 이 점이 강조되어야 한다.

다음으로 개인차를 인정하는 것이다. 개인차에는 학습자 개개인 사이에 존재하는 능력, 성격, 환경, 등의 개인 간의 차이가 있을 수 있으며, 동일 개체 내에서도 다양한 영역에서 능력의 차가 있을 수 있다. 특히 후자의 관점에서 볼 때, 어떤 학생이 음악적인 것에는 소질과 능력이 있어도 그림을 잘 그리지 못하는 수가 있다.

교육이 궁극적으로 목적하는 바는 학생의 행동의 변화이며 학생의 장래의 행복을 추구하는 일과 관계가 있는 일이라면, 교육은 학생이 가진 제각기 다른 소질들을 발견하고 발전시켜 나가는 일을 돕는 데 최선을 다해야 할 것이다.

(3) 교재

교육은 교사와 학생만으로 성립될 수 없다. 교사와 학생을 연결시켜 주는 매개물이 존재하는데 우리는 그것을 교육의 내용이라고 부르고 있다. 교육내용이란 가치롭다고 인정되는 인류의 문화유산과 생활경험 즉, 교재인 것이다. 교육은 교사와 학생, 그리고 그 사이를 연결시켜 주는 교재와의 역동적인 상호작용 가운데서 성립되는 것이다.

교재인 교육내용은 교육과정(Curriculum)의 문제이다. 학생에게 어떤 내용의 교재를 사용했는가에 따라 각기 다른 사람을 만들 수 있다고 생각해 볼 때, 교육내용을 누가 어떠한 절차를 거쳐서 어떻게 선택하고 결정해서 배열하는가 하는 것은 매우 중요한 일이다.

교육내용이 가치 있는 것이어야 한다는 데는 누구나 다 동의할 수 있다고 해도, 누구에게 가치 있어야 하는가? 성인에게 가치 있어야 하는가? 학생에게 가치 있어야 하는가? 보편적으로 누구에게나 가치 있는 것이란 무엇인가? 등의 문제를 분명히 해두어야 할 것이다. 그러므로 교육과정을 수립하고 계획하는 사람들은 진리와 증거의 편에 서야 됨이 강조되어야 한다. 인간이 발견하고 이룩해 놓은 많은 양의 지식, 축적해 놓은 문화재, 도야재 가운데서 어느 것이 더 가치롭고 유용한 것인가? 또한 그것을 어떻게 배열하고 조직해야 학습자가 더욱 효과적으로 이해하고 성장발달의 극대화를 가져올 수 있을까? 등의 문제가 교육에서 신중히 고려되어야 될 것이다.

교육을 '경험의 재구성'이라고 부르는 듀이(J.Dewey)는 환경 및 경험 전부가 교육의 내용이 된다고 볼 수 있다. 그러므로 교육활동이 이루어지는 장소인 교육의 장은 교육적 환경, 교육적 경험이 되어야 한다. 교육의 장은 물리적인 장소와 시설을 말할 수도 있지만 그보다 교사와 학생, 학생들 상호간의 인간관계, 분위기 및 풍토와 학습자의 인격형성과의 관계를 고려한 연구의 결과는 학교의 특성과 사회적 풍토가 학생들의 지적 및 가치관의 형성에 크게 영향을 미치고 있음을 교육자들은 인식해야 할 것이다.

교육의 세 구성 요소로 보아 교육이 어떠한 과정(process)을 통해 이루어질 것인가를 짐작할 수 있다. 즉 교육의 과정을 교육 목표를 세우고, 목표에 따라 경험내용을 선정하고, 선정된 내용을 학생들의 발달단계에 맞게 조직하고, 일정기간 경험과정(teaching)을 거쳐 평가에 이르게 된다. 이 과정은 과정 간에 상호작용적, 순환적 관계를 반복케 되는 것이다. 여기에 관한 보다 상세한 설명은 교육과정에서 다루기로 한다.

제2장

교육의 철학적·사학적 이해

1. 스파르타 아테네 교육
2. 그리스의 교육 사상가
3. 로마의 교육
4. 르네상스기의 교육
5. 종교개혁의 교육
6. 17세기 교육의 이해

1. 스파르타 · 아테네 교육

1) 스파르타의 교육

스파르타는 기원전 12세기경 도리아족이 펠로폰네소스 반도의 남동쪽 끝에 있는 라케다이모니아(Lakedaimonia)에 세운 도시국가이다. 스파르타는 지리적으로 고립되고 경제적으로 후진적인 국가였다. 정복전쟁을 통하여 국가를 유지해 나갔으며 소수의 지배계급이 다수의 피지배계급을 통치해야 했기 때문에 군국주의적 국가체제를 갖추고 있었다. 따라서 교육도 집단주의적, 군국주의적 성격을 갖고 있었다. 이웃 영토의 정복과 이들을 다스리는 데 필요한 힘의 교육, 군국주의 교육을 강조하였다.

스파르타는 세 종류의 계급이 형성되어 있었다(신차균·안경식·유재봉, 2006). 첫째, 스파르타 시민(Spartiates: 귀족계급)은 도시 안에 살았으며, 참정권이 있고 모든 시간을 군사훈련에 바쳤다. 둘째, 부용민, 즉 자유로운 거주자들(Perioikoi)은 자유롭지만 참정권이 없었다. 상인들, 기능공들이 여기에 속한다. 셋째, 노예(Helot: 원주민)로 시민의 20배에 이르러, 노예의 반란을 통제할 수 있는 길은 엄격한 군국주의뿐이었다.

스파르타의 교육의 기초는 기원전 9세기경의 리쿠르구스(Lycurgus)헌법에 의해 확립되었는데, 이 헌법의 특색은 국가를 개인보다 우위에 두는 것으로 많은 노예를 지배하고 강력한 군사력으로 국가의 번영을 기도하였으며, 교육도 이 헌법에 의해 실시되었다. 스파르타 사람의 생활 전체는 엄격하게 국가를 지향하고 있었으며, 국가는 가장 큰 교육 권력이었다.

스파르타의 교육목적은 국가에 대한 충성심을 가진 호전시민을 양성하는 것이었으며, 이상적인 군인에 필요한 강한 힘, 용기, 복종력, 인내력을 계발시키는 것이었다. 이러한 교육목적을 달성하기 위하여 어린이는 7세에 병영에 들어가 엄격한 초기 훈련을 받았다. 7~18세에도 엄격한 훈련과정을 거쳐야 했다. 그들은 맨발로 걷고 딱딱한 침대에서 잤으며 수영, 달리기를 비롯한 여러 가지 운동과

활동을 하였다. 18세의 스파르타 청년들은 2년 동안 전쟁술을 배웠다. 20세 때 정식 군대의 일원이 되어 30세까지 함께 살다가 30세가 되면 아내와 함께 가정에서 생활할 수 있었다. 그러나 군복무 기간은 60세까지였다(정석환, 2007).

따라서 스파르타의 생활은 군사적 기초 위에서 조직되고, 전쟁의 기술과 체육, 음악이 교육의 주요내용이었다. 신체적 단련을 위해 체육을 중요시하였고, 정신적인 도야를 위해서 음악을 중요시하였다. 지적인 면에서 호머의 시와 리쿠르쿠스의 법전을 암기하고 극히 초보적인 읽기, 쓰기, 셈하기를 가르쳤다. 체육의 구체적인 내용으로는 5예기(달리기, 뜀뛰기, 원반던지기, 씨름, 창던지기)를 비롯하여 칼싸움, 승마, 수영 및 수렵과 같은 것이었다. 교육방법은 대부분이 훈련을 통한 엄격한 방법이었으며, 체벌을 가하는 무자비한 것이었다.

여성교육을 살펴보면 그 목적은 첫째, 신체를 건강하게 단련하여 튼튼한 아이를 분만하도록 하는 것이며, 둘째, 남자처럼 강한 정신과 투철한 애국심을 기르는 일이었다. 그리스의 여러 국가와는 달리 스파르타의 여성은 가정에서나 국가에서의 지위가 비교적 높았다.

스파르타인은 신체의 완성을 위하여 인간다움을 희생하고 죽음도 겁내지 않는 군사적 기술을 익혀 국가에 절대적으로 봉사하였다. 우아, 미, 윤리적 탁월성이 결여된 사회에서 젊은이는 거칠어지고 편협한 안목을 가질 수밖에 없었다. 학문적 관심, 개성 등은 고려되지 않았기 때문에 철학이나 예술 같은 문화적인 업적에서 후세에 남긴 것이 거의 없다. 그리하여 스파르타는 훌륭한 전사를 제외하고는 별다른 위인을 배출하지 못했다(김병희, 2007).

스파르타의 교육이 후세에 미친 영향을 보면, 긍정적 측면으로는 군사 기술 교육과 애국심 고양의 정신교육에 기여하였으나, 부정적 측면으로는 인간의 개성을 신장한다든가 조화로운 인간을 육성하는 데에는 실패하였다는 점이다. 이들은 학문이나 예술의 발전에 기여하지 못하였고, 오직 용감한 군인을 양성하는 데 힘썼다.

2) 아테네의 교육

아테네는 서구 문명의 발상지이며, 그리스의 가장 중요한 도시국가이다. 아테네는 이오니아족이 아티카에 세운 폴리스로, 초기에는 왕정체제의 농업 중심 국가였으나, 토지를 소유한 지주계층의 세력이 점차 강해지면서 귀족정치체제가 확립되었다가 이후 해양국의 면모를 갖추어 무역이 크게 확장되고 점차 상업교역 중심 국가로 바뀌었다(신득렬, 2000).

아테네에서는 권력의 우위 대신 법을 우선하는 분위기가 형성되었으며, 그로 인해 개인들이 활동할 수 있는 여지가 매우 커서 이제껏 유례가 없었던 정신생활의 문화가 생겨났다. 우선은 소아시아 연안의 여러 도시에서 활발한 교역과 정신적 교류를 통해 움트기 시작한 자유로운 정신이 점차 그리스 본토로 침투하게 되었다. 그리하여 기원전 600년경에 이미 법치국가와 보편적 법질서의 이념이 발생하였으며(솔론의 헌법), 보편적 법질서는 다시금 시민사회의 연대의식을 형성하여 훗날 그 위에서 보편적 인간성에 대한 사유가 발아할 수 있었다.

인구 1만 명 정도의 도시국가에서는 대표자가 필요 없었다. 아테네는 500년경에 자치가 이루어졌다. 아테네에서 최고의 권위는 민회, 즉 자유인의 집회이었다. 이러한 정치체제는 유능하고 정직한 지도자가 나올 때와 그렇지 않을 때 아주 다른 결과를 가져왔다. 마케도니아와 같은 강력한 왕국이 탄생했을 때 그리스의 민주주의는 힘없이 무너졌다.

노예들의 노동으로 자유 시간을 확보한 아테네인들은 자연과 인간에 대한 많은 새로운 사실을 알게 되었으며, 더 많은 지적 호기심을 가졌다. 5세기 초에 아테네는 세계 최초의 민주주의 국가가 되었다. 아테네의 경우 전체 인구의 40%가 노예들이었다. 노예의 노동은 부를 낳았으며, 아테네인들이 예술과 학문을 할 수 있는 시간과 돈을 제공하였다. 이러한 노예들은 정복의 결과로 얻어진 전리품이었다.

아테네의 교육은 전기와 후기로 나누어지는데, 전기의 교육목적은 국가와 사회에 유용한 개인으로서 양심이 조화롭게 발달된 인간양성이었다(조정인 역, 1994).

전기 아테네의 교육제도는 7세까지 가정교육을 받고 그 다음, 16세까지 두 종류의 학교에 다녔는데 소년들은 페더고그(Pedagogue)를 따라 음악학교와 체육학교를 다녔다. 다음 18세까지 공립체육학교(Gymnasium)에서 운동경기와 군사훈련을 받았다. 다음으로 20세까지 시민으로서의 신체적·도덕적 자질을 구비한 것이 증명되면, 자유시민의 명부에 등록되고 동공석상에서 군장(軍葬)을 받아 국가와 신과 민족의 도덕적 전통에 대하여 충성을 맹세하는 이른바 '에페베 선서(Ephebe Oath)'를 한 청년들은 2년 동안 전선에 배치되어 철저한 군사훈련을 받았다. 20세가 되면 완전한 시민이 되었다.

아테네 여성교육은 스파르타에 비해 경시되었다. 아테네 여성에게는 상류 계급 출신이라도 학교교육을 받을 수 있는 기회가 주어지지 않았다. 여성교육은 가정 내에서 현모양처로서의 정숙함, 가사 실무에 관한 것을 가르쳤다. 따라서 아테네 여성은 지적 교육이나 사회적 활동이 일체 금지되었으며, 사회적 지위도 낮았다.

후기 아테네의 교육목적은 개인적인 발전을 위한 준비에 있었다. 그들은 개인적 성공을 위한 개인 우월을 목적으로 재능을 발달시켰고, 사회적 봉사와 공공복리에 두었던 전기 아테네의 교육목적은 무절제한 개인주의로 바뀌게 되었다.

후기 아테네의 교육내용 역시 새 시대의 요구에 응할 수 있는 새로운 교육과정으로 바뀌었다. 7세까지 가정교육을 받은 소년은 13세까지 사립 초등학교에서 독·서·산·음악 및 체육교육을 받았다. 다시 16세까지 사립 중등학교에서 기하, 음악, 천문학, 문법, 수사학을 배웠고, 16세 이상의 소년은 수사학교(修辭學敎)에서 법률, 정치, 경제, 수사학 등을 배웠다. 개인의 입신양명을 위해서 특히 수사학이 발전하였으며 전기 아테네 시대에 중요하게 여겼던 육체적·군사적 훈련은 점차 이러한 지적 교육내용에 의해 밀려나게 되었다(김봉수 역, 1987).

교육사적 의미에서 볼 때, 아테네의 교육이상은 휴머니즘을 배경으로 하는 사회의 교육적 모델이 되었다. 정신과 육체가 조화롭게 발달된 사람을 기르며, 인간다운 본성을 존중하고 발전시키려는 시도는 고대 그리스의 아테네에서는 물론, 르네상스시대와 19세기 신인문주의에서도 계속 이어졌다. 아테네의 교육내용은 신체의 단련과 정신의 훈련을 위한 핵심적인 교과를 포괄하였으며, 이들 교과목은 중세와 근대를 거쳐 현대에 이르기까지 초·중등 교육내용의 근간이 되고 있다. 스파르타가 전체주의적·집단주의적 경향이 강하다면, 아테네는 민주주의적·개인주의적 경향이 강하다. 스파르타는 국가 지상주의의 목적을 설정하고 국가에 대한 개인의 절대복종을 요구한 반면, 아테네는 국가의 유지, 발전을 위해 개인의 발달에 치중하였다.

2. 그리스의 교육사상가

1) 소크라테스

(1) 생애

소피스트들의 교육에 의해 절대적 진리와 그 인식 능력은 쓸모없는 공허한 사색으로 무시되었고, 그 대신 화려한 미사여구와 능란한 말솜씨가 진리를 가장하여 생활 세계를 지배하였으며, 이것이 사회를 다스리는 실용적 능력으로 왜곡되기에 이르렀다. 이러한 교육 풍토 아래서 청년들은 저마다 자기가 본 것이 진리라고 주장하는 상대주의적·다원주의적 가치 혼란에 빠지게 되었고, 이 혼란한 상황을 극복하기 위하여 다시금 철학하는 방법과 교육의 본질과 과제에 대해 생각해 보는 문제가 제기된 것이다. 여기서 '인간에게 있어서 진리, 참된 선은 무엇인가?'라는 철학적 물음이 교육의 본질적 과제로 등장하게 되었다. 이러한 철학적 물음을 교육의 본질적 과제로 삼고 몸소 실천해 보인 사람이 바로 소크라테스였다(손인수, 1997).

소크라테스(Socrates, B.C)는 아테네 출신으로 조각가인 아버지 소프로니스코스(Sophroniscus)와 조산원인 어머니 파이나레테(Phaenarete)에게서 태어났다. 소크라테스가 살았던 기원전 5세기경의 아테네는 군주독재체제에서 민주정치체제로, 다시 민주정치에서 중우정치체제로 교체되는 전환기에 있었다. 또한, 페르시아 전쟁의 승전국으로서 경제적 성장과 번영을 누리던 아테네가 펠로폰네소스 전쟁에서 패전국으로 전락했던 시기였다. 이 과정에서 아테네는 과학과 예술의 발전과 문화의 융성, 정부의 권위 상실, 도덕의 문란, 가치의 혼란을 겪었다. 이와 함께 전통적 관습과 가족제도, 그리고 사회 내적 구조의 기초가 흔들리고 종교적 기반이 무너지면서 무수한 사이비 이단 종교들이 출현하였다(연세대학교 교육철학연구회, 1996).

소크라테스는 20세부터 이오니아학파의 자연학을 연구했으나, 자연계에 대한 인식의 가능성이나 의의에 회의를 품어 오직 인간 자신의 문제를 연구하게 되었다. 30세경에 교육자로 자각하였고, 38세에는 펠로폰네소스 전쟁에 종군하였다. 페리클레스(Pericles, B.C. 495~429) 사후 아테네 국운이 기울기 시작하자, 그는 각계각층의 인물들과 이야기를 나눠 가며 아테네인들의 '앎'의 상태를 음미하였다. 63세에는 참정의원으로 당선되어 공직에도 봉직하였으나, 생애의 대부분을 시민의 일원으로서 아테네의 사회체제를 바로잡으려는 일념으로 청년과 대중의 교화에 힘썼다. 평생을 철학자이자 교사로서 살다가, 신성을 모독하고 청소년을 타락시켰다는 죄목으로 사형선고를 받아 독배를 마시고 사망하였다.

(2) 교육사상

소크라테스는 자기 자신의 영혼과 타인의 영혼을 위하여 아고라, 체육관, 공적 장소, 거리에서 사람들과 대화를 하였다. 그의 언변은 매우 유창하여 인기를 얻었으며 청년들과 대화하면서 토론하고 소피스트들을 반박하였다. 그는 보편적 진리, 절대미, 절대선을 인정하고 거기에 도달하기 위한 방법으로 분석·비교·변증·종합 등의 방법론을 제시하였다. 지식과 덕성을 결부시켜 보편타당성을 지닌 지식은 덕이고 덕은 지식이라고 하였다. 이것은 지덕합일, 지행일치를 의미하며 지식과 덕은 분리할 수 없는 것으로 인식의 문제는 동시에 실천의 문제라고 하였다. 그러므로 지식은 사고력의 발전을 목적으로 할 뿐만 아니라 도덕적인 가치를 가져야 한다는 것이다(차석기, 1989).

소크라테스는 당시의 다른 소피스트들처럼 프로타고라스가 말한 '인간은 만물의 척도'라는 말을 가지고 사색의 출발점으로 삼았다. 그는 인간이 만물의 척도라면 무엇보다도 자기 자신을 알아야 한다고 생각하여 청년들에 부단히 질문을 던지면서 많은 소피스트의 의견을 비판하였다. 인식의 출발점은 현재 자기 자신의 생각이 무지임을 알고 참다운 지를 자각하여 이성적인 앎에 도달하는 것이라 하였다. 그리하여 그는 인간에게 그 자신의 가능성의 새로운 국면을 제시하고, 델피의 아폴로(Apolo) 신전에 새겨진 오랜 그리스의 금언인 "너 자신을 알라(know thyself)."에 새로운 의미를 부여하고 교육의 출발로 삼았던 것이다.

소크라테스의 교육목적은 무지의 세계를 애지의 세계로 개선하여 진리를 보급하고, 파이데이아(paideia)를 성취하는 것이었다. 파이데이아는 인간의 참된 의의는 공동체에 있어서만 실현될 수 있다는 견지에서 공동체의 존립에 유용한 기능, 즉 아레테(arete)에까지 인간을 형성하려는 것이 목적이다. 이러한 목적을 위해 질문하고 대화로 논의하는 것은 무지를 자각케 하고 새롭고 확실한 지식을 찾아내도록 도와주었다. 끊임없는 질문과 토론의 과정이야말로 진리에 이르는 유일한 길이라고 보았다.

소크라테스의 교육방법은 반어법과 산파법이었다. 반어법은 여러 가지 질문을 하여 상대로 하여금 자신의 그릇됨이나 무지함을 깨우쳐 주는 방법이며, 산파법이란 상대의 기준의 지식에서 출발하여 적극적으로 새로운 지식을 얻도록 도와주는 방법이다.

소크라테스는 참된 지식은 모든 사람 안에서의 무의식 상태에서 끌어내는 일이라고 주장하였다. 그러므로 인간을 자유롭게 하는 일은 학습자를 자극시켜 그의 무의식 속에 숨어 있는 잠재된 지식을 자기성찰과 자기분석을 통하여 발견하게 하는 과정이라고 하였다. 그는 아테네 시민들에게 자신의 삶, 영혼에 대해 질문하고 유덕하게 살아가도록 동기를 부여하려고 하였다(성기산, 1993).

그 무엇보다도 소크라테스가 관심을 갖고 추구했던 진리는 주로 윤리적인 문제와 관련된 것이었다. 그는 인간의 그릇된 행위는 무지에서 비롯된다고 생각하고, '덕(德)은 곧 지(知)'라는 지덕합일설을 주장하였다. 올바른 행위는 올바른 지식에서 나오게 된다는 것이다. 그는 지식은 감각적인 것이 아니라 이성적인 것이며, 따라서 우리는 이성적 탐구에 의해 지식을 얻을 수 있다고 생각했다.

소크라테스는 플라톤과 아리스토텔레스를 통하여 그리스 교육에 큰 영향을 미쳤다. 그들의 교육사상의 목적은 전문가와 기능인의 양성이 아니라 교양인의 이상, 즉 파이데이아(paideia)를 성취하는 것이다. 플라톤은 '철인-통치자'에서, 아리스토텔레스는 '이성적인 인간', 즉 지적·도덕적 탁월성을 획득한 인간에서 파이데이아를 발견하였다. 파이데이아는 그리스인들의 교육적 이상이다. 그리스인들은 이 이상을 보존하고 영속화시키려 하였다. 이러한 이상은 인위적으로 상실될 수 없는 것이다.

소크라테스는 위대한 철학자이자 이상적인 교사이다. 그 자신은 어떠한 교육이론을 만들지 않았지만 그의 삶 자체가 교육적 가치를 가지고 있다. "음미되지 않는 삶은 살 만한 가치가 없다."는 선언은 그의 삶의 지표이자 모든 교육관계자의 인생 지표가 될 수 있는 것이다.

시첼(Betty A. Sichel)은 소크라테스가 교육에 있어 두 가지 점에서 공헌했다고 말했다(신득렬, 2000). 첫째, 변증법적 질문을 통해 상대를 패배시키는 방법은 교수법으로서 지위를 가지고 있다. 소피스트들의 방법과는 달리 소크라테스의 방법은 언어적으로 상대를 패배시킬 뿐만 아니라 그들의 경직된 신념과 도덕적 이론들을 음미하도록 동기를 만들어 주었다. 이러한 변증법은 치료적인 효과를 가지고 있어 잘못되고 일관성을 잃은 신념과 힘으로부터 벗어나게 해 준다.

둘째, 교육은 정보와 기술의 획득이라고 생각하는 대신에 소크라테스는 탁월성을 교육의 핵심적인 목적으로 만들었다. 탁월한 삶의 습관, 사회학적 가치를 생각 없이 수용하거나 교사들의 구두 강의에 기반을 둘 수는 없다. 탁월성의 실천은 신념의 계속적인 음미, 탁월성의 의미에 대한 탐구를 필요로 한다. 교사 중심의 교육을 거부함으로써 그는 자신이 교사가 아님을 선언하였다.

소피스트들과는 달리 소크라테스는 공식적으로 학생들을 받아들이지 않았다. 왜냐하면 그는 가르칠 내용을 가지고 있지 않았기 때문이다. 그는 만나는 사람에게 질문을 하는 것이 신들이 자신에게 준 사명이라고 생각하였다. 이 사명은 어떤 하나의 교주를 선전하는 것이 아니라 사람들이 스스로 탐구하도록 자극하는 것이었다.

2) 플라톤

(1) 생애

플라톤(Platon, B.C. 427~347)은 아테네의 국력이 점차 쇠락해 가던 시기에 아테네의 귀족 가문에서 태어났다. 당시 아테네는 펠로폰네소스 전쟁에서 패하여 사회적 혼란이 가중되고 있던 때였다.

그는 정치적 불안정 속에서 유산자와 무산자 간의 갈등도 체험했다. 시민들 사이에 일어난 이러한 갈등에 대한 그의 체험은 적어도 지배자 계급에 있어서는 사유재산제도를 폐지해야겠다는 신념을 갖도록 하였다. 그는 도시국가 아테네의 외형적 몰락(스파르타와의 전쟁에서의 패배)과 더불어 내면적 타락(개인주의, 전쟁 이후 30인의 폭정, 소크라테스의 처형)을 급진적 내부개혁을 통해 구원하고자 했다. 플라톤은 당시의 아테네가 진정한 민주정치로부터 중우정치로 그 구조가 변질되었고 도덕적으로 타락하였으며 가치의 혼란을 겪고 있었음을 직시하였다. 이러한 시대 상황에서 그는 절대적인 진리와 선을 추구하면서 지혜롭고 이성적인 철인이 지배하는 이성국가를 갈구하였으며 이를 실현하기 위한 교육을 제안하였다.

플라톤은 20세에 그에게 결정적인 영향을 끼친 소크라테스를 만나 8년간 가르침을 받았다. 당시 아테네의 선동과 테러, 파당과 모함 등으로 소용돌이치던 정치 상황 속에서 스승인 소크라테스가 비극적 죽음을 맞게 되자, 그는 아테네의 정치에 회의를 품고 방랑의 길을 떠났다. 몇 년 동안 그리스, 이탈리아, 이집트, 시칠리아 등을 여행했다. 그는 40세에 아테네로 돌아와 아카데미아(Academia)를 열고 철학적 문제에 관해 강의하고, 토론을 장려하였으며, 집필 활동에 몰두하였다. 여기서 플라톤은 소크라테스가 강조한 덕과 피타고라스가 강조한 생명을 중시하였으며, 교수와 학습의 공동체이자 생활 공동체의 모습을 갖추었다. 플라톤은 철학정신에서 볼 때 기원전 387년경에 설립한 인류 역사상 최초의 고등교육기관인 아카데미아가 정치적 삶의 혁신을 위한 발효제라고 생각하였다. 그러나 실제로 그의 아카데미아는 정치적 삶을 쇄신하기보다는 모든 학문기관과 대학교의 원형으로서 서양의 학문과 철학을 창출하는 데 기여하였으며, 소피스트들에게서 유래된 고등교육의 이념을 실현시키는 데 조력하였다. 아카데미아는 기원후 529년 비잔틴 제국의 황제 유스티니아누스(Justinianus) 1세에 의해 폐쇄되기까지 916년간 지속되었다(김봉수 역, 1987).

저서를 통해서나 아카데미아에서의 가르침을 통해서 그가 끼친 영향은 그 당시에는 물론이요, 오늘날까지 서구 문명 속에 강력한 하나의 힘으로써 면면히 흘러오고 있다. 기원전 347년, 플라톤은 80세를 일기로 세상을 떠났다.

(2) 교육사상

플라톤은 세계를 둘로 나누어 보는데, 현상계와 이데아계가 그것이다. 현상계는 우리가 감각에 의해 지각할 수 있는 세계를 말하며, 이데아계는 우리가 이성적 사유에 의해 인식할 수 있는 세계이다. 이 중 이데아계야말로 진리이고 실재이며, 현상계는 이데아계의 모사품이고 그림자에 불과하다.

이데아계의 핵심은 물질적인 것보다는 관념, 사고, 정신, 자아를 강조하는 데 있다. 정신을 물질에 선행하는 근본적인 것으로 강조한다. 따라서 참으로 실재하는 것은 정신이며, 물질은 정신의 부산물이라고 주장한다. 정신의 세계는 이데아에 강조점을 두고, 이러한 영원한 이데아가 물리적인 감각의 세계보다 더 중요하게 간주될 뿐만 아니라 여타의 모든 것에 선행한다고 본다(임태평, 2000).

플라톤은 이데아 중에서 선의 이데아가 가장 중요하고 가장 높은 것이라고 주장하였다. 그는 선의 이데아를 동굴 비유를 통해 설명하였다. 동굴의 비유는 실재란 무엇인가에 대해서 대답하려고 노력한다. 플라톤은 동굴의 구조에 대해 다음과 같이 설명하였다.

동굴의 입구에는 태양이 빛나고 있어 밝지만 동굴의 길이 때문에 햇빛이 동굴 안에는 들어오지 못한다. 입구에서 조금 안쪽에서는 불이 있어 활활 타오르고 있고 동굴의 끝 가까이 묶여 있는 죄수들은 뒤를 돌아보지 못하게 되어 있다. 동굴의 끝 부분은 화면(screen)의 역할을 하고 있는데 죄수들은 그것을 보고 있다. 그 불과 죄수들 사이에는 약간 높은 길이 나 있다. 이 길 위에 여러 가지 물건이 지나간다면 그 물건은 불빛을 받아 동굴 끝의 화면에 영상으로 비칠 것이다(무지의 단계).

이 동굴의 비유에서, 밖의 세계로 비유했던 것은 이데아의 세계이며, 태양으로 비유했던 것은 이데아 중의 이데아인 선의 이데아라고 할 수 있다. 우리는 눈으로 사물을 보고 있다고 생각하는 경향이 있으나, 사실은 태양빛의 반사를 보고 있을 뿐이다. 또한, 우리가 눈으로 보고 있는 것은 실재하는 것이 아니라 그림자일 뿐이다. 우리가 눈으로 보는 것은 참된 진리가 될 수 없는 것이다. 플라톤은 이 동굴의 비유를 통해서, 우리는 감각적이고 물질적인 세계에 머물러 있지 말고 참된 세계라고 볼 수 있는 이데아의 세계로 영혼을 전향시켜야 한다고 주장한다. 플라톤에게 밖으로 나갔다가 다시 동굴 안으로 들어온 사람은 철학자, 교사라고 할 수 있다.

이 사람을 다시 동굴로 보내는 어유는 어느 한 계급만이 행복하게 되도록 하는 것이 이상국가의 목표가 아니기 때문이다. 플라톤은 지식을 가진 자는 그 지식을 사용(私用)으로 쓰도록 하지 않고 널리 사회를 위해 환원하도록 요청하고 있다. 훌륭한 국가의 실현은 시민의 자질에 달려 있으며, 통치자는 시민 전체의 행복을 추구하기 때문에 시민들 중에 무지한 사람이 있도록 허용해서는 안 되는 것이다.

교육을 국가와 불가분의 관계로 결합시키고, 국민생활을 국가 권력으로 통제한 것은 스파르타로 대표되는 그리스 여러 나라의 전통이었다. 이와는 대조적으로 개인 능력의 자유로운 발전을 국가 발전의 기초로 여기고, 개인과 국가와의 조화적 발전을 기한 것이 아테네가 추구하는 이상이었다. 그러나 개성과 국가와는 그리 쉽게 조화되지 않는다. 스파르타는 국가의 통제가 지나쳐 개성이 부당하게 억압당했다. 한편, 아테네는 개성의 자유로운 발전을 존중한 나머지 통제가 미치지 못해 국가 존립이 위태롭게 되었다. 아테네처럼 개성이 존중되고 스파르타처럼 통제도 통하는 국가가 이상적 국가다. 그렇게 되려면, 국민 각자가 자기 능력에 알맞게 배정된 단계(생산계급, 군인계급, 철인계급) 안에서 자기 몫만 해야 한다. 즉, 일인일기(一人一技)다. 그래야 국가에 정의가 실현된다(신득렬, 2000).

플라톤은 이 같은 이상국가의 청사진에 따라 자신의 교육사상을 전개하였다. 이상국가는 교육받은 통치자와 시민 없이는 불가능한 것이다. 이상국가는 엄격한 법률에 의해 통치되는 것이 아니라 교육받은 사람들이 가진 이성에 의해 통치되는 것이다. 그리하여 교육은 공동체의 가장 중요한 활동으로 간주되었다. 플라톤은 혈통이나 신분에 의해서가 아니라 오직 교육에 의해 시민들을 분류하려고 하였다. 어느 계급에 속해도 행복하기 때문에 선발은 도시국가 전체의 이익과 행복을 극대화하기 위해 이루어진다. 플라톤은 젊은이를 선발하기 위해 초등교육에서부터 고등교육에 이르기까지 정교한 교육과정을 고안하였다.

플라톤의 교육목적은 첫째로 사회 각 계급에 맞는 개인적인 능력과 자격을 발견하고 발전시키는 데 있었다. 둘째로 덕과 시민으로서의 능률을 발전시키는 데 두었다. 그의 이데아론도 궁극의 목적은 도덕적 요구를 만족시키는 데 있었다.

플라톤은 이와 같은 교육목적을 달성하기 위하여 단계적인 교육을 주장하였다. 그의 교육계획의 내용은 6세 이전의 유아에게는 동화와 신화를, 6~18세까지는 체조와 음악을 교육하는 데 두었는데, 여기에서의 음악은 독·서·산·무용을 포함한다. 18~20세까지는 체육과 군사훈련을 시킨다. 그리하여 20세에 무사가 될 사람은 떨어져 나가고, 앞으로 철인이 될 사람은 10년간 산수·음악·기하·천문학을 공부한다. 아마도 그는 음악의 교육적 가치를 구명한 최초의 사람이었을 것이다.

30세에는 이 중에서 가장 우수한 사람을 선발하여 5년 동안 철학(변증법·형이상학)을 가르친다. 다시 35세로부터 15년간은 국가의 정사(政事)에 실제적인 경험을 쌓게 한다. 50세에 철인으로서 정권을 잡는 것이다. 이런 연유로 국가의 최고 통치자는 철학자가 되어야 한다. 그는 이것의 실현을 위하여 교육의 중요성을 강조했으며, 그의 교육은 잘 양육된 극소수의 지적 엘리트를 대상으로 한 것이라 볼 수 있다(김봉수 역, 1987).

플라톤의 교육사상은 자신의 사회·정치철학 속에서 전개되고 있다. 그는 개인은 누구나 자신이 타고난 적성을 다른 사람에게 유익하게 사용해야 하며, 교육을 통해 누가 어떠한 적성을 가졌는지를 찾아내야 한다고 생각하였다.

그러나 듀이가 정확하게 지적한 것처럼 플라톤은 개인과 사회집단의 성격을 특징짓는 활동들이 무한히 많다는 것을 깨닫지 못했다. 이로 인해 그는 인간의 능력을 아주 제한되게 분류하게 되었다. 아테네 사회가 개인의 가치와 자유를 높이 평가하고 있음에도 불구하고 플라톤은 자유의 가치를 등한시하였다. 그는 개인이 저마다 가지고 있는 고유성과 대체 불가능성을 인정하지 않았다. 이러한 관념의 결여로 인해 그는 개인은 겨우 세 가지 능력과 계급 중 어느 하나에 속해야 한다고 생각했다.

그럼에도 플라톤의 교육적 주장은 당시로서는 혁명적인 것이었다. 신분의 차이를 묻지 않고 오직 교육에 의해서만 사람을 적재적소에 배치하려는 생각은 선각자만이 가질 수 있는 이상이었다. 그러나 그는 아테네 사회를 불안정한 사회로 보았으며, 이를 안정되고 확고한 기반 위에 세워야겠다는 강렬한 열망 때문에 유연한 교육이론을 만들지 못했다.

그렇다면 플라톤 사상의 한계점은 무엇인가? 그것은 너무 유토피아적이며, 교육목적 또한 지나치게 이상적이고 불명확하고, 현대의 과학적 세계관과 동떨어져 있으며, 현실의 세계를 긍정적으로 수용하는 자세에 너무 회의적이며, 개성의 발로를 사회와의 절연상태에서 기하기 쉽고, 진정한 철인이 아닌 자칭 이상주의 철인에 의해 교육이 정치의 수단으로 전락하기 쉽다는 것이다. 우리는 이런 타락한 이상주의를 히틀러의 나치즘, 일본의 군국주의에서 역력히 볼 수 있다.

3) 아리스토텔레스

(1) 생애

아리스토텔레스(Aristoteles, B.C. 384~322)는 기원전 384년경에 그리스 식민지인 트라키아의 부유한 도시인 스타기로스(stagiros)에서, 마케도니아 필립소스(Philipos) 왕의 궁정의 의사인 니코마코스(Nikomakhos)의 아들로 태어났다. 그의 아버지는 의학과 자연과학에 조예가 깊었다.

그러나 소년시절에 양친을 여의고 친척에게서 양육되다가 17세에 플라톤의 아카데미아에 입문하여 교육을 받았다. 여기에서 플라톤이 세상을 떠날 때까지 20년간 처음에는 학생으로, 나중에는 교사로서의 생활을 보냈다. 플라톤이 아리스토텔레스를 만났을 때의 나이는 61세로, 이미 노년기에 접어들고 있었다. 그는 아리스토텔레스의 총명함을 보고 '학원의 정신'이라고 말한 것으로 전해진다(주영흠·이승원·심승환, 2010).

플라톤이 타계한 뒤 그는 아테네를 떠나 소아시아의 아소스(Assos)로 가서 철학을 연구하고 제자들을 가르쳤다. 그리고 여러 해안 지방 등을 여행하면서 현장 작업을 통해 생물학, 특히 해양동물학 분야에서 많은 경험적 자료를 얻었다.

B.C. 342년에는 마케도니아 왕의 태자인 13세의 알렉산더(Alexander)의 스승으로 초빙되어 궁정교사로 활동하였으나 대왕 즉위 후 아테네로 돌아가 아테네의 교외에 리케이온(Lykeion)이라는 학원을 세워 교육에 전념하였다. 이 학원은 소요학원으로 마치 산책하는 것처럼 숲 속을 거닐면서 가르쳤으며 후세에 소요학파를 이루게 되었다. 알렉산더 사후 아테네에서는 반마케도니아 운동이 일어나면서 아리스토텔레스는 반아테네 사상자로 고소되어 에우보이아(Euboea)섬에 피신했다가 그곳에서 62세에 위장병으로 최후를 맞았다.

(2) 교육사상

아리스토텔레스는 플라톤의 영향을 받았으나, 플라톤의 이상주의와는 다른 입장을 갖고 있었다. 그는 스승의 지나친 이상주의(Idealism)를 배격하고 실재(reality)의 기반을 현실 사물의 세계로 끌어내렸다. 플라톤은 정신, 관념이 실재한다고 보고 눈에 보이는 세계는 그림자로 보았다. 그러나 실재주의(Realism)자인 아리스토텔레스는 플라톤과는 달리 논증적이면서 분석적이었다. 또한, 현상의 다양성에 관심을 가지고 경험적, 현실적인 것을 중심으로 사색하면서 영원불멸의 세계는 존재할 수 없다는 실증주의적 경험론자이다. 아리스토텔레스에 의하면 경험은 우리의 길잡이며, 우리의 추론의 지표는 귀납법이다. 따라서 사물의 본질은 이데아에 있는 것이라기보다는 개개 사물에 내재하며 사물을 떠난 본질은 있을 수 없다는 실체론을 주장하였다. 모든 것에는 질료와 형상이라는 양면이 존재하여 질료에서 형상으로 진행하는 것이 운동이며, 질료는 실체가 가능태로 있는 것이고 형상은 현실태로 있는 것이라 하였다. 형상은 각 사물의 본질이자 실체이고, 질료가 결정되는 목적이며, 질료는 어떤 목적을 실현하는 데 필요한 기본적인 소재나 재료를 말한다. 예컨대, 책상의 모습이 형상이고, 책상의 재료인 나무는 질료이다. 이와 같이 사물은 질료와 형상으로 이루어져 있다고 보았다.

플라톤의 사유가 형이상학적 깊이와 사변적 대범함을 지닌 특징이 있으며 역사상 최초로 교육학적 유토피아를 설계하였다면, 아리스토텔레스에게서 나타나는 특징은 냉정한 현실감각으로 관념적 교육에서 벗어나 과학적·이성적 교육관을 정립하는 데 기여하였다는 것이다.

플라톤의 교육사상처럼 아리스토텔레스의 교육사상도 공동체생활에서 인간을 위한 최고선을 추구하는 일과 밀접하게 관련되어 있다. 두 철학자는 최상의 국가를 실현시키는 것을 늘 염두에 두고 있으며, 이러한 국가는 특정한 개인이나 집단이 아닌 시민 전체의 행복을 실현시키는 것을 목적으로 한다고 생각했다. 두 사람에게 있어 정치학은 집단의 행위에 따르는 개인의 행위를 고려해야 한다고 여겨졌다. 따라서 아리스토텔레스의 『니코마코스 윤리학』과 『정치학』은 불가분의 관계를 갖게 된다. 그에게 있어 개인과 국가의 존재 목적은 동일한 것이다. 시민 전체의 행복은 개개인이 지적 탁월성과 도덕적 탁월성을 획득할 때 비로소 가능한 것이다. 따라서 입법자와 통치자는 시민의 행복을 위해 교육에 눈을 돌릴 수밖에 없다. 이상적인 국가는 탁월한 통치자와 탁월한 시민이 존재해야 가능하게 되기 때문이다.

아리스토텔레스는 이를 위한 교육의 기본적 조건, 즉 인간이 선하고 탁월하게 되는 데 세 가지 조건으로 자연, 습관, 이성을 제시했다. 자연은 인간의 생물적인 활동의 기초이며, 인간에게 감정적인 욕구를 제공한다. 습관은 소극적 측면과 적극적 측면이 있는데, 전자는 인간의 비합리적인 활동의 통제를 함축한다. 후자는 좋은 습관형성을 강조하며, 이러한 좋은 습관형성은 제2의 천성으로 한 사람의 인격과 품격을 대변해 줄 수 있다는 점에서 한 사람의 인격이란 정착된 습관의 총합이라고 할 수 있다. 이성은 인간의 삶 전체를 이해하게 하며, 혼란에 질서를 부여한다. 이런 점에서 이성은 혼잡한 네거리의 신호등 같은 역할을 한다. 뿐만 아니라 이성을 이용하면 현재의 하찮은 것들을 초월하게 하여 일희일비(一喜一

悲)하지 않은 삶을 영위하게 된다는 것이다. 따라서 가정과 국가는 좋은 인간과 시민을 만들기 위해 좋은 습관이 형성되도록 하지 않으면 안 되며, 이것은 추리나 지시나 구두 강의만으로 형성되지 않는다.

이러한 교육원리에 입각하여 아리스토텔레스는 교육의 목적으로 행복을 최고의 목적으로 하는 개인의 완성, 합리적 사고력 함양에 두었다. 이 같은 교육목적을 구체화시켜 보면, 첫째로, 이성적인 생활을 영위하는 데 있다. 그는 이성을 실제적인 것과 이론적인 것으로 분리시켰다. 전자인 실제적 이성은 인간 정신의 두 개의 낮은 수준의 활동과정과 함께 작용하여, 인간정신의 욕구적인 활동과정을 구속하여 적절한 표출로 유도하게 된다. 후자인 이론적인 이성은 그 자체로 평가되는 순수 활동으로서 작용하고 있다. 이러한 이성의 작용에 있어서 이성은 순수한 인식이며 보편적인 진리의 성격을 묵상하는 데 정력을 쏟고 있는 것이다(최명관 역, 1984).

3. 로마의 교육

1) 스토아주의

마케도니아와 로마제국의 출현으로 인한 폴리스 붕괴 후에, 정치뿐만 아니라 사회적으로도 변화가 일어나 무질서를 보여 주었다. 사상의 세계에도 마찬가지였다. 회의주의를 비롯한 여러 사상이 득세하였다.

이러한 혼란의 시기에 이성의 합리성과 준엄한 도덕주의를 강조한 스토이즘(Stoism)이 등장하여 로마사회의 철학, 정신의 역할을 하였다. 이때는 주로 인간의 이성을 보편적인 것으로 보고 인간이 이성을 가지고 있는 한 모두 평등하다는 사상이 지배적이었는데 이러한 사상이 바로 스토이즘으로 표현되었다. 이 스토이즘은 로마의 만민법 성립에 큰 영향을 주었으며, 인간은 그 본성인 이성을 따라 질서 있게 살 수 있다고 하는 생각이 근대 자연법 사상의 원천이 되었다. 전

우주를 지배하는 통일 원리는 세계이성으로서의 로고스(Logos)라고 보았으며 로고스에 충실한 생활을 하기 위해서는 일체의 감정과 욕구를 단절하고 외계에 의하여 절대로 마음을 동요시키지 않도록 극기·금욕의 생활을 철저히 해야 한다고 하였다. 따라서 인간은 누구나 인간 이성을 가지고 태어났으며, 이성을 좇아서 생활해야 할 존재이므로 누구나 평등하며 모두가 세계시민으로 보았다.

스토아주의란 명칭은 제논(Zenon)이 학생들을 가르치던 장소, 즉 '페인트칠한 주랑'에서 유래되었다. 342년에 태어난 제논은 플라톤이 세운 아카데미아에서 공부하였다. 그는 300여 년경에 스토아학파를 창설하였다. 스토아주의는 기본적으로 도덕철학에 관심을 두었으며, 이성의 발달을 목표로 삼았다. 그들에게는 이성적 생활이 최고의 탁월성이었다. 이성을 마음의 활동으로보다는 생활의 방식으로 바라봄으로써 그들은 소크라테스와 함께 지식의 탁월성이라는 견해를 공유했다고 할 수 있다. 그들은 이성에 따라 살아가는 것을 배우는 것이 최고의 교육적 이상이라고 생각했다(신득렬, 2000).

스토아주의자들에게 있어 모든 탐구의 목표는 마음의 평정과 확실한 도덕적 가치를 특징으로 하는 행동양식을 갖춘 인간을 만드는 것이었다. 그들은 이 세계는 거대한 도시이며, 세계시민으로서 인간은 이 도시를 위해 자신의 의무를 수행해야 된다고 생각했다. 그리하여 도덕적 가치, 의무, 정의의 가치가 특별히 강조되었다.

제논의 사상은 그리스뿐만 아니라 로마제국에까지 파급되었다. 세네카, 네로에 의해 노예 신분에서 해방된 에픽테투스, 황제 마르쿠스는 스토아철학의 진수를 보여 주었다.

스토아주의는 르네상스를 거쳐 근대 철학에도 크게 기여했다. 이 사상은 몽테뉴, 프란시스 베이컨, 몽테스키외, 모어, 에라스무스, 스피노자, 파스칼 등에게 영향을 미쳤다. 스토아학파는 사라졌지만, 이 철학의 핵심적인 사상은 현대 사상에서 끊임없이 등장하고 있다. 스토아주의가 강조한 개념, 즉 이성의 우위, 의무, 정의, 마음의 평정, 도덕적 가치의 확실성, 세계시민, 의지의 자율, 자연법, 무관심 등은 현대에도 중요하게 사용되고 있다.

2) 에피쿠로스주의

에피쿠로스는 진리의 표준을 감각에 두고 쾌락주의를 주장하였다. 즉, 감각할 수 없는 것은 지식에 없다고 하여 감각의 기준은 마음에 느끼는 감정 여하에 달려 있고, 쾌락의 감정을 느끼게 하는 선이며 불쾌감을 주는 것은 악이다. 따라서 육체적 쾌락보다 감정적 쾌락에 가치를 두고 마음의 평정에 인생 최고의 목적을 두었다.

살아 있는 동안, 그리고 그 이후 에피쿠로스는 도덕 개혁가로 알려져 있다. 사람이 어떻게 살아야 하는가에 대한 그의 사상은 자연계에 대한 이해, 인간의 심신관계에 대한 신념에 기초하고 있다. 데모크리토스처럼 에피쿠로스도 우주는 물질과 공간으로 구성되어 있다고 생각했다. 그는 감각작용이 지식의 기초라고 믿었다. 그는 고통을 주는 원인을 피하고 심신에 쾌락을 주는 것을 추구하는 것이 지식의 목표라고 생각했다. 또한, 선한 쾌락과 선해 보이는 쾌락을 구별할 줄 알아야 한다고 주장하였다.

잘산다는 것은 실천적 지혜, 즉 절제, 정의, 용기를 행사하는 것이다. 이것은 더 큰 쾌락을 가져다주는 고통을 받아들이는 것도 포함한다. 그러한 에피쿠로스주의는 자기 봉사적인 태도와는 거리가 멀다. 에피쿠로스는 우정이 바람직하고 유용하기 때문에 장려하였다. 그는 72세에 질병으로 고통 속에 죽어 가면서도 평정한 마음과 태도를 견지하였다.

에피쿠로스가 주장한 쾌락의 윤리는 스토아주의의 의무윤리와 대립된다. 그러나 그 결과는 동일하다. 에피쿠로스주의자는 스토아주의자처럼 동일한 절제와 정의에 따라 살아갈 수밖에 없다.

로마는 이탈리아 반도를 통일하고 이어서 그리스를 점령한 후, 점차 영토를 확대하여 제정시대에는 지중해를 가운데 두고 유럽과 아시아와 아프리카를 통치하는 대제국을 이루었다. 로마는 식민지를 포함하여 방대한 영토를 통치하는 데 공용어가 필요했다. 행정관료·외교관·군인 등 지배층의 엘리트들이 그리스어를 국제 공용어로 사용하였고, 이들은 그리스인 교사와 수사학자들을 로마로 불러들여 그리스어와 문화를 익혔다. 이런 연유로 이 시기에 로마의 고유문화는 사라지게 되고, 그리스 문화를 세계적 문화로 확장시키게 되었다. 이 과정에서 그리스식 교육도 점차 그 세력이 증대되어, 로마 고유의 가정 중심의 교육은 쇠퇴하고 그리스식 학교를 중심으로 하는 교사의 교육으로 바뀌어 갔다. 따라서 후기 로마의 교육은 초기 로마의 순수한 가정교육 중심의 교육 풍토가 소멸되고, 그리스 문화에 완전히 동화되어 학교교육 중심으로 옮겨 갔다.

후기 로마 교육의 목적은 주로 지적 발전을 도모하는 데 있었다. 구체적으로는 언어능력과 공적 담화 및 토론의 성공이 교육의 주된 목적이다. 그러나 후기 로마에서도 초반에는 덕성을 강조한 순수 로마인의 특성을 보존하였다. 이상적으로 교육받은 남성으로 생각하였던 웅변가는 선량한 시민상이기도 하였다. 교육의 기능은 웅변에 능숙해서 국가에 실제적으로 봉사할 선량한 사람을 양성하는 데 있었기 때문에 먼저 선량한 품성을 갖춘 후에 숙련된 웅변가가 되는 교육을 받았다. 그 목적은 세 가지 요소를 포함했는데, 도덕적 성격, 폭넓은 교양 지식, 자신 있게 말할 수 있는 언어능력을 갖춘 사람만이 진실한 웅변가라고 보았다.

무엇보다도 후기 로마 교육의 특징은 실제적 경험과 일상생활을 통한 앎과 행동의 학습장이었던 가정교육이 소멸되고, 그 대신 지식 위주의 교육장인 학교교육을 중심으로 발전한 점이다. 이 시기의 학교는 초등·중등·고등교육 수준의 세 종류였다(임창재, 2008).

첫째, 초등교육 수준의 루두스(Ludus)는 6, 7세경의 어린이가 입학하여 읽기, 쓰기, 셈하기의 초보적인 기능을 가르친 사립 초등교육기관으로서, 국가로부터 통제나 지원을 받지 않았고, 단지 학부모가 부담하는 저렴한 학비로 운영되었다. 리테라토르(문자교사)는 문자를 해독하는 것 이상을 가르치지 않았고, 자유민 남자나 노예에서 해방된 사람들이 담당하였으므로 사회적 신분이 낮았다.

둘째, 중등교육 수준인 문법학교(Grammaticus)는 12~13세에서 14~15세까지의 초등교육과정을 이수한 상류층 소년들을 대상으로 중등교육을 실시한 학교이다. 이 학교에서의 교육내용은 그리스의 교양과목으로 7자유학과인 3학(문법, 수사학, 논리학)과 4과(산술, 기하, 천문학, 음악), 키케로 문장 그리고 변론의 훈련을 교육내용으로 하였다. 그중에서도 특히 문법과 수사학 등 언어 관련 교과들을 강조하여 지도하였다. 문법은 문법과 문학을 포괄한 것으로 문법과 시와 시인들의 작품에 관한 설명을 가르친 다음에 그리스 문학과 라틴 문학을 익히도록 하였다. 이 학교는 사립학교였지만 루두스와는 달리 국가의 보조를 받았다.

셋째, 고등교육 수준에는 수사학학교와 철학학교가 있었다. 수사학학교는 문법학교를 졸업하고 정치 활동에 뜻을 둔 16세 내지 18세의 청년에게 수사법을 중심으로 웅변술을 가르치는 사립학교이다. 이 학교의 목적은 웅변술을 연마하여 훌륭한 웅변가가 되어 로마 사회에 적응하고 공헌할 수 있는 인재를 양성하는 데 두었다. 이것은 당시 로마의 사회적 추세에 따른 것인데, 로마의 청년들은 아테네 말기의 청년들과 같이 개인의 입신양명에 관심이 있었고 정치가로 출세하기를 동경하였기 때문이다.

정치가가 되기 위한 필수요건은 대중 연설의 기술, 즉 웅변술이었다. 이에 따라 교육내용은 수사학 이론, 웅변 기법, 그리스 문법, 라틴어 등이었다. 수사학학교에서는 레토르(rhetor: 수사학자)가 지도하였으며, 단지 소수의 학생만이 수사학학교에 다닐 수 있었다.

이 학교의 수업은 이론적인 면과 실제적인 면으로 나누어졌으며 이론적인 면에서는 수사교사가 교과서나 강의에 의해 변론술을 가르쳤다. 실제적인 면에서는 먼저 문장표현을 연습시켜 위인을 찬미하고 비열한 인물을 비판 공격하는 논문이나 논평을 하도록 하였다. 그리고 덕이나 부덕에 관하여 논하고 구체적인 문제에 대한 논문 작성을 연습시켰다. 변론의 연습은 설득연설, 탄핵 및 변호연설을 하고, 끝으로 즉석연설을 연습하였다.

철학학교는 수사학학교의 수료자가 진학하여 논리학, 변증법, 윤리학, 법학 등 인문과학과 물리학, 의학, 기계학 등 자연과학을 포함하고 있으나 그중에서도 윤리학과 스토아 사상을 중요시하였다.

이와 같이 학교교육이 로마 후기인 제정시대에 들어와서 급속도로 발달하게 된 원인은 제왕들의 교육에 대한 적극적인 보호와 지원에 있었다. 제정시대는 교육과 도서관을 육성·지원하였으며 학자를 우대하였다. 즉, 문법가, 수사가, 의사,

철학자들에게는 재판권을 주고 병역의 의무에 대한 면제의 특권을 주었으며, 유명한 학자에게는 연구를 위하여 국고보조금을 지급하고 공로자에게는 은급을 지불하였다.

요컨대, 로마의 교육관은 그리스의 영향을 받았으면서도 이를 실용적으로 재조직하여 수용하였다는 점을 들 수 있다. 루두스의 리테라토르, 문법학교의 그라마티쿠스, 수사학학교의 레토르는 대부분 그리스인이었고, 교육내용도 그리스 교육내용을 그대로 수용하였으므로, 학생들은 교육을 받는 과정에서 그리스 문화의 영향을 많이 받았다.

그럼에도 불구하고 로마는 자신들의 필요에 따라 그리스식 교육내용을 재조직하여 교육하였다. 교육내용의 포괄성에 비추어 볼 때, 로마의 교육은 그리스의 교육에 비해 편협성을 띠었다. 즉, 그리스와 로마가 모두 7자유학과를 학교교육의 주요 내용으로 삼았으나, 그리스는 이들 내용을 포괄적으로 균형 있게 강조하였고, 로마는 그중 언어영역에 비중을 두어 그 밖의 영역은 중요시하지 않았다. 모든 지식과 기술은 선량한 시민과 훌륭한 웅변가를 양성한다는 목적에 종속시켜서 자신들에게 필요한 내용만을 재조직하여 교육하였던 것이다.

3) 중세의 교육

중세의 교육은 크게 두 가지로 나누어진다. 중세 전기는 기독교 교육 중심이었고 중세 후기에는 세속 교육 중심이었다. 중세 전기에는 로마시대에 있었던 문법학교나 수사학학교 등의 세속적인 학문을 지도하는 학교교육은 크게 쇠퇴하였고 기독교 교육이 주를 이루었다. 서양의 문명 세계에 침입한 게르만 종족들은 로마의 교육제도를 철저하게 파괴하였다. 그리하여 중세 초기에는 로마식 학교제도가 거의 사라졌다. 단지 국가를 대신하여 교회가 교육의 제공자이자 지도자가 되었으며, 오직 교육은 교회와 수도원에서 그 명맥을 이어갔다. 따라서 중세 전기의 교육은 기독교 교회가 주체가 되어 교회 및 교회와 관련된 기관에서 실시한 교육을 말한다. 여기에는 문답학교, 고급문답학교, 본산학교, 수도원학교가 있다.

대부분의 학생은 성직자가 되려는 사람들이었다. 이 학교는 내세를 위한 목적을 가지고 있었다. 교사는 그들에게 교부의 가르침을 보존하기 위해 라틴어를 가르쳤다. 그들은 교회 절기를 위해 수학을, 예배를 위해 음악을 가르쳤으며, 신체 훈련을 천시하였다.

아동기는 인정되지 않았기 때문에 6세의 아동과 청소년이 같은 의자에 앉아 공부하였다. 중세의 학교는 어린이를 위한 것이 아니라 성직자와 사무원을 위한 직업학교였다. 중세에는 7세의 아동도 어른처럼 일해야 했으므로 아동기가 인정된 것은 18세기 이후였다.

기독교가 궁극적으로 추구하는 교육목적은 개인으로 하여금 도덕적인 인간이 되도록 하여 신에 봉사하는 것이었다. 이에 따라서 교육내용은 도덕적이고 종교적인 교리였으며 문법, 문학, 수사학 그리고 철학은 성서의 시녀격으로 가르쳤다. 교육기관은 교회가 중심이 되었으며 학교는 교회를 통하여 이룩된 제도였다(김경희·정희숙, 2002).

(1) 문답학교

문답학교란 말로서 가르치는 학교, 문답식으로 수업하는 학교라는 뜻이다. 이 학교는 이교도를 기독교화하기 위한 교육기관으로서 아직 세례를 받지 않은 이교도에게 기독교 교리의 문답을 통하여 예수의 생애, 부활, 십자가에 대한 예비지식을 가르치는 준비교육이었다.

교육목표는 도덕적 삶을 위한 훈련과 기독교 신앙에 대한 바른 이해와 생활화에 있었다. 처음에는 성인을 대상으로 하였으나, 나중에는 어린이를 입학시켰으며, 수학연한은 2년에서 3년이었다.

학생들은 초급·중급·고급의 세 수준으로 나누어지고 각 수준별로 학급에 배치되어 교육받았다. 초급반은 '청강반'으로, 성경 낭독과 설교를 경청하게 하여 교리에 대한 기초적 이해와 신앙생활의 원리를 터득하게 하였다. 중급반은 '기도반'으로, 수업 후에 기도하는 법을 가르쳤다. 이 기도 생활은 학교의 생활규범으로 되어 있어서 상급반 진급의 평가 기준이 되었다. 고급반은 '선별반'이라 불렸고, 주로 교리와 예배 의식, 그리고 세례에 필요한 절차, 읽기, 쓰기 등의 초보적인 지식을 배우는 예비훈련과정이었다. 교육방법은 교리문답서를 중심으로 한 문답식이었고, 교육 담당자는 처음에는 감독(주교)과 사제와 집사들이었으나, 나중에는 전담강사들이었다.

(2) 고급문답학교

고급문답학교는 일명 문답학교, 교사학교라고도 한다. 이 학교는 문답학교가 각 지방에 설립되므로 이에 필요한 문답학교의 교사나 지도자를 양성하는 곳이었다. 따라서 문답학교가 일반 대중의 교화를 위한 초급단계의 학교라면, 고급문답학교는 비교적 높은 수준의 학교였다.

교육내용은 신학을 비롯하여 그리스철학, 수사학, 천문학, 문학 등이었다. 신학 외에도 비종교적인 그리스 학문을 연구하고 교수하였다. 문답학교 교사 또는 교회의 지도자들은 그리스적인 학문을 이해하여 기독교 교리를 설명하고 옹호할 수 있는 논리적 기초가 마련되어 있어야 하였기 때문이다. 이로써 기독교와 그리스철학의 교섭이 이루어지기 시작하고, 그 과정에서 플라톤철학이 유입되어 교부철학의 이론적 기초로 활용되었던 것이다.

(3) 사원학교

사원학교는 일명 본산학교라고도 한다. 또한, 교회의 감독자가 주재하는 교회 내에는 반드시 이 학교가 설립되어 있으므로 감독학교라고 불렀다. 귀족이나 부호들의 기부에 의해 설치되는 경우도 있어 기부학교라고도 한다.

이 학교는 기독교 교육기관 중에서 수준이 가장 높은 고등교육기관으로 교회의 지도자인 성직자(목사, 교구장)의 양성과 일반 귀족 자제의 교양교육에 있었다. 장래의 희망에 따라 학생들을 내교와 외교로 나누어 수용하였다. 교육내용은 성서, 과학, 철학, 수학, 그리스 학예, 7자유과 등이 교수되어 고급문답학교의 교육내용보다 깊고 전문적이었다. 학교의 전반적인 관리는 반드시 본산에 속해 있는 성직자가 맡았으며 그 아래에 교육을 담당하는 전문적인 교사를 두었다. 교육방법은 분단수업으로 체계적인 방법이었으며, 기독교철학인 스콜라철학(scholasticism)이 이 사원학교를 근거로 하여 일어났으므로 고등한 학문연구의 집산지였다.

사실 철학을 형성하고 발전시킨 핵심적인 인물은 그 이름에서도 드러나듯이 주로 이 본산학교의 교장이나 학자들이었다. 이들의 신학 및 그리스철학에 대한 수준 높은 연구는 나중에 대학의 성립은 물론 근대 문예부흥을 가능하게 했던 지적 자양분이 되었다.

(4) 수도원학교

중세의 종교적, 교육적 정신을 지배했던 사회제도들 중의 하나가 수도원제도이었으며, 수도원학교는 수도원에 부속된 학교로서 승려 또는 수도를 목적으로 하는 수도사를 양성하는 곳이었다. 그러나 후에는 일반인 교육도 실시하였는데, 이 학교는 두 과정으로 이루어졌다. 내교는 승려를 양성하는 과정이고, 외교는 일반 어린이의 교육을 담당하였다. 교육내용은 내·외교 모두 초등반과 고등반에 따라 다르게 제시되었는데 초등반에서는 읽기, 쓰기, 셈하기 등의 초등 교과를 가르치고 고등반에서는 3학(문법, 수사, 논리)과 4과(음악, 산수, 기하, 천문학)의 고등 교과를 가르쳤다.

수도원(monasterium)이란 그리스어 'monachos'에서 온 것으로 '홀로 사는 것'을 의미한다. 처음에는 한 사람이 거주하는 집을 의미했지만 나중에는 신에 봉사하고 규칙에 복종하는 남녀의 종교공동체를 의미하게 되었다. 수도원생활은 평신도와 일반성직자에게 요구되는 것 이상으로 종교적 작업을 몸소 실행하는 종교적 제도, 의식, 신념체계를 의미한다.

따라서 수도원이란 말은 육욕적, 현세적, 향락주의를 거부하고 수도원이라는 고립된 곳을 찾아 영적 정신의 안정된 생활을 이루어 보겠다는 종교운동으로 간주되었고, 이 사람들을 승려 또는 승(monk)이라 하며, 이들은 기독교도로서 부패하고 세속적인 사회를 떠나서 신과 더불어 조용한 생활을 영위하는 집단이었다.

이러한 종교운동이 일어난 원인은 첫째, 중세 초기 사회의 타락과 경제적인 불안정, 둘째, 종교적 박해와 이에 대한 공포, 셋째, 속죄와 내세를 위한 영혼의 구제를 이루려는 믿음, 넷째, 내세가 가까웠기 때문에 내세에 대한 준비, 다섯째, 교회의 세속화 등이다.

개인적 신앙생활로 수도원에 들어가는 사람들은 자신의 불완전을 인식하고 참된 자아의 발견을 지향한다. 수도원은 사회로부터 격리되어 종교생활에 전념하는 것을 의미하며, 기도와 노동의 생활을 받아들이고 예수가 가르친 "네 이웃을 네 몸같이 사랑하라."는 계율을 지키려 하였다. 아울러 사회봉사기능으로 수도원은 사회에 적극적으로 봉사하여 사회의 개선을 지향하였다. 교육과 연구기능으로서, 중세 수도원은 개인의 신앙생활을 도와주는 기관인 동시에 그 시대의 유일한 교육기관이었다. 수도원에서는 신학을 가르치기 전에 철저하게 기초 학과목을 가르쳤다. 7자유과 중 기초인 3학, 즉 문법, 논리학, 수사학은 사원학교와 수도원에서 필수로 가르쳤으며 4과인 기하학, 산수, 천문학, 음악은 선택적으로 가르쳤다. 이후 수도원은 종교지도자의 양성센터가 되었다. 그리하여 수도원은 실제로 탁월한 종교지도자들을 배출하였다. 중세와 근대 초기의 위대한 인물들의 상당수가 수도원 출신이었다. 그러나 사원학교와 수도원은 그 수가 많지 않았으므로, 이러한 중세의 교육은 보편적이지 못했다.

교육방법은 엄하였으며, 체벌을 사용하기도 하였다. 가르치는 일반적 방법은 교리문답식 질문과 응답식 그리고 명상과 사색의 방법이었다. 수도원에서의 기숙적 생활은 계속적 접촉을 통한 인격교육을 가능하게 하였다.

수도원제도는 중세문명의 발달에 크게 기여하였다. 이러한 기여는 주로 예술, 학문, 교육, 의료 활동을 통하여 이루어져 있다. 또한, 농업의 발달과 기술, 기예 발달에 도움을 주었다. 로마인과 야만족은 노동을 존중하지 않았지만 수사와 수녀는 노동을 기꺼이 받아들여 자급자족의 길을 걸어갔으며, 발달된 기술을 세속사회에 보급시켰다. 14세기 영국의 베네딕투스 수도원의 수사들은 기술을 연마하여 유명한 시계 제조공이 되었다.

또한, 수사들은 근대세계를 형성하는 데 크게 기여하였다. 중세 문화의 보존, 스콜라철학의 발전, 중세대학의 발전에 공헌하였으며, 농경, 목공, 직물 등을 통해 산업적 기술과 수공 노동의 중요성을 발달·전수시켰다. 뿐만 아니라 그들은 고전

학문의 원고를 정리하였으며, 르네상스가 올 때까지 그것들을 안전하게 보존하였다. 수도원이 없었다면 고전 고대의 문명이 제대로 전승되지 않았을 것이다.

4) 세속 교육

(1) 기사도 교육

중세사회는 한편에서는 기독교라고 하는 이념체계와 다른 한편에서는 봉건제라고 하는 정치·사회제도를 근간으로 발달하였다. 기사는 봉건제도의 성립과 함께 출현한 상류 무사계급이다. 봉건제도의 성립과 발전의 과정은 게르만 민족의 침략과 그에 대한 방어의 전쟁사이다. 특히 프랑크 왕국의 마르텔(Karl Marrtell) 대제는 사라센의 침략 시 기존의 종사제도를 활용하여 부하에게 봉토를 지급하고 작위를 수여하는 대신 주군에게 충성을 서약하고 영토를 방어하도록 하였다. 이 제도가 8세기 이후 봉건제도로 발전하다가 10세기경에 이르러 완전히 정착된 것이다. 그런데 이때 영토를 방어하던 군대가 기마병을 주축으로 구성되어 있었기 때문에, 상류계급의 무사를 일컬어 '기사', 그리고 그들 특유의 이상적 규범을 '기사도'라고 하였다.

교육목적은 기독교적인 무인을 양성하는 것이었다. 일반적으로 무사들은 문맹이고 무식하였기 때문에 무사로 하여금 기독교적인 정신을 습득하도록 하였다. 따라서 기사의 군사적인 미덕은 용기, 충성, 관용이며, 사회적 미덕은 예의, 공손, 자비였다. 기사는 교회에 대해서는 신앙의 서약을 하고, 군주와 영주에 대해서는 충성의 서약과 약자와 부녀자에 대해서는 의협의 서약을 하였다. 기사의 이상은 심령은 신에게, 생명은 왕에게, 심정은 부인에게, 명예는 우리들 스스로를 위해서 지킨다는 것이었다. 그러므로 이들의 생활원리는 사람들이 가장 높이 평가하도록 행동하라는 것이었다.

기사교육은 수도원이나 대학이 소홀히 하였던 신체훈련을 강조하였다. 종교교육은 교회의 종교적 예식과 의식에 참여하여 훈련받았고, 약간의 문학교육도 있었으나 모국어로 시를 낭독하는 정도에 불과하였다. 이러한 기사교육의 형태는 상류층을 위한 특수한 형태의 교육이었다. 기사의 교육은 특정학교에서 행해진 것이 아니라 영주의 저택, 즉 궁정에서 생활을 통해서 실시되었다. 봉건 영주의 봉토를 행정적으로 관장하는 요새화된 성이 있었고, 기사는 영주의 궁정에서 함께 생활하는 가운데 여러 기능을 익혔다(성기산, 1993).

기사교육은 세 단계, 즉 가정교육기, 시동교육기, 시종교육기로 구분된다. 가정교육기(출생~7세)는 기사의 가정에서 부모들이 직접 필요한 신체적·도덕적·종교적 교육을 담당하였으며, 교육내용은 명랑, 순종, 신앙심, 도덕심 등과 같은 인성교육, 건강한 신체훈련과 예의범절이었다. 시동교육기(7~14세)는 영주의 궁정으로 들어가서 군주나 영주, 왕후, 귀부인 및 수도사의 시중을 들면서 여러 가지 교육을 받았다. 궁정의 귀부인으로부터 종교음악, 예의, 동작, 장기놀이 등을 배웠으며, 때로는 모국어로 읽고 쓰기, 음유시인의 시와 음악을 배웠으며, 신체단련도 받았다. 시종교육기(14~20세)는 시종이 되어 실제 체험을 통한 기사교육을 받았는데, 식탁에서 봉사하고 잠자리를 보살피며 말을 돌보고 무기를 손질하며 방패를 운반하였다. 21세가 되어 이러한 교육과정을 마치고 기사로서의 준비가 완성되면 기사 입문식을 거행하여 정식 기사가 되었다. 기사교육이 주로 기술의 획득이었던 관계로, 교육방법은 시범 및 실제 교육이었다. 그들의 주요한 교육방법은 "행함으로써 배운다(learning by doing)."라는 의미에서 현대적이었으나, 그 동기는 사회적 표준으로 인식되는 보수적인 관습에 의해서 통제되고 지배되었다.

4. 르네상스기의 교육

르네상스는 교육사상에도 지대한 영향을 미쳐 인문주의 교육사상을 출현시켰다. 따라서 교육은 인문주의 정신을 구현하기 위한 인문주의 교육으로 조화적인 인간상을 형성하는 데 있었으며 인문주의 교육목적은 풍부한 인문적 교양의 습득을 통한 인간의 폭넓은 자아실현과 사회 및 인류의 발전과 복지를 지향하는 데 두었다. 일반적으로 인문주의 교육은 초기의 개인적 인문주의와 후기의 사회적 인문주의 그리고 키케로주의로서의 인문주의 교육을 들 수 있다(정석환, 2007).

1) 개인적 인문주의

남이탈리아 중심의 개인적 인문주의 교육은 국가나 사회보다 개인의 발달, 개성의 신장, 개인의 행복을 더 우선시하는 개인적 가치를 강조했다. 이는 중세의 신본주의에 대한 반동으로서 인간적이고 세속적인 삶에 관심을 두었고, 내세에 대한 준비보다는 현실 세계에서 시민으로서의 생활의 중시에서 비롯되었다. 이러한 교육사상은 근대의 자유주의 사상의 초석이 되었다.

교육의 목적은 개인의 교양을 중심으로 한 사고의 자유, 자기표현, 창조적 활동의 자유를 누릴 수 있는 인간형성에 두었으며, 이러한 교양은 그리스·로마의 고전에서 얻을 수 있는 것으로 간주했다. 이런 연유로 지성, 육체, 덕성의 조화로운 발달을 추구한 그리스인의 자유와 선미한 인간상과 궁극적으로는 자신의 개성과 일상생활에 참가하는 데 필요한 능력을 지닌 자유인, 즉 교양인 양성을 목적으로 하였다.

교육내용은 신학 대신에 인문과목과 과학에 치중하였으며 그리스·로마의 고전문화, 고전예술을 중심으로 라틴어, 도덕, 예의, 체육, 음악, 무용에 관련된 것이었다. 개인적 인문주의 교육은 인간생활과 관련된 모든 영역을 포괄하였기 때문에 이 시대에는 다재다능한 인물들이 배출되었다. 예를 들면, 화가이자 조각가로 알려진 레오나르도 다 빈치(Leonardo da Vinci)는 건축가, 음악가, 철학자, 기계기사, 물리학자, 해부학자이기도 하였으며, 물리학자이자 천문학자로 알려진 갈릴레오(Galilei Galileo)는 화가와 음악가로도 활동하였다는 사실은 그 당시의 다방면에 걸친 교육내용을 반영하고 있다. 이 같은 인간 중심의 인문주의 교육은 인간에 대한 새로운 자각과 가치를 토대로 하여 보다 풍부한 교양을 쌓기 위해서 그리스·로마의 고전을 교과서로 사용하였다.

교육방법은 교과서나 문헌 등이 학습경험의 유일한 자원이었다. 특히 퀸틸리아누스의 웅변교수론이 교과서로 많이 채택되었으며, 중세의 구두논의 대신에 논문을 쓰게 하였다. 어학능력을 발달시키는 것을 목적으로 하여 라틴어, 그리스어는 산 언어(living language)로서 취급되었다. 그리고 억압과 체벌 대신에 개성과 흥미, 환경의 중요성을 강조하였다.

개인적 인문주의의 중심인물에는 비토리노(Vittorino da Feltre, 1378~1446), 단테, 페트라르카(1304~1374), 보카치오, 세르반테스(Miguel de Cervantes Saavedra, 1574~1616), 셰익스피어(Shakespeare, 1564~1616) 등이 있다.

2) 사회적 인문주의

북구 유럽에서 일어난 사회적 인문주의 교육은 개인의 발달, 개성의 신장보다 국가사회의 발달을 우선하였다. 즉, 개인의 완성보다 사회개혁과 인간관계의 개선을 목적으로 한 교육이었고 미적, 문학적인 교육보다 사회적, 종교적, 도덕적 교육을 강조하였다. 이 운동은 소수의 사람보다는 전체로서의 사회를 위한 풍부하고 완전한 삶을 사는 데 목적을 두었다.

사회적 인문주의자들은 학문 자체를 즐기거나 심미적인 교육보다는 종교교육과 도덕교육을 강조하고 고전 연구는 이를 위한 수단으로 활용하였다. 따라서 이들은 종교를 진지하게 받아들이고 당시의 신학적 교의를 수용하였지만, 교회 안에서의 도덕적인 악을 격렬하게 공격하였다. 이탈리아의 개인적 인문주의가 귀족 계급의 교양교육을 중시하여 중등교육과 고등교육이 발달하였다면, 북유럽의 사회적 인문주의는 서민의 도덕교육과 조기교육을 중시하여 초등교육의 개선에 기여하였다.

교육내용은 고전과 성서문학이었다. 성서와 교부의 저서 및 해설을 가르치는 데 노력하였으며, 어학교육으로는 라틴어, 그리스어, 히브리어 강좌가 개설되었다. 또한, 역사, 지리, 과학, 체조, 음악, 미술 등도 다루어졌다.

교육방법은 학습자의 흥미와 능력을 중요시하였으며, 어학교육은 이중번역의 방법이었다. 영어를 먼저 배우고 다음에 라틴어로 번역하고 다시 영어로 번역하도록 하였다. 또한, 먼저 학습을 분명히 이해하고 연습하며, 다음으로 연습한 것을 기억하여 다시 반복한 후에 생활에 응용하고 활용하도록 하였다. 사회적 인문주의 대표적 사상가로는 마키아벨리, 모어, 에라스무스, 라블레 등이 있다.

마키아벨리(Niccolo Machivavelli)는 1469년 이탈리아 피렌체에서 태어나 정치사상가로 독학으로 학문하였으며, 이러한 자기 교육으로 인해 인문주의 교육의 병폐에서 벗어날 수 있었다. 그의 주저 『군주론』은 정치사상의 이정표를 세운 책이다. 정치사상사에서 마키아벨리를 통해 처음으로 권력현실에 대한 객관적인 분석이 이루어졌다.

르네상스 도덕주의자들은 키케로의 『의무론』에 따라 명예롭게 행동하고 약속을 지키는 것을 강조하였다. 세네카의 주장에 따라 그들은 군주들이 자비와 관용의 자질을 도야해야 한다고 강조하였다. 마키아벨리는 이러한 논증을 하나하나 공격하였다. 그는 새로운 군주는 사자의 강인한 힘과 여우의 술수를 모방해야 한다고 주장하였다.

마키아벨리에 대한 해석이 다양할지라도 이 책을 읽는 사람들은 크게 두 부류로 나누어질 것이다. 한 부류는 마키아벨리가 군주에게 권고한 것들을 마음에 깊이 새겨 실제로 실행하려는 사람들이고, 다른 부류는 공화정이 어떻게 해서 군주정 내지 독재정으로 전락하게 되는가를 인식하여 정치가에 대해 끊임없이 경계하는 사람들이다.

모어(Thomos More)는 1478년에 런던에서 태어난 정치가, 작가, 대법관 그리고 학자였다. 모어는 정치가와 거룩한 순교자로서 뿐만 아니라 1516년 라틴어로 출판된 『유토피아』의 저자로서 유명하다. 이 책의 본래 이름은 『국가의 최선 정체와 새로운 섬 유토피아에 관하여』이다.

『유토피아』는 이성이 지배하는 참된 공동체를 상징한다. 거기에는 만인이 평등하며, 신앙의 자유가 보장되어 있으며, 재산은 공유이며, 사유재산제도가 철폐되어야 비로소 평등하고 정의로운 재산 분배가 가능하다고 주장하였다. 이 책은 정치적·교육적 목적을 가지고 있다. 『유토피아』에 제시된 선은 영국에서 성취되어야 할 이상이며, 그곳에 없는, 영국에서 제거되어야 할 악이 당시 영국을 괴롭혔던 것이다. 모어는 『유토피아』를 통하여 있어야 할 덕과 제거되어야 할 악을 명시함으로써 동시대 사람들에게 인생의 지침을 주려고 하였다.

5. 종교개혁의 교육

1) 종교개혁기의 사회와 문화적 배경

16세기의 사상사를 개관하는 일은 어려운 일이다. 이 세기에는 르네상스 운동이 유럽 전역에 확대되고 있었으며, 종교개혁(Reformation)이라는 혁명적인 사건이 숨가쁘게 전개되었다. 종교개혁은 반가톨릭 운동으로서, 이 운동의 결과로 신교(Protestantism)가 형성되었다. 종교개혁은 1517년에 먼저 독일에서 시작되어 스위스, 프랑스, 네덜란드, 영국, 덴마크, 노르웨이 등 북유럽에 파급되었다.

종교개혁은 부분적으로 르네상스가 가져온 자유정신의 산물이었다. 유럽의 여러 지역에서 불안한 정치 상황이 계속되었으며, 많은 지역 통치자가 신성로마제국으로부터 독립을 원했다. 종교개혁은 이러한 불만 세력에게 불을 지피는 결과를 가져왔다. 종교개혁은 기독교계뿐만 아니라 사회전반에 걸쳐 커다란 변혁을 가져왔다. 종교개혁은 강력한 교황권을 약화시키는 동시에 세속 권력의 강화를 가져왔으며, 르네상스의 산물인 개인의 가치와 자유를 더욱 자각시켰다.

2) 종교개혁기의 교육사상

(1) 루터의 교육사상

루터는 교회의 권위보다는 『성서』의 권위가 우선되어야 하며, 개인적 판단이 집단적 판단보다 우선되어야 한다는 점을 강조하였다. 그는 하나님 앞에 서 있는 인간은 죄인이며, 무력하다는 점을 강조하면서 겸손의 신학을 주창하였다. 이러한 신념으로 인해 교황과 교회의 권위는 약화되고 만인이 사제를 통하지 않고 개인적으로 구원될 수 있다는 신념이 확산되었다. 미사와 자선행위와 같은 의식주의는 내적 경건과 신앙 앞에 무릎을 꿇게 되었으며, 신이 준 육체와 사회생활이 학대되지 않고 인정되기에 이르렀다(성기산 역, 1997).

종교개혁이 가져다 준 적극적인 생활방식은 세속적인 생활 전반에 영향을 미쳤다. 종교개혁 지도자들은 교육에 깊은 관심을 가지고 교육을 통하여 그들의 이상을 실현하려 하였다. 루터의 가장 큰 교육적 공헌은 생명의 위험 속에서도 어학적 재능을 발휘하여 처음으로 『성서』를 독일어로 번역한 일이었다. 모국어로 번역된 『성서』는 사람들에게 널리 읽히기 시작했으며, 이러한 현상은 교육의 요구를 더욱 증대시켰다. 『성서』를 읽기 위해 만인에게 교육기회가 주어져야 한다고 생각한 루터는 역사상 최초로 의무 교육제도를 주장하였다. 그는 교회의 통제로부터 교육을 해방시키려 하였으며, 정부가 학교를 설립해야 한다고 주장하였다. 초등교육이 공교육이 되어야 하며 의무교육으로 행해져야 함을 주장한 것은 적어도 모든 아동은 신분·성별·계급·빈부·종교의 구분 없이 누구나 동등하게 초등교육을 받아야 한다는 것을 역설한 것이었다. 그는 이 빛나는 아이디어를 주로 설교를 통하여 사람들에게 전달하였다.

루터의 교육목적은 자기가 맡은 사명을 담당할 수 있는 유용한 인간, 성품을 도야하여 가정과 교회와 국가를 위하여 각자의 기능을 발휘할 수 있는 인간, 전 인류의 발전을 도모하고 가정에서는 행복하며 교회의 봉사자와 국가에 책임 있는 시민을 양성하는 것이었다. 이를 위해 루터는 먼저 가정의 교육적 의미와 부모의 역할을 중시하고, 부모 의식의 각성을 촉구하였다.

교육방법은 신앙의 자유에 따라서 인간의 자유를 중요시한 결과 엄격한 체벌과 훈련을 배제하고 어린이가 즐거운 분위기에서 공부할 수 있도록 하는 방법을 추구하였다. 즉, 체벌을 삼가야 하고, 교과목은 어린이 능력에 맞아야 한다. 학습과 실습은 병행해야 한다. 실례와 모범은 언어나 권고보다 훌륭하다는 것을 강조하였다. 교수방법은 단순반복, 귀납법, 단계적 교수법, 소크라테스적 대화법을 사용하도록 하였다.

루터는 논문과 설교를 통해 자신의 교육적 이상을 제시하였다. 그는 교육은 의무적이어야 하며, 국가가 교육제도를 주관하여야 한다고 주장하였다. 그는 교육의 역사에서 무상 의무 교육제도가 확립되어야 가난한 가정의 자녀들이 교육기회를 기질 수 있다는 것을 최초로 천명한 사람이며, 여성 교육의 필요성과 여교사의 채용을 주장하였던 사람이다.

루터는 전문적인 교육사상가가 아니면서도 서양교육사상사에서 중요한 지위를 차지하고 있다. 종교개혁가로서의 루터는 여러 면에서 많은 실수를 하였다. 신적 권위에 대한 지나친 의존, 개인의 자유와 가치에 대한 과소평가, 가난한 농민에 대한 경멸 등은 그를 평가하는 데 빼놓을 수 없는 것들이다. 그럼에도 루터의 공교육과 의무교육에 관한 견해는 시대를 훨씬 앞서는 탁월한 견해였다.

(2) 칼뱅의 교육사상

칼뱅은 인문주의적인 교육사조가 유럽에 꽃이 필 때 학교를 방문했고, 또 같은 배경에서 교육실천에 직접 참여하였던 사람이다. 따라서 이 인문주의로부터 직·간접적으로 영향을 받고 성장하면서, 교육을 비중 있게 보는 안목을 키웠다. 그는 자신의 종교개혁도 장기적인 안목에서 그 실효를 거둘 수 있게 하기 위하여 교육의 통로가 필수 불가결함을 간파하고, 교회의 모든 활동에서 교육적인 측면의 기능을 강조하였을 뿐만 아니라, 제네바시의 학교 설립과 운영에 적극적으로 관여하였다. 그는 초등학교와 중등학교의 법제를 작성하는 데도 직접 관여하였고, 지금의 제네바 대학의 전신인 제네바 아카데미를 직접 설립·운영하였다.

칼뱅의 교육개념은 그의 신학적 인간이해에 바탕을 둔 교육개념이었다. 따라서 칼뱅의 교육개념은 일반 교육학의 영역에서 보다는 기독교교육학의 영역에서 보다 높게 평가될 수밖에 없다. 그에게는 한 사람의 비 기독교인이 기독교인으로 되는 것이 관건이고, 한 사람의 기독교인이 신앙적으로 더욱 성장하는 것이 관건이다. 더욱이 칼뱅은 교육의 장을 주로 '교회'로 보았기 때문에 그가 교육이라고 했을 때, 이것이 지칭하는 것은 거의 교회의 교육을 의미한다.

칼뱅의 교육개념은 그의 신학 전반 안에 '교육'이 폭넓게 투영되어 있다. 다시 말해서 그는 교육이라는 눈을 통해서 하나님과 인간과 교회를 보는 안목을 갖고 있었고, 많은 신학적 주제를 교육적인 사고의 통로로 설명하였다. 그는 성서 전반의 사건들을 하나님의 인간에 대한 교육이라는 측면에서 해석하였고, 율법과 교회와 예수 그리스도의 성육신 사건을 하나님이 인간의 이해능력에 맞게 자신을 조절하여 교육하시는 하나님의 인간에 대한 눈높이 교육, 즉 '아콤모다치오

데이'로 설명하였다. 칼뱅의 이러한 성서의 교육적인 해석은 우리에게 성서 전반을, 그리고 하나님과 세계와 인간을 교육적인 눈으로 해석할 수 있는 가능성을 위해 하나의 교육신학적인 지평을 열었다고 할 수 있다(신득렬, 2000).

칼뱅은 신을 알고 사랑하고 봉사해야 한다는 궁극적인 목적을 설정하고 이것이 실생활에 적용되도록 하는 데 교육의 목적을 두었다. 이를 위해 그는 학생의 정신적·지적·신체적·문화적·직업적 가능성을 최대한 발전시키는 것을 하위 목적으로 설정하였다.

칼뱅은 제네바 시민의 교육문제에 깊은 관심을 가졌지만 교육에 관한 체계적인 저술은 하지 않았다. 그러나 설교문을 통해 신자들이 계속 교육받아야 한다고 강조하였다.

칼뱅은 제네바 전 시민의 교육은 가정, 교회, 국가, 학교의 네 기관에 의하여 행해져야 하며 국가는 법으로, 교회는 훈계로 신의 명령에 따라 어린이를 교육해야 한다고 하였다. 그리고 1559년에 리브 칼리지(College de Rive)를 세워 일반 시민의 교육기관을 통합하고 신앙교육을 중시하며 승려양성에 주력하였다. 교육내용은 종교와 고전을 가르쳤으며, 일종의 신학교의 체제를 갖추었다. 이와 같은 칼뱅의 사상은 프랑스에 영향을 주어 대학교육보다 초등교육을 크게 장려하는 계기가 되었으며, 영국에서도 칼뱅파의 활동으로 교육발전이 이루어졌다.

6. 17세기 교육의 이해

'realism'은 교육사에서는 실학주의(實學主義)로, 철학에서는 실재론(實在論) 또는 실재주의(實在主義)로, 문학·예술에서는 사실주의(寫實主義) 또는 현실주의(現實主義)로 번역되어 사용되고 있다. 따라서 교육에서의 실학주의는 철학이나 예술, 문학 분야의 실재론이나 사실주의와 대비될 수 있다. 실학주의는 교육의 이론이나 실제에 있어서 관념적인 사고방식보다는 실물 그 자체를 중시하면서 자연과학적 사물교과에 많은 관심을 기울이는 교육사상이다. 그러므로 실학주의는 전통적인 언어학습이나 문학수업보다는 사회적인 삶이나 자연현상을 연구대상으로 삼으며, 현실생활에 대한 구체적이고 실제적인 학습이 핵심이 되는 실질 도야를 존중한다. 즉, 실제 생활에서의 구체적인 의무를 보다 적절히 준비할 수 있는 교육을 지향하였다. 그 준비 교육은 세 가지 형태의 움직임으로 점차 발전해 나갔는데, 초기에는 인문적 실학주의 교육으로 시작하여, 다음에는 사회적 실학주의 교육으로, 마지막에는 감각적 또는 과학적 실학주의 교육으로 발전해 나갔다(정석환, 2007).

1) 인문적 실학주의

인문적 실학주의는 초기의 실학주의 형태로서 언어주의, 형식주의에 대립하는 내용주의, 현실주의를 추구하였다. 인문적 실학주의는 실학주의의 선구로서 고전을 추구한다는 점에서는 인문주의와 같으나, 인문적 실학주의는 고전을 배우되 실생활에 이용하고 적용하려고 하였다. 그러므로 가장 완전한 지식은 고전문학에서 발견되는 것이며, 중요한 것은 고전문학에 포함되어 있는 과학적, 역사적, 사회적 사실을 연구하는 것이었다. 고전을 중시한 이유는 고전이 인간정신의 극치를 나타내며 인간 지성의 다방면의 산물일 뿐만 아니라 실제로 인간이 주의를 집중하는 일체의 것이 포함되어 있다고 믿었기 때문이었다.

교육목적은 실생활을 준비하는 도구로서 고전을 추구하고 탐구하여 현세생활에 잘 적응할 수 있는 유능한 인간을 형성하는 것이다. 즉, 학습자가 인간 사회에 대한 완전한 지식과 이해를 갖추도록 하여 실제 생활에 잘 적응할 수 있도록 하는 것이었다. 인문적 실학주의는 르네상스시대의 개인적 인문주의와 내용 면에서는 유사하나, 그 목적과 방법에 있어서는 구별이 된다. 인문적 실학주의는 고전문학이 실제 생활을 준비하는 유용한 수단이 되어야 함을 강조하였다.

교육내용으로, 인문적 실학주의는 고전 중심 또는 문장 중심의 인문주의 교육내용이 갖는 편협성은 배격하고, 인간사고와 관련된 전 영역을 망라하여 백과전서식 내용을 교육내용으로 채택하였으며, 특히 그리스어, 라틴어, 히브리어 등 고전어를 중시하였다.

교육방법은 개별적으로 어린이들을 연구하여 개인의 흥미와 능력에 맞도록 교육할 것이며, 모든 학습이 즐거운 가운데 이루어지도록 해야 하며, 강제적인 방법보다는 자발성의 원리에 따를 것을 강조하였고, 암송보다는 이해를 중시하였다. 인문적 실학주의를 대표하는 학자에는 밀턴(J. Milton), 라블레(F. Rabelais) 등이 있다.

2) 사회적 실학주의

사회적 실학주의는 고전의 의의를 바르게 파악하기 위하여 사회현상과 현실의 사물을 연구해야 한다는 입장이다. 사회적 현상과 물적 현상에 관한 실제적인 지식에 의하여 고전의 참된 의의가 더 잘 이해된다는 것이다. 따라서 교육의 재료로서 고전 이외의 실제 사물을 택하였으며, 현상을 직접 연구하는 것이 보다 더 효과적이라고 하였다. 현실 사회가 바로 학교라는 입장에서 사회적 실학주의가 대두되었다.

교육목적은 학자나 전문가를 양성하는 것이 아니고 실생활과의 접촉을 통해서 세상 물정에 밝은 유능한 사회인을 양성하려는 것으로 귀족 청년들로 하여금 직접 인간사에 참여하여 '신사'가 되도록 하는 데 두었다. 따라서 '현실 사회, 이것만이 올바른 지식의 요람이요, 학교이다'라는 주제 아래, 서적에 의한 교육보다는 인간과 직접 접촉하는 사회적 활동에 의한 교육을 중시하였다. 사회적 실학주의 교육은 교양 있는 신사를 양성하기 위한 상류 계층의 귀족적 인간교육이었다.

교육내용은 여행의 교육적 가치를 높게 평가하고, 고전어보다는 실제 사용되는 언어, 그리고 역사와 철학 등을 중시하였다. 특히 여행의 중시는 직접적인 경험을 얻을 수 있으며 사람과 풍습에 대하여 알 수 있으며, 사람들을 직접 만나고 그 지역에 가 보는 것이 책을 통해서 아는 것보다 훨씬 가치가 있다는 것을 믿었기 때문이다. 즉, 여행을 통해 "많은 신기한 유머, 여러 종파, 다양한 판단, 의견, 법률, 관습 등을 알게 됨으로써, 자신의 잘못을 수정하고 자신의 행동을 바르게 판단할 수 있게 된다."라고 믿었다. 교육방법은 단순한 기억보다 이해와 판단을 강조하였으며 강제나 폭력을 배격하였다. 사회적 실학주의를 대표하는 학자들에는 몽테뉴(M. Montaigne), 로크(J. Locke) 등이 있다.

3) 감각적 실학주의

감각적 실학주의는 과학적 실학주의라고 하며, 감각적 직관을 교육의 기초로 하였다. 즉, 실물, 표본, 그림 등의 감각적 직관의 훈련과 언어가 아닌 구체적 사물을 교재로 교육을 하였다. 따라서 감각적 실학주의는 감각적 지각을 자극하는 구체적인 사물은 물론이고 자연과학의 지식과 연구방법을 사용하여 인간생활의 향상을 도모하였다. 고전이나 사회적 인간관계를 통한 교육보다는 감각적 직관과 과학적인 방법을 통해 과학적인 내용을 익히도록 하여 인간생활을 개선하고자 하였다. 따라서 일반적으로 실학주의란 이 감각적 실학주의를 말하는 것이며 교육에 있어서 과학운동의 시작인 것이다.

교육목적은 자연법칙에 일치하는 활동을 하며 이러한 활동을 통해 개인 및 사회를 발달시킬 수 있는 인간을 양성하는 것이었다. 이는 과학적 지식을 이용함으로써 인력을 증강시키고 새로운 사회질서를 건설하려는 것이었다.

교육내용은 모국어, 자연과학과 사회과학의 실제 등 포괄적인 것을 부과하였다. 예컨대, 베이컨은 교육의 주요한 임무는 자연의 법칙을 배우도록 하는 것이고, 가장 중요한 교육내용은 과학이라고 믿었고, 코메니우스는 범 지식적 교육과정을 제안하였다. 교육방법은 심리학적, 과학적 기초 위에 감각을 통한 학습을 강조하였다. 언어는 회화, 작문 등 직접적인 방법으로 교육하였으며 여행, 관찰, 실습을 중요시하였다. 그리고 교육에 있어서 동물원, 식물원, 그림, 사진, 표본 등이 활용되었다. 감각적 실학주의를 대표하는 학자에는 코메니우스(J. A. Comenius), 베이컨(F. Bacon) 등이 있다.

제3장 교육과정의 이해

1. 교육과정의 개념
2. 교육과정의 유형
3. 교육과정의 개발
4. 우리나라 교육과정의 변천사

1. 교육과정의 개념

1) 교육과정의 중요성

21세기에 들어와서 현 시대는 거의 '불확실성의 시대'라고 불릴 만큼 그 어느 때보다도 과학기술과 사회의 변화와 발전이 급격한 시대이다. 그에 따라 시대와 사회가 필요로 하는 역량도 달라지기 때문에 이에 부응하는 교육의 목적이나 교육내용도 필수적으로 변화하게 된다. 그 필요를 충족시키지 못할 경우 국가적으로 사회적, 개인적으로 불필요한 활동에 시간과 자원을 낭비함으로써 국가와 개인의 성패에 영향을 미칠 수 있기 때문이다. 교육과정은 바로 이 교육학의 핵심 질문인 '무엇'을 가르칠 것인가에 대한 대답이다. 4차 산업혁명 시대, 인공지능(AI)시대를 살아가는 현세대, 그리고 미래세대는 무엇을 알고 할 줄 알아야 하는가에 대한 문제에 답을 찾는 분야가 바로 교육과정이다.

그러나 그 '무엇'을 찾는 일은 단순한 일은 아니다. 왜냐하면 과거 그 어느때보다 더 급속히 변화하는 시대가 필요로 하는 역량을 규명하고 그 역량을 갖춘 인재를 키워내는 것은 더 섬세하고 빠른 판단을 이끌어내는 과제이기도 하기 때문이다. 사회의 변화는 빠르고 그 변화에 맞추는 학교의 임무를 규명하는 일은 다양한 자원과 경험과 숙고의 시간을 필요로 한다.

무엇을 가르칠 것인가에 대한 고민은 가르침을 받을 세대에 대한 충분한 이해와 그 세대가 살아가야 할 미래를 예측할 수 있는 능력과 그 능력을 양성하기 위한 기성세대의 의지가 필요하다. 이 모든 것은 미래의 불확실성을 구체화하는 작업이기 때문에 새로운 세대에게 '무엇'을, '어떻게' 가르칠 것인가는 현재의 교육자들이 풀어야 할 몫이다.

교사가 교육과정에 대한 지식을 갖추어야 하는 이유는 무엇일까? 그것은 첫째, 교육과정이 교육의 전 과정에 걸쳐 학생들이 경험하는 배움과 성장에 대해 다루기 때문이다. 교육과정을 통해 교사는 교육 철학적 기초, 역사적 기초, 심리학적 기초 등 교육에 대한 광범위한 영역을 종합적으로 바라볼 수 있는 시각을 가질 수 있다. 둘째, 교육과정을 이해하는 것은 교사가 교육전문가로서 갖추어야 할 덕목 중 하나이다. 유능한 교사는 전공교과지식 외에도 교육학적인 관점과 자신이 가르치는 내용이 사회적인 맥락에서 개인적 요구와 어떻게 관련되어 있는지에 대한 지식이 있어야 한다. 교육과정에 대한 이해를 바탕으로 교사의 자율성과 전문적 상상력을 더하여 효과적인 교육활동을 개발할 수 있다. 다음으로, 교육과정에 따른 교과의 본질, 즉 무엇이 중요하고 이를 어떻게 가르치고 평가해야 하는지에 대한 이해와 점검이 가능하기 때문이다. 교육과정에 대한 이해 없이는 내용 전달에 중점을 두고 단순하고 획일적인 평가를 하기 쉽다. 왜 가르치는가에 대한 깊은 고민을 바탕으로 교사는 좋은 수업을 설계하고 일관된 운영과 평가를 할 수 있다. 즉, 교육과정을 이해함으로써 내용과 방법, 평가에 대한 비판적 논의와 실천을 이끌어 낼 수 있다(곽덕주 외, 2017; 홍후조, 2016).

2) 교육과정의 개념

흔히 교육과정을 교육의 목표와 방향을 제시하는 기본 틀, 교육계획, 교육 설계도 등으로 이해하고 있다. 교육과정(curriculum)의 어원은 'currere(L.)'에서 유래했다. 'currer'는 '달린다', '뛴다'라는 뜻으로 경마장의 경주로(a race course)와 경주하는 그 자체(the race itself)에 해당하는 것으로 활동의 장소나 활동의 연속을 의미한다. 교육의 장면에 적용할 경우에 '달린다'는 것은 '학생들이 공부한다'라는 의미이며 '달리는 코스'는 특정한 목적을 가진 학생들이 일정한 목표를 향해서 학습하는 진로 또는 내용'을 의미한다. 즉 '교수요목'을 뜻하는 것으로 수업과 교육평가의 방향과 기준, 전략과 방법 등을 결정하는 지침을 제공하는 것으로 알고 있다. 그러나 최근에는 달리는 '과정'의 측면을 강조하여 교육과정을 학교에서의 교수-학습과정을 통해 학생 개인이 갖게 되는 교육적 경험으로 재해석하고 있다(강소연 외, 2019). 이를 종합하면 교육과정은 계획된 내용뿐만 아니라 학교라는 맥락에서 교육과정이 실행되는 과정까지 모두 포함하는 개념으로 이해할 수 있다. 교육과정을 어떤 관점으로 보느냐에 따라 다음과 같이 다양하게 분류할 수 있다.

(1) 계획된 교육과정

계획된 교육과정은 무엇을, 어떻게, 왜 가르칠 것인가에 대한 계획을 담고 있는 공식적인 문서로서의 교육과정으로, 우리나라의 경우 편성·운영하는 주체에 따라 국가, 지역, 학교 교육과정이라는 세 종류로 구분된다.

첫째, 국가교육과정은 교육부 장관이 결정하고 고시하는 '초·중등학교 교육과정' 문서로서, 총론과 각론(교과교육과정)으로 구성되어 있다. 총론에는 교육과정 구성의 방향, 학교급별 교육목표, 편제와 시간배당 기준, 교육과정의 편성과 운영지침 등을 포함하고, 각론에는 교과의 성격과 목표, 내용, 교수-학습방법, 평가에 관한 지침 등을 포함한다.

둘째, 지역 교육과정은 국가교육과정을 기초로 하여 17개 시·도교육청이 관내 학교를 위해 마련한 '교육과정 편성 운영지침'을 말한다.

셋째, 학교교육과정은 '교육과정 편성운영지침'을 근거로 하여 편성한 '학교운영계획'을 말한다.

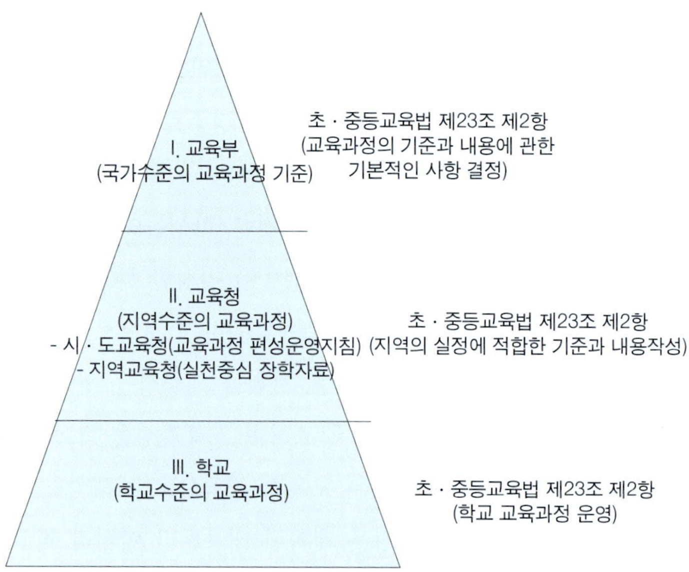

[그림 3-1] 교육과정의 수준과 위상

이처럼 국가·지역·학교교육과정은 학교에서 진행될 교육활동을 수준별로 공식적인 문서의 형태로 작성하여 교육현장에 제공되기 때문에 이 문서의 공식적인 이름이 교육과정이다. '2022 개정교육과정', '시·도교육청 교육과정', '2022학년도 OO학교 교육계획'과 같은 일련의 문서화된 것이 그 예에 해당된다.

(2) 전개된 교육과정

전개된 교육과정이란 계획된 교육과정을 교사가 해석하여 실행하는 교수 활동을 말하며 '교육과정이 현장에서 실천되고 있다'라는 의미가 있다. 교사는 자신의 지식, 신념, 가치관, 태도 등에 의해 공식적인 교육과정을 이해하고, 이에 따라 교수하기 때문에 교사가 실제로 수업에서 전개한 교육과정은 공식적인 문서로서의 교육과정과 구별된다(김재춘, 2001)

(3) 실현된 교육과정

실현된 교육과정은 교수·학습 활용에 참여한 결과 '학생들이 실제로 갖게 되는 경험이나 성취'를 의미한다. 동일하게 계획하거나 전개된 수업에서도 학생들은 자신의 지적능력, 흥미와 관심, 개인의 삶의 역사, 경험, 진로 등의 여러 가지 조건에 따라 서로 다른 교육적 경험을 하게 된다. 서로 다른 교육적 경험의 결과 학생들은 서로 다른 성과와 산출을 보이는데 이처럼 학생차원에서 실제로 경험된 것 또는 성취된 것을 일컫기 위해 성과나 산출로서의 교육과정이라고도 한다(김재춘, 2001)

(4) 잠재적(潛在的) 교육과정

학생들은 학교생활을 통하여 많은 것을 배운다. 학교에서 계획하거나 가르친 바는 없지만 학교의 물리적, 조건, 제도 및 행정적 조직, 사회 및 심리적 상황을 통하여 학습자들이 은연 중에 경험하거나 학습하게 되는 것을 교육과정으로 개념화한 것이 잠재적(潛在的) 교육과정(hidden curriculum)이다. 잠재적 교육과정은 공식적 교육과정인 표면적 교육과정(manifest curriculum)에 상대되는 말로서 '의도하지 않은 학습의 결과'를 말한다. 즉, 잠재적 교육과정은 문서화되지 않은 비공식적인 교육과정으로 교사의 인격, 학급 분위기, 인간관계 등의 영향을 많이 받는 정의적 영역을 다룬다.

특히 잠재적 교육과정은 학교를 둘러싸고 있는 학교환경의 영향을 많이 받는다. 즉, 사회환경이 학교 속에 침투되어 잠재적으로 교육과정의 원천이 되는 것이다. 이러한 잠재적 교육과정의 원천으로서 학교 행정가, 교사, 아동, 학부모 등의 인적 요소를 들 수 있는데 이들은 서로 상호작용하면서 잠재적 교육과정에 영향을 미친다. 그런데 이러한 상호작용으로 인한 영향은 긍정적인 것일 수도 있고, 교육과정의 부정적 측면에 관한 압력의 형태를 취할 수도 있으며, 일방적인 압력일 수도 있는 동시에 상호 협력의 체제를 구축하기도 한다. 잠재적 교육과정의 특징을 표면적 교육과정과 비교하면 〈표 3-1〉과 같다.

〈표 3-1〉 표면적 교육과정과 잠재적 교육과정의 비교 : 블룸(Bloom, 1913~1999)

구 분	표면적 교육과정	잠재적 교육과정
의도성	학교에 의하여 의도적으로 조직되고 가르쳐짐	학교에 의하여 의도되지 않았지만 학교생활을 하는 동안에 은연중에 배우게 됨
학습영역 교육내용	주로 지적인 것과 교과와 관련	주로 정의적 영역(학생들의 흥미, 태도, 가치관, 신념)과 학교의 문화풍토와 관련
교육기간	단기적으로 배우며 어느정도 일시적인 경향이 있음	장기적이고 반복적으로 배우며 보다 항구성을 지님(오랫동안 잊어 버리지 않음)
교사의 기능	교사의 지적, 기능적인 영향을 받음	교사(동일시 대상)의 인격적인 감화를 받음
가치성	주로 바람직한 내용이다.	바람직한 내용뿐만 아니라 바람직하지 못한 내용도 포함됨
구 조	표면적 교육과정 자체에 잠재적 기능이 있음	잠재적 교육과정은 학교제도가 있는 이상 변하지 않음
양자의 조화	양 교육과정이 서로 조화되고 상호보완적인 관계에 있을 때 학생 행동에 강력한 영향을 미치게 된다.	

잠재적 교육과정과 표면적 교육과정이 상호 조화되어 서로를 돕고 강화하는 역할을 할 때, 학습효과는 더욱 강력해진다. 흔히 말하는 정의적 교육목표인 태도나 가치관, 도덕심, 인격 등을 가장 효과적으로 학습할 수 있는 것이 바로 이 두 교육과정의 조화를 통해서라고 말할 수 있다. 반면 잠재적 교육과정과 표면적 교육과정이 서로 갈등을 일으킬 때는 잠재적 교육과정이 우위에 있을 것이라는 점은 예측하기 어렵지 않다. 따라서 표면적 교육과정에 의해서만 학교교육의 효과를 판단한다는 것은 학교조직이나 구성, 인간관계 등의 결과로 나타나는 광범위한 영향을 망각하는 것이 된다.

(5) 영(零) 교육과정

영 교육과정은 교육과정에 심미적 접근을 지향하는 아이즈너(E. W. Eisner)가 『교육적 상상(The educational imagination, 1979)』이라는 저서에서 소개한 개념이다. 영교육과정(null curriculum)이란 꼭 필요한 교육과정의 내용인데도 불구하고 생략되어 가르쳐지지 않아서 학생들이 배우지 못한 교육내용을 영(零)교육과정이라고 한다(조규판 외, 2018). 즉, 학교의 교육과정에서 의도적으로 배제됨으로써 학생들이 배울 기회를 놓치게 된 것을 말한다. 영(null)이란 존재하지 않으면서도 학생들에게 교육적 결과를 가져오는 교육과정을 의미한다. 그 의미를 좀 더 구체적으로 보면 첫째, 법적인 구속력이 영(zero)에 가깝다는 뜻으로 공적인 문서에 들어있지 않아서 학교에서 가르치지 않는 교육내용으로 법적 구속력이 없다는 것이며, 둘째는 학습할 기회가 영(zero)에 가깝다는 것인데, 공식적 교육과정에 포함되어 있다 하더라도 학습 기회가 없는 교육과정이며, 공식적 교육과정에 포함되어 있는가 하는 것과 관계없이 교육적으로 가치 있는 내용 중에서 학생들이 학습할 기회를 갖지 못한 모든 내용을 말한다. 영교육과정은 학생들을 그 내용에 대해 무지하게 만들며 그 문제에 대한 깊이 있는 사고와 분석력을 계발하여 주지 못한다고 한다. 그 결과 학생들은 사고의 빈곤, 즉 비판적 사고의 결여와 잘못된 편견을 갖게 된다. 이와 같은 점에서 아이즈너(Eisner)는 학교가 의도적으로 가르치려고 하는 내용뿐만 아니라 적극적으로 무시하고자 하는 내용에 대한 논의가 필요하다고 강조하였다.

학교 교육과정에서 배제된 교과의 사례를 살펴보면 다음과 같다. 초·중등학교의 교육과정에 편제된 교과는 지식으로 가치를 인정받고 있지만, 인류학이나 천문학처럼 배제된 교과는 아예 학생들이 배울 수 있는 기회를 갖지 못하는 것들로 영 교육과정의 사례이다.

또한 학교교육이 인지적 발달만 지나치게 강조함으로써, 정의적인 측면과 심리-운동적인 측면이 상대적으로 소홀히 취급되고 있다. 즉, 한 측면(인지적 측면)의 지나친 강조는 다른 측면(정의적, 심리-운동적 측면)의 소홀로 나타나는데, 여기서 정의적 측면과 심리-운동적 측면이 바로 영 교육과정에 해당한다. 학생들이 배워야 할 것은 공시적으로 명시된 교과서 내용이 전부가 아니며, 교과서 내용의 이면에 있는 정서적 감흥이나 이데올로기에 대한 성찰 등의 기회를 가짐으로써 삶과 사회에 대한 새로운 안목을 갖게 하는 것 또한 중요하다.

(6) 중핵(中核) 교육과정

교과중심 교육과정의 문제점인 단편적인 지식화와 경험 중심 교육과정의 지나친 현실만족을 시정·보완하기 위한 것이다. 중핵교육과정(core curriculum)은 학교의 교육과정에서 가장 중요하다고 생각되는 활동을 중심에 놓고 그 이외의 것을 주변에 조직하는 교육과정의 형태이다. 중핵교육과정은 학습경험의 통합이라는 관점으로 통합을 시도한 것으로, 3가지 요소(교육내용의 중심통합, 개인의 인격적 통일, 사회적 통합)가 통합되어 있음을 의미한다.

질러(Tuiskon Ziller)는 도덕적 교재를 중심으로 하는 '중심통합법'이라는 용어를 들어 최초로 제안하였고, 사회문화(역사, 문학)를 중핵에, 주변과정에 자연, 과학, 수학, 언어, 예술 등을 두었다. 파커(Parker)는 자연과학을 중핵으로, 버지니아 플랜(Virginia Plan, 1934)은 사회를 중핵으로 하고 그 이외의 교과를 주변과정에 배열하였다.

그러나 교과의 지식이 소홀히 되어 학력저하 문제가 제기되어 널리 보급되지는 못하였다. 한국에서도 8.15광복 후에 중핵교육과정이 도입되어 커다란 반향을 불러 일으켰으나, 학문중심교육과정 등 새로운 이론이 나오면서 쇠퇴하게 되었다.

(7) 역량중심 교육과정

최근에는 변화하는 미래사회에 대비하여 단순히 아는 것을 넘어서 무엇을 할 수 있는가에 초점을 두고 그 역량을 함양하도록 강조하는 역량 중심 교육과정이 주목받고 있다. 역량 중심 교육과정에서는 실생활에서의 활용과 전이를 강조하며 교과 간 연계와 통합을 강조하는 방식으로 교육과정을 구성한다(한혜정, 이주연, 2017).

역량중심 교육과정에서 함양하고자 하는 핵심역량은 자기관리 역량, 지식정보처리 역량, 창의적 사고 역량, 심미적 감성 역량, 협력적 의사소통 역량, 공동체 역량이 있다. 이 교육과정을 설계할 때의 특징은 첫째, 교사의 자율성을 보장한다는 것이다. 즉 교육내용이 역량을 발달시키는데 적절하다고 판단되면 교사가 이를 직접 선정한다는 것이고. 둘째, 지식과 역량은 상호보완적 관계에 있다는 것이다. 지식과 역량은 분리된 것이 아니라 역량을 잘 발달시킬 수 있는 교육내용을 가르쳐야 한다. 셋째, 수행능력을 강조한다. 즉 무엇을 아는 것에 그치는 것이 아니라 배운 것을 할 줄 아는 것을 더 중요하게 여기는 것이다.

2. 교육과정의 유형

교육은 일정한 목표를 달성하기 위하여 전개되는 목적 있는 활동이며, 교육과정이 그 목표의 달성을 위한 수단이라고 한다면, 교육과정은 목표를 달성하는 데 필요한 학습내용과 그 학습내용을 담을 수 있는 어떤 형태를 갖추고 있어야 할 것이다.

교육과정의 일반적 형태는 역사적으로 보아 우리 인간의 생활내용의 복잡성과 다양성에 따라서 많은 변천을 거듭해 왔다. 왜냐하면 개인과 사회의 세계관, 국가관, 사회관, 인생관, 교육철학 및 정치적 이념과 같은 여러 가지 여건에 따라 교육의 목표와 내용이 영향을 받기 때문이다. 여기에서는 역사적 맥락에 따라 변천되어 온 교육과정의 유형을 개념별로 살펴보기로 한다.

1) 교과중심교육과정

(1) 기본적 견해

교과중심 교육과정(subject-centered curriculum)은 역사적으로 가장 오래되었으며 오늘날에도 이 정의는 계속 사용되고 있다. 교과중심 교육과정이란 '지식의 체계'를 중요시하는 교육과정으로서 학교의 지도하에 학생이 배우는 일체의 교과와 교재를 의미한다. 예컨대, 초등학교에서는 국어, 사회, 자연, 음악 등으로 구분되어 있고, 중학교에서는 국어, 사회, 과학 등으로 구분되어 있다. 이런 구분을 흔히 교과(subject matter)라고 부르기 때문에 교과중심 교육과정이라고 지칭한다.

교과중심 교육과정을 지지하는 학자들은 교육의 주요 기능을 인류의 위대한 문화유산을 다음 세대에 전달하는 것이라고 믿고 있다. 이들은 인류의 문화유산 가운데 가장 가치 있고 가장 심오한 내용들을 선정하여 교과를 구성하기 때문에 교과란 이러한 문화유산을 논리적, 체계적으로 조직해 놓은 것이라고 주장한다. 이 교과중심 교육과정은 교육성과에 있어서 지식의 습득과 이성의 계발을 가장 중요시하는 입장으로서, 각 교과는 자체의 논리와 체계가 있으므로 교과를 체계적으로 학습하게 하는 것이 교육의 중요한 방법이라고 생각한다.

교과중심 교육과정은 고대 그리스 시대의 7자유과(3학-문법, 수사학, 논리학, 4과-산술, 기하, 천문학, 음악)를 바탕으로 하여 고대에서 현대에 이르기까지 초·중·고등학교와 대학을 막론하고 뿌리 깊게 자리 잡고 있는 교육과정의 형태이다. 이 교육과정은 학문의 성질에 따라서 분류되고 있으므로 교과와 교과 사이에 의미 있는 연계성이 없이 고립적인 토막으로 이루어졌다. 따라서 학문의 발달과 더불어 교과 혹은 학과의 수와 종류는 많아지게 되었다.

그러나 교과중심 교육과정의 입장은 많은 지식만을 획득한다고 해서 현재나 미래의 생활을 유용하게 이끌어 나갈 수 있을 것인가에 대한 의문을 던져 준다. 물론 교과중심 교육과정이라고 해서 경험을 완전히 도외시하는 것은 아니지만 지나친 지식추구에만 몰두하는 경향이 바로 비판의 요지가 되고 있다.

(2) 특징

지식의 체계를 중시 하는 교과중심 교육과정의 일반적인 특징은 다음과 같다.

첫째 인류의 문화유산이 주된 교육내용이다. 교과는 문화유산을 분류하고 논리적으로 체계를 세운 것이라고 할 수 있다.

둘째, 교사 중심으로 수업이 진행된다. 교사는 학습자보다 월등히 많은 지식과 기술을 가지고 있어야 하며, 이 지식과 기술을 학습자에게 전달하는 것이다.

셋째, 교수·학습 방법은 설명 위주의 교수법을 요구하는 경우가 많다. 교사는 교과내용의 전문가로서 교과내용에 관한 상세한 설명을 제공하게 되므로 수업은 교사의 설명이 핵심이 된다.

넷째, 일률적인 교재에 의하여 그 교과가 규정하는 영역 안에서만 교수·학습 활동이 이루어져야 하므로 학습활동이 제한되어 전개되는 점이다. 이것은 획일적인 교육을 초래하므로 학습을 일정한 틀에서 벗어날 수 없게 한다.

(3) 교과 중심 교육과정의 장점

역사적으로 볼 때 교과중심 교육과정이 오랫동안 지속적으로 채택되고 있는 이유는 다음과 같다.

첫째, 새로운 지식과 사실이 교과별로 논리적이고 체계적으로 정리되어 있기 때문에 지식을 체계적으로 전달하기가 용이하다.

둘째, 학습결과의 평가가 용이하다. 즉, 교과서에 학습내용 전체가 보존되어 있기 때문에 그 내용을 중심으로 학생이 얼마나 이해하였는가에 대한 평가기준을 설정하기가 쉽다.

셋째, 교사, 학생, 학부모들에게 심리적 안정감을 준다.

넷째, 교과서의 개편이 용이하고, 교육내용에 대한 중앙집권적 통제와 계획이 용이하다.

(4) 단점

첫째, 학생들의 흥미, 능력, 필요가 무시당할 염려가 있다. 이 교육과정은 지식의 체계를 존중하고 교과의 내적 적합성과 논리적 일관성을 중시하는 나머지 학생의 필요나 심리적 특성을 경시하고 성인사회의 요구를 강요할 수 있다.

둘째, 학습지도가 교사의 일방적인 계획과 지도방침에 따라 일률적으로 진행되기 때문에 학생들의 사회성 또는 고등 정신 능력을 기르기가 어려울 수 있다.

셋째, 과거의 지식 교육만 강조하다보니 현실생활에 별로 쓸모가 없는 비실용적인 지식내용이 많이 포함된다. 문제해결이나 자료 해석, 원리의 실제 응용 같은 노작적이며 활동적인 학습활동이 별로 고려되지 않으며, 현대의 긴급한 사회문제와는 유리되어 있다.

넷째, 단편적이고 분과적인 교과조직이기 때문에 교과의 전체를 구조화하는 통합성이 부족하다. 인간의 생활이나 행동은 단편적인 지식의 체계로 이루어지는 것이 아니라 하나의 문제사태를 해결함에 있어서 종합적인 지식과 경험체계가 골고루 동원된다. 그런데 교과중심 교육과정은 단편적이며 분석적인 교과조직이므로 전체로서의 통일성과 관련성이 부족한다.

2) 경험중심교육과정

(1) 기본적 견해

1930년대를 전후하여 미국의 진보주의 교육이론이 등장하면서 교과중심 교육과정은 급변하는 사회변화와 사회적 요구에 부응하기에는 실생활과 거리가 먼 교육내용으로 구성되어 있다는 문제와 회의가 제기되었다. 그 이유는 교수요목은 교과를 중심으로 한 것이고, 교과는 그것을 근거로 한 학문의 내용과 조직의 테두리를 크게 벗어나지 못함으로써 현실생활과 일치되지 못하는 부분이 많았다. 이에 대한 반성은 미국뿐만 아니라 세계적으로도 실생활에서의 요구에 맞는 교육과정을 꾸며야 한다는 요구를 당연한 것으로 받아들이게 되었다. 교재보다는 생활을, 지식보다는 행동을, 분과보다는 종합을, 미래의 준비보다는 현재생활을, 교사의 교수보다는 학습자의 활동을 중시하는 입장이 대두된 것이다.

그리하여 실생활에 직접 도움이 되는 교육과정을 마련하여야 한다는 요청에서, 루소의 아동 중심의 교육사상과 듀이(Dewey)의 진보주의 교육사상의 영향을 받는 생활중심 또는 경험중심의 교육과정운동이 대두되게 되었다. 경험중심 교육과정(experience-centered curriculum)이란 '경험의 배열'을 존중하는 교육과정으로서 '학교의 지도하에 학습자가 체험하게 되는 모든 경험과 활동'을 말한다. 교육과정은 문서상에 존재하는 것이 아니라 학생들의 경험 속에 존재한다. 즉 경험중심 교육과정은 구성의 기초를 학생의 흥미, 필요, 목적에 두고, 학생의 자발적인 활동으로 생기는 경험의 체계를 중요시한다. 따라서 교육과정의 구성에 있어서 그 내용을 학생의 요구, 흥미 또는 현실 사회문제 속에서 선정하고, 조직에 있어서도 학습심리 및 학생의 발달수준을 고려한다. 학교에서 겪는 학생들의 경험이 다양한 만큼 교육과정도 다양하고 그 형태도 다르다. 그러므로 교과중심 교육과정의 단점인 분과주의를 반대하고 교과의 통합과 경험의 통합을 위주로 하고 있으며, 현실 생활과 직결된 문제해결의 경험을 부여하는 것을 주 목적으로 하고 있다.

(2) 특징

첫째, 경험중심 교육과정은 생활인의 육성을 목표로 하고 있다. 1930년대는 미국이 경제공황으로 인하여 시련을 겪던 시기였다. 경제공황은 교과중심 교육과정에 큰 회의를 느끼게 했으며, 교육은 자아의 실현, 원만한 인간관계, 경제적 능률, 시민적 책임이라는 교육목표 하에 잘 사는 사람을 육성하는 데 역점을 두어야 할 필요를 절감하게 되었다.

둘째, 아동중심 교육을 강조한다. 교과중심 교육과정에서는 '교과를 가르친다'는 입장을 취한다. 즉, 국어를 가르치고 수학을 가르친다는 입장이다. 그러나 경험중심 교육과정에서는 '아동을 가르친다'는 입장을 취한다. 따라서 교육은 아동, 학생의 필요, 흥미, 능력에 바탕을 두어야 한다고 믿고 있다.

셋째, 전인교육을 강조한다. 생활인 육성을 특징으로 하는 경험중심 교육과정에서 전인교육을 강조함은 논리적으로 당연하다. 지·덕·체의 조화로운 발달을 이룩한 인간이 생활을 올바르게 영위할 수 있기 때문에 전인교육을 강조하고 있다.

넷째, '행동하면서 배우게 된다(learning by doing)'라는 경험중심 교육과정 적용 원칙은 학습심리의 원리에 합치되므로 활발한 학습활동이 전개된다. 학생이 직면하고 있는 문제를 자발적으로 해결하기 위해서 계획을 세우고 직접 참여하기 때문에 학습이 적극적으로 이루어지게 된다.

다섯째, 학습방법은 문제해결의 방법이 주가 된다. 사회적응을 그 특징의 하나로 하고 이는 경험중심 교육과정에서는 개인적 또는 집단적으로 부딪히는 문제들을 가장 현명하게 해결할 줄 아는 능력을 배양하고자 한다.

(3) 장점

첫째, 학습자의 흥미와 필요가 교육과정 구성의 기초가 되어 반영되기 때문에 학생들의 적극적인 참여를 유발하기가 쉽다. 여기서 '흥미'란 사회적으로 가치가 있고 개인의 성장을 위해서 의의가 있는 흥미를 말하고 그것을 중심으로 학습활동을 전개할 뿐만 아니라 그런 방향으로 흥미를 이끌어 가면서 진행하게 된다.

둘째, 현실적이고 실제적인 생활문제를 해결할 수 있는 능력을 길러준다. 변화하는 사회 속에서 생활하려면 필연적으로 부딪히는 많은 문제를 스스로 처리할 수 있는 능력이 있어야 한다. 그런 점에서 학생들이 생활현장에서 일어나는 문제를 실제로 경험하고 해결하는 기회를 갖도록 하는 것이 중요하다.

셋째, 사회적·인적·물적 자원을 이용한 다양한 형태의 학습 전개가 가능함으로써, 역동적이고 풍부한 학습경험이 가능해지며 동시에 지역사회와의 유대를 강화할 수 있다.

넷째, 바람직한 민주시민으로서의 양성을 기대할 수 있다. 민주사회의 시민상은 창조적인 동시에 협동심, 자주성, 책임감, 의무감, 평등정신, 관용정신이 투철한 인간을 의미한다. 그런데 이러한 행동 특성들은 교사의 훈육이나 지식의 주입으로 형성 되기보다는, 자신의 체험으로 행동화되는 경향이 있다는 점에서 그러하다.

(4) 단점

첫째, 교육과정의 기본적인 분류가 명확하지 않고 지적 체계가 부족하다. 즉, 교과중심의 교육과정에서는 국어, 사회, 과학, 수학 등의 교과목이 그대로 교육과정의 기본적인 분류가 되는데, 경험중심 교육과정에서는 아동, 학생들의 흥미나 욕구에 따라야 하므로 명확하게 분류하기가 어렵다. 따라서 구체적인 사항이나 경험을 학습하는 면에서는 적합하나 일반적인 경험이나 법칙 또는 과학적인 지식을 구하는 면에서는 부적합하다. 높은 학습단계에서는 추상적인 원리나 원칙적인 학습도 필요할 때가 있다는 점에서 볼 때 이것은 중대한 결점의 하나가 될 수 있다.

둘째, 행정적으로 통제하기가 어렵고 통일성이 지나치게 무시된다. 즉, 가르칠 내용을 미리 정하고 교과서를 통해서 교수-학습이 이루어지면 행정적인 통제가 용이하고 통일성을 갖추기도 쉽다. 그러나 경험중심 교육과정에서는 일정한 기준을 세워서 질서정연한 학습활동을 하기가 어렵기 때문에 교장이나 교육위원회에서 통제하기가 곤란하다.

셋째, 교육의 계획, 실천, 평가가 모호하고 체계적이지 못한 면이 있다.

넷째, 교직 소양과 지도방법이 미숙한 교사가 수업을 진행하면 교육의 효과가 매우 저조하게 나타날 우려가 있다. 이는 교과중심 교육과정을 이용하는 교사보다 심리적인 소양과 교직경험 및 열성이 더 많이 요구되기 때문이다.

다섯째, 경험중심 교육과정에서 아동, 학생들의 흥미나 욕구에 입각하여 생활상태 그대로의 교육과정을 구성한다는 것은 학교의 기능에 비추어 교육의 본질이 과소평가되기 쉽다.

3) 학문중심교육과정

(1) 기본적 견해

20세기 후반에 들어와 과학·기술의 발달로 인한 지식의 폭발적 증가는 한정된 학교교육 기간 동안 수많은 지식 가운데 무엇을 선정하여 가르쳐야 할 것이냐 하는 문제가 제기되었다. 모든 지식을 교육과정 속에 조직한다는 것이 불가능할 뿐만 아니라 암기위주의 주입식 교육으로는 평생을 두고 학습해도 모든 지식을 배울 수 없다는 것이다. 또 하나의 문제는 1957년 소련의 우주선 스푸트닉(Sputnik)호 발사를 계기로 충격을 받은 미국의 교육계에서 교육의 질을 높여야 한다는 주장도 일게 되었다. 종전의 경험중심의 교육과정 구성방식에서는 지식의 체계성이 소홀히 취급되는 결함이 나타났기 때문에 체계적인 지식인 수학이나 물리학과 같은 높은 수준의 지식을 가르치기가 어려웠던 것이 사실이었다. 이 두 가지 문제를 해결하기 위해서 학교교육은 모든 지식을 가르치는 것이 아니라 지식이나 학문의 가장 기본적인 개념이나 원리를 정선하여 적은 양의 지식으로 활용범위를 극대화할 수 있는 생산적이며 체계적인 교육이 요청되게 되었다.

그러므로 교과중심 교육과정이 가지고 있는 잡다한 단편적인 지식의 전수와 주입식 교육방법의 결함을 극복하고 경험중심 교육과정이 갖고 있는 통제성이나 과학적 인지능력을 충족시키지 못하는 결함을 동시에 시정하려는 시도에서 나온 것이 곧 학문중심 교육과정(discipline−centered curriculum)이다.

학문중심 교육과정에서는 교과의 구조와 학습방법에서 탐구학습(발견학습)을 중시하며, 핵심원리로서 '어떤 교과든지 지적으로 올바른 형식으로 표현하면 어떤 발달단계에 있는 아동도 효과적으로 가르칠 수 있다(Bruner, 1960:33)'고 주장한다. 즉, 아무리 어려운 내용이라 할지라도 아동의 지적 수준에 적절하게 표현하면 누구나 이해하고 배울 수 있다는 뜻이다. 또 다른 하나의 강조점은 탐구를 위한 지적 능력이다. 이 교육과정에서 직관적 사고를 강조한 것도 실은 지적 훈련의 일환이라고도 하겠다. '연구실이나 실험실에서 새로운 지식을 탐구하는 학자들이 하는 것이나 초등학교 3학년 아동이 하는 일을 막론하고 모든 지식활동은 동일하다'는 말도 직관을 뜻하며 지적 능력을 강조한 것으로 볼 수 있다.

(2) 학문중심 교육과정의 특징

첫째, 교과내용을 구성함에 있어서 지식의 구조를 핵심으로 한다. 여기서 말하는 지식의 구조란 각 학문의 가장 기본적인 개념을 의미한다. 브루너(J. S. Bruner)에 의하면, 교육과정은 각 교과의 전문가들이 각 교과가 나타내고 있는 지식의 구조를 가장 명맥하게 표현할 수 있도록 그 지식을 체계적으로 조직해 놓은 것이다. 브루너는 1960년 출판된 『교육의 과정(The process of Education)』에서 지식의 구조를 '학문의 기저를 이루고 있는 일반적 아이디어, 기본 개념, 일반적 원리'로 정의하고 그것이 강조되어야 할 이유를 다음과 같이 들고 있다.

① 지식의 기본적인 구조를 이해하게 되면 그 교과를 이해하기 쉽다. ② 낱낱의 사실들이 구조화된 전체의 모형 속에 기억되기 쉽다. ③ 기본적인 원리나 개념의 이해는 적절한 훈련의 전이에 곧바로 직결된다. ④ 초중등학교에서 가르치는 교재를 기본적인 성격에 비추어 부단히 재검토하면 고등지식과 초보적인 지식 사이의 간격을 좁힐 수 있다.

둘째, 학문중심 교육과정은 나선형 교육과정이 되어야 한다. 즉, 교과의 완벽한 상태를 미리 설정하여 처음부터 그 교과에 담겨진 기본 개념, 기본 원리들을 아동의 사고, 학습수준에 맞게 반복하여 가르쳐서, 점차 학년이 올라감에 따라 심화, 확대해 나가는 교육과정을 의미한다. 예를 들면, 집합이라는 수학의 기본 개념은 초등학교 1학년부터 고등학교 3학년까지 동일하되 학년의 진전에 따라 폭과 깊이, 수준이 달라지도록 한다는 것이다.

셋째, 발견 학습의 과정 및 탐구 과정을 중요시한다. 학문중심 교육과정은 각 학문에 내재해 있는 지식의 탐구과정을 조직해 놓은 것으로 볼 수 있다. 따라서 교과를 가르칠 때 교사가 그 교과에 내재해 있는 기본 원리와 핵심 개념을 학습자로 하여금 해당 전공분야의 학자가 한 것과 똑 같은 '눈'과 '방식'으로 찾아내도록 한다. 이 때 교과는 해당 분야의 학자들이 발견하고 축적한 지식의 덩어리가 아니라 지식을 발견하는 동안에 학자들이 한 일이나 또는 탐구했던 과정과 탐구

방식을 가리킨다. 학생들이 배워야 할 내용은 지식의 덩어리 그 자체가 아니라 그것을 낳게 한 탐구과정인 것이다.

(3) 학문 중심 교육과정의 장점

첫째, 학습자들이 탐구과정을 통해 스스로 발견의 희열을 가질 수 있다는 것을 큰 장점으로 꼽을 수 있다. 이러한 것은 스스로 지적 호기심을 가지고 꾸준히 그 분야를 탐구하지 않은 사람은 느낄 수 없는 발견의 기쁨이라 할 수 있다.

둘째, 지식의 구조를 이해하고 있으면 유사한 분야로의 전이가 가능할 것이고 무엇보다도 학문적 탐구방법을 체득함으로써 그 학문과 관련된 지적인 안목을 가질 수 있다.

셋째, 교육내용이 기본적 개념을 중심으로 조직되므로 지식의 전체 구조를 쉽게 파악할수 있어서 기본 개념의 이해를 촉진시킬 수 있다.

넷째, 학습내용이 양적으로는 적지만 질적으로는 가장 기본적이고 핵심적인 것만을 다루기 때문에 학습에 관한 흥미를 지속적으로 유발할 수 있다.

(4) 학문 중심 교육과정의 단점

학문중심 교육과정에서는 그것을 적용하는 현장에서 한계가 드러나고 있다. 그 단점은 다음과 같다.

첫째, 학문중심 교육과정은 현실과 유리되었다는 비판을 받고 있다. 학문중심 교육과정은 생활의 필요나 사회적 요구보다는 학문 자체에 내재하는 논리가 중요하다고 보았다. 해당 분야의 학자들이 교육과정을 조직하다 보니 현장의 교사나 학생들의 요구를 수용하지 못하고 학문적 체계가 앞서게 된 것이다.

둘째, 지식의 구조를 교사가 각 교과마다 찾아서 수업하기가 너무 어렵고 이것을 학습하는 데에도 많은 시간이 소요된다.

셋째, 지적 교육을 지나치게 강조하게 되어 통합적 교육과정 구성이 소홀하게 된다.

넷째, 학업능력이 우수한 학생들과 자연과학 분야를 중심으로 한 일부 교과에만 적합하다.

다섯째, 평가방법이 개발되어 있지 않다.

여섯째, 사회적 제 조건의 성질, 사회적 현실, 민주적 이념 등이 잘 반영되어 있지 않다.

4) 인간중심교육과정

(1) 기본적 견해

1960년대부터 등장한 학문중심 교육과정이 기초 과목으로 교수내용을 강조하여 기술과학적 혁신에만 열중한 결과, 교육제도에 대한 논쟁, 학교교육에 대한 비판, 교육본질에 대한 논쟁이 일기 시작했다. 즉, 교육대상으로서의 인간을 보는 눈을 달리하였던 것이다. 교육이란 지식과 기술을 습득하기 위해서만 행해지는 것이 아니라 인간에 대한 이해, 인간성의 개발, 타인과의 관계, 새로운 인간형의 창조 등을 위해 행해져야 하고, 또 그러한 내용들을 교육목표로 삼아야 한다는 전제하에 나타난 것이 바로 인간중심 교육과정(humanistic curriculum)이다.

학문중심 교육과정에서는 교육의 정의적 목표보다는 지적 목표를 강조하였다. 1970년대에 들어서면서 관심을 끌게 된 인간중심 교육과정은 교육학, 심리학 등의 각 분야에서 아동의 정서적 사회적 발달의 중요성을 강조하기 시작하면서부터 대두된 교육과정으로 교육의 목표를 개인적으로 완성되고 사회적으로 잘 적응할 수 있는 통합적 인간을 기르는 데에 두고 있다. 이러한 특성은 경험중심 교육과정과 비슷한데 뚜렷하게 다른 점은 교사의 역할이 더욱 크다는 점과 학생이 학교생활을 하는 동안에 가지는 모든 경험들을 중요시한다는 점을 들 수 있겠다.

인간중심 교육과정의 배경은 이론적 관점과 현실적 관점에서 고찰해 볼 수 있다. 이론적 관점에서 보면 교육의 본질이 사회 및 경제발전에 필요한 인재를 육성하는 데 있는 것이 아니고, 자신의 삶 자체에 충실하며 자기충족감이 넘치는 인간을 육성하는 데 있다는 것이다. 현실적 관점에서 보면 현대사회의 고도 산업화에 따른 인간성의 말살, 인간소외, 비인간화 경향이 심각한 사회문제로 대두된 점을 들 수 있겠다.

(2) 특징

첫째, 인간중심 교육과정은 학생의 자아실현을 목표로 하고 있다.

둘째, 인간중심 교육과정에서는 잠재적 교육과정을 표면적 교육과정에 못지 않게 중요시한다. 흔히 표면적 교육과정은 학생들의 지식이나 기능의 신장에 영향을 미치며, 잠재적 교육과정은 학생들이 사회성 발달, 정의적 발달에 영향을 미친다고 알려져 있다. 오늘날 학교교육은 지식과 기능의 학습에 지나친 비중이 주어짐에 따라 학생들의 가치관이나 정의적, 도덕적 발달의 상대적 소홀함이 문제시 되는 경우가 많음을 볼 때 잠재적 교육과정이 인간중심 교육과정에서 차지하는 비중을 짐작할 수 있을 것이다.

셋째, 인간중심 교육과정은 학교 환경의 인간중심적으로 조성하는데 노력한다. 예컨대, 대규모 학급, 과밀 학급, 체위에 맞지 않는 책상과 걸상 등은 인간소외 현상, 반항심, 정서적 불안과 같은 문제를 제기한다. 또한 금지, 체벌, 강요와 같은 학교의 풍토는 자아실현에 결정적인 악영향을 미친다. 이러한 맥락에서 잭슨(Jackson, 1968)은 “가장 시급한 교육과제의 하나는 학교 안에 인간적인 환경을 창조하고 유지하는 방법을 배우는 데 있다”고 강조한 바 있다.

넷째, 인간중심 교육과정에서는 인간주의적 교사를 가장 필요로 한다. 인간중심 교육과정이 추구하는 바가 학생 개개인의 자아실현을 돕는 것이라고 했을 때 이러한 도움을 주는 입장에 있는 교사가 인간에 대한 깊은 이해가 없다면 진정한 인간중심 교육은 일어나지 않을 것이다. 교사 자신이 먼저 한 개인으로서 학생에 대한 존중, 공감적 이해, 애정 등을 갖추고 있을 때 학생 개개인의 인간성의 개발을 위한 교육이 실현될 수 있을 것이다.

(3) 인간중심 교육과정의 장점

첫째, 전인교육을 통하여 인간이 타고난 성장 가능성을 조화롭게 발전시킨다.

둘째, 학습자의 개별적인 자기성장을 조장할 수 있다.

셋째, 학습자의 자아개념을 긍정적으로 형성하는데 도움이 된다.

넷째, 교수-학습과정에서 개방적·자율적 분위기를 조성함으로써 학습과정을 통해 터득한 의미를 내면화할 수 있다.

(4) 인간중심 교육과정의 단점

첫째, 교수-학습과정에서 자유로운 환경조성과 역동적인 인간관계가 유지되지 않으면 교육성과의 보장이 어렵다.

둘째, 학교에서 교사들의 투철한 교육관이 확립되지 않으면 그 실현이 어렵다.

셋째, 주지교과의 난이도의 하향조정, 도덕적·심미적 교과의 강조, 교과의 통합, 교과별 시간단위의 융통성 있는 운영 등이 선행되지 않으면 그 실현이 어렵다.

넷째, 인간중심 교육과정의 목표는 단시일 내에 달성될 수 없으므로 효과 측정이 어려우며, 교육의 본질에 대한 전반적인 이해가 소홀하다.

다섯째, 가치관의 혼란에서 오는 비인간화를 극복하기 위한 사회와 학교의 협조체제를 바탕으로 교육의 인간화가 보장되지 않으면 그 실현이 어렵다.

여섯째, 교육내용이 너무 사변적이고 추상적이어서 교육현장에서 그대로 적용하기 어려우며, 모든 학습자에게 적절하지는 못하다.

지금까지 살펴 보았던 전통적 교육과정의 개념적 윤곽을 정리해 보면 다음과 같다.

3. 교육과정의 개발

교육과정 개발이란 교육과정을 계획하고 실행하여 평가하는 일련의 절차와 종합적 과정을 의미한다. 교육과정 개발과 운영은 학생들에게 의미 있는 성장과 배움의 장을 제안하는 데 의미가 있다(박창언, 2017). 대표적인 교육과정 개발 모형으로 전통적인 교육과정 개발 모형인 타일러(Ralph W. Tyler)의 모형과 최근 단원 수업 설계에 많이 활용되고 있는 위긴스(Wiggins)와 맥타이(McTighe)의 백워드 설계 모형을 살펴본다.

1) 교육과정 개발모형

(1) 타일러의 전통적 교육과정 개발모형

타일러 모형은 교육과정 개발의 전형적인 모형이다. 교육과정 개발모형은 학교 및 교육기관에서 학습자에게 학습경험으로 제공할 지식, 정보, 경험의 내용을 어떻게 구성할 것인가의 절차를 지칭한 것으로 대체로 교육목표의 설정, 교육내용의 선정, 교육내용의 조직, 학습평가 등의 네 단계를 거치게 된다. 타일러의 교육과정 개발모형은 교육과정에 대한 네 가지 핵심적인 질문을 바탕으로 다양한 범위와 수준의 교육과정 개발에 적용이 가능하다.

첫째, 학교가 성취해야 할 교육목표는 무엇인가?(교육목표의 설정)

둘째, 이 목표에 도달하기 위해 어떤 유용한 학습경험이 제공되어야 하는가?(학습경험의 선정)

셋째, 학습경험은 어떻게 효과적으로 조직되어야 하는가?(학습경험의 조직)

넷째, 이러한 목적이 달성되었는지 어떻게 판단할 수 있는가?(평가)

타일러가 제시한 네 가지 질문이 곧 교육과정을 구성하는데 주요 요소가 되고 있다. 이들 요소들은 서로 독립된 것이 아니라, 서로 일련의 관계를 가지고 다른 단계의 기초를 제공하는 역할을 한다.

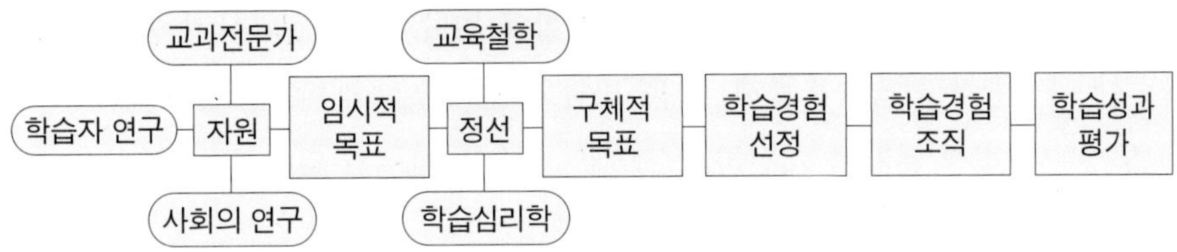

[그림 3-2] 타일러의 합리적 교육과정 개발모형

(2) 위긴스와 맥타이의 백워드 설계모형

전통적인 교육과정 개발에 대한 새로운 대안으로 등장한 백워드 설계모형은 미국의 낙오학생 방지법에서 비롯된 모형으로 국가 수준의 교육과정과 학교현장 수업과정을 최대한 밀착시키는 것을 목표로 한다. 이 모형은 1988년 위긴스(Wiggins)와 맥타이(McTighe)에 의한 단원 수준에서 교육과정을 개발하고 실행하는 틀로 제시되었다. 즉 백워드 설계는 교사가 학생 참여형 수업을 설계할 수 있도록 교육과정을 재구성하는 한 방법이다.

기존의 전통적인 타일러(Tyler)식의 개발모형은 목표를 먼저 설정한 후 그에 따라 내용을 계획하고 목표달성의 방법을 강구하고 평가하는 순서를 따르는 포워드(forward)형 모형이라면, 백워드(backward) 설계모형은 목표를 설정한 다음 평가 계획을 세우고 그에 따라 학습 경험 및 수업을 계획한다. 백워드 모형은 전통적 교육과정 개발모형에 비추어 봤을 때 학습 경험을 계획하기 이전에 평가를 먼저 계획한다는 점에서 전통적인 교육과정 개발에 대해 '거꾸로(backward)'의 의미를 가진다.

백워드 설계모형은 기존의 타일러(Tyler)식 모형이 목표와 평가가 괴리될 가능성이 있고, 내용과 방법이 목표와 평가로부터 연계성이 떨어질 수 있다는 문제점을 가지고 있기 때문에, 포워드 설계를 통한 교육과정 구성은 교사의 초점을 학습자의 '학습'이 아닌 교수자의 '교수'에 머무르게 한다는 문제가 있다. 즉, 교사는 학생들이 학습 목표를 성취하기 위해 무엇을 필요로 하는지를 우선적으로 고려하지 않고, 교사 자신이 무엇을 할 것인지, 어떤 자료를 사용할 것인지, 학생들에게 무엇을 하도록 요구할 것인지만 고려하게 된다. 이러한 교사의 설계 습관은 과도한 학습량과 학습속도문제, 활동 범람의 문제를 초래할 수 있게 된다. 백워드 설계는 이러한 문제를 개선하고 진정한 학습을 이루기 위해 등장한 것이다.

단계	
1단계: 바라는 결과 확인(Desired Results)	목표 설정
2단계: 수용가능한 증거 결정하기(Assessment Evidence)	평가 계획
3단계: 학습경험 계획하기(Learning Plan)	학습 경험 및 수업계획

[그림 3-3] 백워드설계 모형 단계(강소연 외, 교육학개론:98, 2019)

백워드 설계모형의 특징은 첫째, 교육과정 절차상의 획기적인 변화로 목표성취를 위해 평가를 강조한다는 것이다. 일반적인 수업설계는 Tyler(1949)의 모형에 따라 수업목표를 설정하고 학습 경험을 선정 및 조직한 후 학습 결과를 평가하는 단계로 이루어지는 데 반해, 백워드 설계는 평가를 수업설계의 출발점으로 삼는다. 따라서 수업 목표 다음 단계에서 학생들이 학습한 결과의 증거로 인정할 수 있는 평가할 내용을 먼저 설정해 두고 학습경험을 선정하게 된다. 이는 내용과 방법이 주도하는 설계가 아니라 평가가 주도하는 설계방식으로 수업 후에 평가를 고려하였던 종전의 수업설계와 비교했을 때 적용절차가 역순이라는 점에서 백워드(backward)라 불리게 되었다.

둘째, 백워드 설계는 전이 가능성이 높은 주요 아이디어에 초점을 둔다. 이 설계의 주요 아이디어는 브루너(Bruner)의 '지식의 구조'에 근거를 두고 있다. 브루너는 학교에서 학생들에게 가르쳐야 하는 내용으로 '지식의 구조'를 강조한 바 있다. 지식의 구조는 학문의 기저를 이루고 있는 일반적인 '아이디어', '기본 개념', '일반적인 원리'로 구성되어 있는 것을 말한다. 어떤 대상을 학습하려 할 때 그 대상이 갖고 있는 지식의 구조를 파악하면 학습자는 그것을 더 쉽게 이해하고 기억할 수 있으며, 다양한 상황에 더 쉽게 적용할 수 있다는 것이다. 또한 핵심적인 아이디어, 개념 혹은 원리를 이해시키는 것이 교사에게도 교수의 효율성과 학습의 경제성을 높이는 효과를 가져다 준다.

셋째, 백워드 설계는 학생의 진정한 이해를 강조한다. 위긴스(Wiggins)와 맥타이(McTighe)는 '이해'가 함축하고 있는 의미를 다섯 가지 측면, 즉 설명(explanation), 해석(interpretation), 적용(application), 관점(perspectives), 공감(empathy), 자기 지식(self-knowledge)으로 구분하여 제시한다. 백워드 설계는 바라는 결과를 본질적 질문을 통한 진정한 이해로 설정하고, 이를 위한 수용 가능한 증거, 즉 목표에 도달하였는지를 확인할 수 있는 준거를 제시함으로써 목표와 평가 간에 보다 일관성 있는 접근이 가능하다. 즉, 목표 성취를 위해 평가를 강조한 모형으로 활동 중심 수업, 진도 나가기식 수업의 폐해를 지적하며 학습자들의 심층적인 이해와 전이를 강조하는 성취기준 중심의 이해 중심 교육과정 개발모형이라고 볼 수 있다(강현석·이지은, 2017).

백워드 설계의 교육적 의의는 교사가 백워드 설계 모형에 따라 단원을 개발하고 교육과정을 재구성하는 과정에서 교육과정을 적극적으로 해석할 수 있다는 것이다. 또한 교사가 왜 가르쳐야 하는지에 대한 근거를 제공해 준다. 즉 백워드 설계에 의한 교육과정 재구성은 교사들에게 교육과정에 대한 적극적인 의미 구성자와 개발자로서의 역량을 키워 교육과정 전문성 신장에 기여한다.

2) 교육과정 개발모형의 구성요소

앞에서 전통적인 Tylerr식 교육과정 개발모형과 위긴스와 맥타이의 설계모형을 살펴보았다. 여기서는 타일러의 교육과정 개발 모형을 바탕으로 각 구성요소가 각각 담고 있는 내용을 살펴보겠다.

(1) 목표설정

교육목표는 교육을 통해 기대하는 성과를 말한다. 교육목표는 학습자에게 의미 있는 행동의 변화뿐만 아니라 내용에 대한 진술을 포함한다. 최근의 교육과정에서는 미래사회에서 학생이 배워야 할 핵심역량을 바탕으로 진술하기도 한다.

Tyler의 교육과정 개발모형에 따르면, 교육목표를 설정한다는 것은 교육계획과 활동의 방향을 결정해주는 것으로, 먼저 세 가지 자원(source)을 기초로 하여 잠정적인 교육목표를 설정한다. 그 자원들은 다음과 같다.

① 학습자에 대한 연구이다. 학습자들의 흥미나 요구가 무엇인가를 확인하고, 이를 교육목표에 반영할 때 학습자에게 의미 있는 교육이 이루어질 수 있다.

② 현대 사회의 요구이다. 오늘날 21세기 지식 사회를 살아가기 위해서는 어떤 활동과 생활조건이 요구되는지, 성인으로서 어떤 가치관을 형성해야 하는지 등을 분석하여 교육목표를 설정하여야 한다. 2022 개정 교육과정에서는 학교교육을 통해 함양되어야 할 핵심역량으로 '협력적 소통 역량'을 강조하여 제시하고 있다.

③ 교과 전문가의 견해이다. 오늘날 급변하는 지식의 홍수 속에서 각 교과별로 어떤 지식이나 기능이 강조되어야 하는지를 분석하여 교육목표를 설정해야 한다.

이렇게 세 가지 자원을 고려하여 설정한 잠정적인 교육목표는 다음의 두 가지, 학습심리학과 교육철학이라는 여과장치로 걸러서 잠정적으로 설정한 목표를 학습자가 달성할 수 있는지, 교육적 가치를 지니고 있는지를 가늠해 보고, 이에 부합하다고 판단되면 최종적인 목표로 설정하는데, 오늘날에는 철학적, 사회적, 심리적, 교과전문가의 견해를 종합하여 설정한다.

- 교육목표 설정기준의 일반 원리 : 바람직한 형태로 설정하기 위한 기준

① 추상적이 아닌 구체적이고 명료한 행동적 용어로 진술되어야 한다.

② 행동특징의 변화를 충분히 포함할 수 있도록 다양한 인간 생활을 포괄할 수

있어야 한다.

③ 교육목표의 근저에 흐르고 있는 철학적 이념에 일관성이 있어야 한다.

④ 학습심리에 알맞고 학교 및 학급의 객관적 상황에 적절하게 설정되고, 교육활동의 결과, 실현가능하여야 한다.

⑤ 모든 교직원들이 이해하며 받아들이고, 그들의 교육활동(학습지도, 생활지도, 학급경영) 속에 항상 살아있어야 한다.

⑥ 결코 완성된 불변의 것이 아니라, 그 타당성이 검증받은 것이어야 하며 필요에 따라 언제나 수정될 수 있어야 한다.

⑦ 지역사회에서 일어나고 있는 여러 가지 사상(事象)과 과정을 충분히 고려하여 이를 반영하여야 한다.

(2) 교육내용의 선정

교육목표가 설정되었으면 다음 단계는 설정된 교육목표를 달성하기 위한 학습경험, 즉 교육내용을 선정하는 것이다. 교육내용은 교육목표를 구체적인 학습활동과 경험으로 바꾸어 놓은 것이다. 이때 교육내용을 두 가지 관점에서 볼 수 있는데, 먼저 교육내용을 교과내용으로 보는 관점은 인류가 만들어 놓은 문화를 영역별로 체계화하여 조직해 놓은 것이 교과이기 때문에 교과가 교육의 가장 주된 내용이 되어야 한다고 주장하는 데 반해 교육내용을 학습경험으로 보는 관점에서는 교육내용을 학습자의 경험을 통한 사고력의 향상, 기능, 태도 등으로 간주한다.

한편, 어떤 유형의 학습경험(교육내용)을 얼마만큼의 범위(scope)로 선정할 것인가는 교육목표의 유형이나 그 목표의 중요도에 따라 결정되어야 한다. 여기에서는 교육내용을 선정하는데 있어 일반적으로 고려하여야 할 원리를 제시하면 다음과 같다(Tyler, 1949).

① 교육목표와의 관련성의 원리이다. 교육목표를 달성하기 위해서는 설정된 교육목표가 지시하는 그 행동을 경험할 수 있는 기회가 제공되어야 한다.

그러나 교육목표와 교육내용이 어긋나는 경우를 흔히 볼 수 있다. 예컨대 교육목표가 읽기 능력의 향상에 있다면, 학습경험은 학습자들이 다양한 자료를 읽어볼 수 있는 경험들로 선정되어야 하고, 교육목표가 비판적 사고력을 기르는 데 있다면, 학생들이 여러 가지 사례를 통해 비판해 볼 수 있는 경험이 곧 교육내용이 되어야 한다.

② 학습가능성의 원리이다. 선정된 학습경험은 학습자들이 능히 학습할 수 있는 수준의 내용과 경험이어야 한다. 즉, 학습할 수 없는 곤란도나 차원이 높은 학습내용이 선정되어서는 안된다. 예컨대, 구구단도 외우지 못하는 학습자들에게 두 자리 수의 곱셈을 학습경험으로 선정하여 제시하는 것은 교육적으로 아무런 의미가 없다.

③ 동(同)경험 다(多)성과의 원리이다. 어떤 교육목표를 달성하기 위하여 선정된 교육내용은 그 목표를 성취하는 데 크게 공헌하는 동시에 다른 교육목표도 달성할 수 있다는 원리이다. 영어 학습을 함으로써 영문해석력, 영어 회화력을 개발할 뿐만 아니라 서구의 문화를 이해할 수도 있게 되는 것이 그 예가 될 수 있다.

④ 동(同) 목표 다(多)경험의 원리이다. 하나의 교육목표를 달성하는 데에 다양한 교육내용(학습경험)을 제공할 수 있다는 원리이다. 특정한 교육목표를 달성하도록 하는 데 제공될 수 있는 교육경험은 매우 다양하며, 다양하게 제시되는 경험 중에서 학습자는 자신의 흥미와 관심에 적합한 것을 골라 학습하게 됨으로써 학습의 효과를 높일 수 있다.

⑤ 만족의 원리이다. 학습활동의 과정이나 결과를 통해 학습자가 자기의 필요나 동기 등의 충족에서 오는 만족감, 성취감을 가질 수 있는 학습내용과 경험을 선정해야 한다. 예컨대, 역사적 사실에 대한 문제해결력을 기르려고 하는 교육목표에서, 학습자는 실제로 유적지를 답사해 볼 수 있는 기회를 가져야 할 뿐만 아니라, 유적지의 답사가 학습자에게 만족을 줄 수 있어야 한다는 것이다. 대부분의 경우에 학습의 효과는 학습자의 동기, 필요, 흥미 등이 만족되는 경우 더 높아지기 때문이다. 만약 유적지 답사의 경험이 불

만족스럽고 불쾌하게 구성되어 있다면 기대했던 교육목표를 달성하기는 어려울 것이며 오히려 기대한 교육목표에 역행하는 결과가 나타날 가능성이 더 많다.

(3) 교육내용의 조직

① 교육내용 조직의 원리

교육목적이 설정되고 그 목적에 부합되는 교육내용이 선정되면 교육내용을 정도나 순서에 따라 적절하게 조직하고 체계를 세우는 절차가 뒤따르게 된다. 즉 선정된 교육내용을 동학년 내에서 그리고 학년별로, 수준에 맞게 또 학년이 올라가면서 어떻게 더 폭과 깊이를 더하도록 계열화할지 즉, 교육내용을 수평적·수직적, 체계적으로 조직하는 절차가 필요하다. Tyler(1949)는 교육내용의 효과적인 조직을 위한 세 가지 중요한 준거를 제시하였는데, 그것은 곧 계속성, 계열성 그리고 통합성이다. 여기서 수직적 관계는 계속성과 계열성을 말하며, 수평적 관계는 통합성을 말한다. Tyler(1949)가 제시한 교육내용을 조직할 때 고려되어야 할 원리는 다음과 같다.

첫째, 계속성 또는 반복성의 원리(종적)이다. 이 원리는 학습경험의 조직에서 '수직적 관계'를 고려하는 것이다. 즉, 학년이 올라감에 따라 중요한 개념, 원리, 사실 등의 학습이 어느 정도 계속 반복되어야 한다는 조직원리이다. 즉, 초등학교 6학년에서 배우는 과학내용과 중학교 1학년에서 배우는 과학 내용이 잘 연관되어 있으면 '과학'의 개념이나 원리 등의 학습이 깊이와 넓이를 더해갈 수 있다는 것이다. 학교에서 배우는 많은 개념이나 원리들은 한두 번의 학습경험만으로는 의미 있는 성과를 거두기 어렵기 때문에 계속적으로 반복되어야 한다. 예컨대 에너지의 개념에 대한 학습에서 초등학교 6학년에서 에너지의 개념을 학습하고, 중학교 1학년에서도 동일한 개념을 반복하여 다루는 것을 말한다.

둘째, 계열성(sequence)의 원리(나선형)이다. 이 원리도 학습경험의 조직에서 '수직적 관계'를 고려하는 것이다. 그런데 계속성이 동일한 개념이 단순 반복되어 조직되는 것이라면, 계열성은 학년이 올라갈수록 단순 반복 수준을 넘어서 동일한 경험이 심화되고 범위가 확대되어 조직되는 것을 말한다.

예를 들어, 중학교 3학년과 고등학교 1학년, 2학년에 각각 '유전'이라는 주제가 동일한 수준에서 반복적으로 등장하도록 조직되어 있다면 이는 계속성의 원리로 설명할 수 있다. 그런데 '유전'이라는 주제가 중학교 3학년과 고등학교 1학년, 2학년에 걸쳐 등장하더라도 중학교 3학년에서는 '세포분열과 유전의 원리'가, 고등학교 1학년에서는 '세포와 생명시스템'으로, 고등학교 2학년에서는 '염색체와 유전의 다양성'으로, 이들은 모두 '유전'이라는 공통의 과제를 학년이 올라갈수록 더 넓고 심화된 내용으로 다루게 되는데 이는 계열성과 관련이 있다는 것이다.

셋째, 통합성의 원리(횡적)이다. 이 원리는 학습경험을 제공할 때 교육과정 요소를 나란히 배열하는 즉, '수평적 관계'를 고려하는 것이다. 즉, 학습자로 하여금 사물을 종합적으로 이해할 수 있도록, 동일 학년 내에서 다른 과목과의 관계를 고려하여 내용을 조직해야 한다는 것이다. 예컨대, 수학 교과에서 계산능력을 학습하는 경우에 이 기능이 사회과 공부나 과학과 공부, 그리고 물건을 살 때 등의 경우에 어떻게 활용될 수 있는가를 고려하여 학습경험을 조직한다면, 학습자의 안목이 넓어져 더 나은 교육의 성과를 이룰 수 있을 것이다. 또한 고등학교 2학년에서 국사에서 '고려사'를 학습할 때 국어에서는 '고려가요'를 학습할 수 있도록 조직하는 것도 통합성의 원리와 관련된다.

지금까지 교육내용의 선정과 조직에 관련된 여러 문제들을 살펴보았다. 교육내용은 학생들이 학습하기에 편리하도록 이상적으로 조직하는 것이 중요하다. 그 이유는 교육과정의 일관성과 통일성을 유지하고, 교육활동의 노력과 시간 낭비를 막아 학습의 누적된 효과를 가져오기 때문이다(홍후조, 2016).

② 교육내용의 조직방법

교육과정의 구성은 우선 교육목표를 설정하고 그 목표에 따라 선택된 교육내용을 일정한 원칙에 따라 배열함으로써 학습의 순서를 정해야 하는데, 이에 못지않게 학습경험을 그 자체의 논리성이나 학습자의 심리적 발달단계에 따라 배열하는 방식 또한 고려해야 할 또 다른 축에 해당된다.

논리성과 심리성의 강조점은 교육내용에 따라 차이가 있으나 논리적 방법은 학습내용과 경험을 배열함에 있어서, 교과나 학문의 논리적 구조에 따라 조직하는 것이고, 심리적 방법은 학습내용과 경험을 배열함에 있어서, 학습자의 심리적 특성을 토대로 조직하는 것이다. 절충적 방법은 논리적 방법과 심리적 방법을 절충하여 학습자의 심리적 특성과 교재의 논리적 순서와 전개가 보장되도록 조직하는 것이다.

어떤 교육내용을 불문하고 실제 학습 상황에서는 심리적 요인과 논리적 성격이 함께 작용하므로 논리적이거나 심리적이라는 일방적 방법만의 배열로는 기대할 만한 교육성과를 내기 어렵다. 따라서, 교재의 성격에 따라 학생의 흥미나 필요·욕구를 기반으로 하되, 어느 정도의 논리성을 반영시킬 것인가가 중요하다. 교육내용의 조직방법의 유형을 살펴보면 다음과 같다(강봉규 외, 1992:76-77)

- 기본적인 조직 방법

학습경험은 가까운 것에서 먼 것으로, 쉬운 것에서 어려운 것으로, 구체적인 것에서 추상적인 것으로, 그것은 학생이란 신체적·지적으로 성장·발달해감에 따라 점차 추상적인 개념을 갖추게 되기 때문이다.

- 시간적인 발전에 의한 주제배열의 방법

학생의 시간의식의 발달에 맞추어 조직하는 방법이다. 예컨대, 초등학교에서 고학년이 되면 지난날의 의식이 명료해지기 때문에 과거와 현재를 비교할 수 있는 단계로서 주제가 배열된다. 다시 중학교에 가면 미래의식이 명료해지므로, 어떤 계열에서나 중학교의 고학년 교과내용에서는 장차 사회개혁이나 사회계획의 주제가 배열되고 있다.

- 생활환경의 확대에 의한 주제배열

학생의 공간의식의 발달에 맞추어 조직하는 방법이다. 예컨대, 초등학교 저학년의 학습주제는 직접적인 생활환경을 중심으로 하며, 고학년으로 갈수록 점차 생활환경이 확대되는 주제가 된다. 예를 들면, 가정학교·지역사회·국가에서 다시 세계로 생활환경을 확대시켜 가는 형식의 주제배열이다.

• 사회문화의 복잡성에 의한 주제의 배열

학생의 정신적 발달순서에 따라 단순한 것에서 복잡한 것으로 조직하는 방식이다. 예컨대, 단순한 사회제도에서 복잡한 경제조직이나 정치제도로 발전되어 가는 식의 배열이다.

• 사회이상의 실현으로 발전하는 주제의 배열이다. 학생의 사회적 이해의 발달에 따라 조직하는 방법이다. 학생들이 사회의 다양한 모습이나 기구를 이해함에 따라 사회질서의 개선에 참여하려는 욕구를 갖는다는 관점에서 주제를 배열한다. 예컨대, 우선 현재의 사회조직을 분석하는 주제배열로 사회개선의 필요를 이해시키고, 다시 바람직한 사회건설의 욕구를 갖도록 주제는 배열되어야 한다.

• 계통적 순서에 의한 배열

각 교과 속에 포함되어 있는 교육내용은 제각기 논리적인 체계에 따라 전·후 관계가 있는 것이 많다. 그러므로 교육내용은 이 논리적인 전·후 관계에 따라 계통적·체계적으로 조직해야 한다는 논리적 배열법이다. 즉, 교육내용은 부분에서 전체로(또는 전체에서 부분으로), 선수학습에서 다음 내용으로, 사건의 역사적 발생 순서에 따라, 현대에서 과거로(또는 과거로부터 현대로) 배열되어야 한다.

(4) 학습성과 평가

교육목표 설정이나 내용결정은 모두 사전결정으로 끝나는 일이지만, 학습과정은 실제로 학생들이 갖는 경험과정이고 학습자의 활동의 전과정을 평가해야 한다. 교육목표 설정이나 내용의 선정, 조직과는 달리 학습경험 과정은 실제로 전개되는 학습 및 행동과정이기 때문에 이에 관련된 다양한 요인의 상호작용적 관계를 의미 있게 취급할 수 있는 종합적 사고체계가 필요하게 된다. 이와 같은 종합적 사고 체계에서 중요하게 취급되어야 할 요인영역을 학습자, 교사, 목표와 내용, 교수 조건 및 학급 분위기로 나누어 볼 수 있다. 이를 좀더 세분화하여 보면 다음과 같다.

첫째, 학습자에 관해서는 그의 발달단계 및 발달적 특징, 지능, 학습양식, 지식, 기능, 의미, 가치관 등이 학습자의 학습에 크게 영향을 주는 요소이다.

둘째, 교사에 관해서는 교사의 인성, 교육배경, 지식수준, 가치관, 교육적 태도, 목표의식, 교수방법과 기술 등의 요인이 중시된다.

셋째, 목표와 내용에 있어서는 일반목표냐, 특수목표냐, 지적 목표냐, 정의적 목표냐에 따라서 요구되는 학생의 학습방식에 차이가 있게 되고, 내용의 종류 및 구조 조직방식 등이 교수 및 학습과정에 영향을 주게 된다.

넷째, 교수조건으로서는 학습자료의 질과 양, 교구, 학급편제 등이 중요 작용요인이 된다.

다섯째, 학교 및 학급 분위기에서는 교직원과 학생 간, 교직원 간, 그리고 학생 상호간의 인간관계, 교직원 및 학생들의 일반적 행동양식, 학생 집단문화, 학교의 전통 등이 학생의 학습경험에 직·간접으로 영향을 준다.

교육과정을 구성하는 데 있어서 중요한 사고의 거점으로서 교육평가를 포함시키지 않을 수 없다. 교육과정을 구성하는 데 있어서 평가는 교육과정의 가치를 판단하는 활동으로 하나의 계속적인 과정으로 간주된다. 교육목표가 설정되면 그것을 세분화함으로써 달성에 필요한 학습경험 상정을 용이하게 해 준다. 그것을 기초로 내용이 선정·조직되면 학습자료화하여 일차적으로 논리적 타당성의 검증을 위하여 추리를 통한 평가 내지는 소규모의 학생을 대상으로 하는 타당성 검증을 거칠 필요가 있다.

일차적인 검증이 끝나면 필요한 수정을 가하여 좀더 형식을 갖춘 검증의 과정을 거치고, 다시 필요한 수정과 요구되는 교사 재교육을 거쳐 많은 학교에 적용하게 된다.

학업성취의 평가에 있어서도 수업과정에서 수시로 형성평가를 실시함으로써 수업의 질을 계속 높이기 위한 평가자료를 구하여야 하며, 한 단위의 수업이 끝났을 때 총괄평가를 실시함으로써 소기의 목표 달성도를 따져 보게 되며, 만약 미비점이 발견되었을 때 이를 개선하기 위한 의사결정자료를 구하게 된다. 소기의 교육목표가 달성될 것인가, 달성되고 있는가, 달성되었는가에 관한 풍부한 자료를 효과적으로 수집·활용한다는 것은 교육과정에서 빼놓을 수 없는 중요한 일이다.

3) 교육과정 개발 원리와 판단기준

지금까지 교육과정 개발과 관련된 목표 설정–내용 선정–내용 조직–평가와 관련된 구체적인 내용을 살펴보았다. 교육과정의 개발은 종합적이고 포괄적인 개념으로서 교육과정의 계획과 시행, 평가를 포함한다. 그렇다면 교육과정 개발의 원리는 어떠한지 살펴보자(이성호, 2009). 첫째, 교육과정 개발은 교육을 둘러싸고 있는 시대·사회적 변화를 이끌고, 반영하며, 그 산물로서 나타나는 필수불가결한 절차이다. 둘째, 교육과정 개발은 최선의 것을 선택하는 의사결정 과정이다. 셋째, 교육과정 개발은 계획과 실행, 평가에 대한 종합적이고 체계적인 과정이다. 넷째, 교육과정 개발은 계속적으로 나타나는 점진적인 과정이다. 다섯째, 교육과정 개발은 교육과정 개발에 참여하는 사람들의 개발을 통해 이루어진다.

이 외에도 교육과정을 개발하는 원리는 과정과 절차에서 무엇을 강조하느냐에 따라 달라질 수 있을 것이다. 교육과정을 개발하는 것은 이렇듯 다양한 문제에 관심이 있다. 다음의 UNESCO에서 작성한 교육과정의 질을 판단하는 기준을 살펴보자(강소연 외, 2019).

- 교육과정의 목적은 분명한가?
- 최신의 교육과정인가?
- 학생들의 현재와 미래의 삶, 경험, 환경 및 열망과 관련 있는가?
- 과거의 역사적 문화와 전통을 존중하면서 사회경제적으로 번영하는 미래를 만드는가?
- 교육과정은 평등하고 통합적인가?: 학습자의 다양성과 그들의 다양한 요구를 고려하고, 소외된 집단을 위하며, 편견을 피하는가?
- 교육과정이 학습자 중심적이며 친화적인가?: 학습자의 요구를 고려하고, 편견과 차별이 있으며 학습자의 연령에 따라 잘 조직되어 있으며, 개인의

발달과 삶을 살아가는 기술에 기여하고, 학습자에게 의미가 있으며, 학습자에게 부담이 되지 않는가?

- 교육과정이 개방적이고 유연하여 새로운 이슈를 통합함으로써 새로운 도전과 기회를 다루는가?
- 교육과정이 다양한 교육 단계/학년/주제 및 학습영역/과목에서 응집성 있고 일관성이 있는가?

4. 우리나라 교육과정의 변천사

우리나라 현재의 교육과정은 해방 이후 교육과정과 직접 연관성을 갖기 때문에 1945년 이후부터의 교육과정을 살펴본다. 여기서는 우리나라 교육과정의 역사적 변천과정을 시기별로 구분하여 기본 방침, 편제, 특징 등을 중심으로 살펴보고자 한다. 교육과정의 시기 구분은 관점에 따라 차이가 있을 수 있지만 교육 자체 뿐만 아니라 정치, 경제, 사회적 요인과 같은 외적요인의 영향을 반영하여 대체로 10년을 주기로 개정되었다.

1) 광복 이후부터 제1차 개정 이전(1945~1954): 교과중심 교육과정 성격

해방 후 미군정청 학무국에서 발표한 명령에서 공립소학교와 중학교 이상의 개교를 지시하였으며, 개교에 앞서 초등학교와 중등학교의 교과목편제와 시간배당을 각각 발표하고 발표된 교육방침에 의거한 교육내용에 따라 지도할 것을 지시하였다. 그리하여 초등학교에는 1946년에 교수요목을, 중학교에는 1947년에 교과목별 교수요목을 시달하였다. 여기서 교수요목이란 교과의 지도내용을 상세히 기술한 문서를 말한다. 이 때의 특징을 살펴보면 다음과 같다.

첫째, 교과의 지도내용을 상세히 표시하고, 기초 능력을 배양하는 데 주력하였다.

둘째, 교과의 분과주의를 채택하였으며, 체계적인 지도와 지력 배양에 중점을 두었다.

셋째, 우리나라의 교육목적인 '홍익인간'의 정신에 입각하여 애국애족의 교육을 강조하였으며, 생활 면에서나 정신 면에서 일제의 잔재를 없애기 위하여 각별한 노력을 기울였다.

당시 각 교과별로 나타난 특징을 보면, 첫째, 교육과정의 진술체계가 교과별로 통일이 되어 있지 않고 대부분의 교과가 단원 또는 제재명과 내용요소만을 제시하고 있고, 둘째, 현재의 기간학제가 이때에 결정되었으며, 셋째, 교과의 편제는 대략 지금의 편제와 비슷하며 사회생활과가 생겼다는 것이 특이한 점이다. 이것은 교과중심의 교육과정에서 생활중심의 교육과정으로 옮아갈 것임을 시사해준다.

2) 제1차 교육과정기(1954~1963): 교과중심 교육과정 시기

제1차 교육과정은 1954년 문교부령 제35호가 제정된 시기부터 1963년 문교부령 제120호가 공포되기까지의 우리 손으로 만든 최초의 체계적인 초등학교, 중학교, 고등학교 교과과정이다. 이 시기에는 교육과정을 '각 학교의 교과목 및 기타 교육활동의 편제'로 정의하였다. 법령상 명칭이 교과과정이었기 때문에 이 시기의 교육과정을 '교과과정 시기' 또는 '교과중심 교육과정 시기'라 부른다, 한편 교육과정 자체는 '교과중심'이었으나, 교육과정을 기준으로 한 교과서는 미국의 진보주의 영향을 받아 '생활중심(경험중심)'을 지향하였다.

미국의 경험중심 교육과정 사조의 영향을 받아 '특별활동'을 교육과정의 한 영역으로 포함시켜 전인교육을 지향하였다. 교육과정상에서는 반공교육, 도의교육, 실업교육을 특히 강조하였다. 교육과정을 공포한 당시가 6·25 전쟁 직후이기 때문에 반공교육에 대한 필요성이 강조되었고, 전쟁 동안 피폐해진 마음을 순화하기 위해 현재의 '도덕' 교과 교육에 해당하는 '도의' 교육이 요청되었다.

3) 제2차 교육과정기(1963~1973): 경험중심 교육과정 시기

제2차 교육과정은 1963년 문교부령 제119호, 제120호, 제121호, 제122호로 제정·공포한 초등학교, 중학교, 고등학교 및 실업학교 교육과정을 말한다. 이 시기에는 교육과정을 '학교의 지도하에 학생들이 가지는 경험의 총체'로 보아, 교육과정 개념상, '생활중심 교육과정', '경험중심 교육과정'이었다.

교육과정 문서의 명칭을 '교과과정(제1차 교육과정)'에서 '교육과정'으로 바꾸어, 교육과정이 교과활동뿐만 아니라 학교교육의 전 활동과 관련되는 교육계획이라는 뜻으로 성격을 분명히 하였다. 교육내용에서는 자주성, 생산성, 유용성을 강조하였고, 운영에 있어서는 지역성을 강조하여 지역사회의 실정에 맞도록 충분한 융통성과 신축성을 부여하도록 하였다.

1968년 12월 31일 국민교육헌장 선포되면서 1969년 교육과정이 부분적으로 개정되었는데, 골자는 교과활동, 생활지도, 반공·도덕 및 학교행사를 통해서 국민교육헌장 구현하려 하였고, 실업, 가정과의 교육은 크게 개정되어 실업교육의 질적향상을 도모하였다. 반공·도덕시간을 주당 2시간으로 증설하였고, 특별활동의 목표와 지도내용 개편하였다.

4) 제3차 교육과정기(1973~1981): 학문중심 교육과정 시기

국민교육헌장의 선포로 인해 1969년 부분 개정 이후 1973, 1974년 문교부령 제325호, 제326호, 제350호로 제정·공포한 초등학교, 중학교, 고등학교 교육과정을 말한다. 제3차 교육과정의 도입배경은 이념면에서는 1968년 선포된 '국민교육헌장'의 이념 및 1972년에 선언된 '유신 이념'을 구현하기 위해서이고, 교육방법 및 원리면에서는 1960년대부터 미국에서 새롭게 대두된 학문중심 교육과정의 도입을 배경으로 하였다. 제3차 교육과정은 생활중심 교육과정을 지양하고 학문중심 교육과정을 강조하였다, 즉, 사회의 급격한 변화 속에서 팽창하는 학문적 지식을 보다 효과적으로 습득하기 위해 지식의 근간을 이루는 지식의 구조를 학생들에게 가르치되, 학생 스스로가 발견·탐구할 수 있도록 해야 한다는 이론에 바탕을 두었다. 따라서 학문중심 교육과정의 특징이 가장 잘 나타나 있는 수학 및 과학 교과가 중시되었다. 그리고 제2차 교육과정 때 편제된 '반공·도덕' 활동이 없어지고 도덕과가 하나의 교과로 독립함으로써, 교육과정의 구조가 교과활동과 특별활동의 이원적 구조를 가지게 되었다. 중학교 교육과정에서는 국사가 하나의 교과로 독립되어 신설되었다.

5) 제4차 교육과정기(1981~1987): 인간중심 교육과정 시기

제4차 교육과정은 1981년 문교부고시 제442호로 공포된 교육과정으로 문교부가 직접 개발하지 않고, 한국교육개발원에 위탁하여 기초연구와 총론, 각론, 시안을 개발하도록 한 연구 개발형의 성격을 띠었다. 민주사회, 고도산업사회, 건전한 사회, 문화사회, 통일조국 건설에 필요한 건강한 사람, 심미적인 사람, 능력 있는 사람, 도덕적인 사람, 자주적인 사람을 길러내는 것을 교육목적으로 하였다. 교육과정의 성격 및 개정 방침으로는 이전의 교육과정이 지닌 문제점들, 즉 학습내용의 과다, 학습하기 어려운 교육내용, 교과목 위주의 분과교육, 일반 교육의 소홀, 전인교육과 인간교육의 미흡 등과 같은 것 미비점들을 보완하고자 노력하였다. 또한 신군부가 집권하면서 교육정상화를 위한 교육개혁(교육내용의 양과 수준의 적정화, 과열 과외의 잠재요인 제거)과 국민정신교육의 강화를 교육과정 구성에 반영하였다.

이 시기의 교육과정은 어느 한 사조나 이념만을 고수하는 것이 아니라, 여러 사조를 종합하고 절충한 성격의 교육과정이다. 특히 초등학교 1, 2학년에 처음으로 여러 교과를 통합하여 지도하였다. 구체적으로 보면, 도덕, 국어, 사회를 하나로 묶어 '바른 생활'로, 산수, 자연은 '슬기로운 생활'로, 체육, 음악, 미술은 '즐거운 생활'이라는 교과서를 통해 통합운영하였다. 이러한 교과의 통합을 통해 제5차 교육과정에서 '통합교육과정이 제정'된다.

6) 제5차 교육과정기(1989~1994): 통합 교육과정 시기

제5차 교육과정은 1987~1988년 문교부 고시 제87-7호, 제88-7호로 공포된 초등학교, 중학교, 고등학교의 교과과정이다. 이때는 교육과정 및 교과용 도서 중에서 개선이 필요한 부분만을 개정하였다. 제4차 교육과정과 크게 다른 점이 없으나, 다만 '지역화', '효율성'을 강조한다는 점에 새로운 것이었다.

교육과정 개정의 중점으로는 기초교육 (국어, 수학, 과학 교과)을 강화하였다. 그리고 정보화 사회에 대응하는 교육(주체성, 창조성, 사고력, 판단력, 정보처리 능력 및 활용 능력 등)을 강화하여, 각 교과활동과 특별활동에서 교육내용을 정보화 사회의 특성과 요구에 맞게 조정하였고, 컴퓨터 교육, 경제교육 등에 관한 내용을 신설 또는 강화하였다. 남학생만 이수하던 과목(기술), 여학생만 이수하던 과목(가정)으로 분리하는 것은 남녀평등에 어긋나므로, '기술·가정'으로 통합하여 남녀공통으로 이수하도록 하였다.

초등학교에서는 1, 2학년의 통합교과 운영체제가 바뀌었다. 제4차 때에는 통합 대상이 교과들이 교육과정상에는 분리된 채 교과서만 통합되어 있었던 것을 제5차 개정에서는 교과서뿐만 아니라 교육과정도 통합되는 통합교육과정의 체제로 변화되었다. 그리고 초등학교 교육과정에서 교육과정 사상 처음으로 '1교과 다 교과서 체제'를 도입하였다(예, '국어' 교과는 말하기, 듣기, 읽기). 또한 초등학교 '사회' 4학년 교과서에서 처음으로 지역별(시·도단위)교과서가 개발되었다. 고등학교 교육과정에서는 '자유 선택과목'이 실질적으로 운영되었다. '자유 선택'이 '교양선택'이라는 이름으로 최소 2단위가 배당되어 있어서 '교양선택' 시간이 실질적으로 확보되었다.

7) 제6차 교육과정기(1995~1999): 신통합 교육과정 시기

교육부는 이제까지의 교육과정이 교육과정 결정 권한의 중앙집중성, 교육과정 구조의 획일성, 교육과정 내용의 부적합성, 교육과정목표 달성의 비효율성 측면에서 부적합하다는 결론을 내렸다. 따라서 이러한 여러 시대적, 학문적, 개인적 요구의 변화에 따라 교육부고시 1992-16, 1992-11, 1992-19호로 1992년 초·중 고등학교에 제6차 교육과정을 제정·공포하였다.

제6차 교육과정 개정의 특징은 제5차 교육과정의 문제점에 대한 개선방향을 모색하는 것에서 찾아 볼 수 있다.

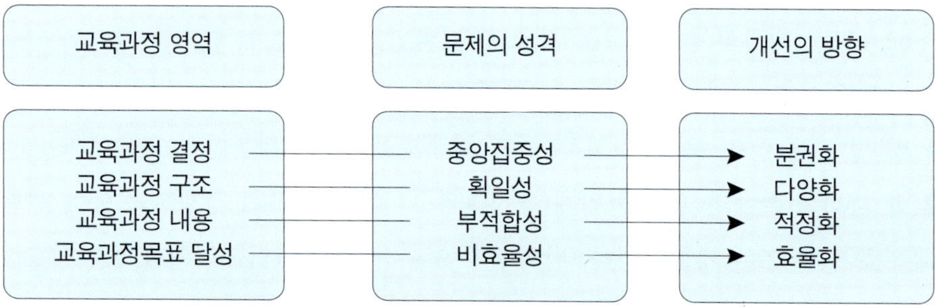

[그림 3-4] 제5차 교육과정의 문제점에 대한 개선방향

(1) 교육과정의 분권화: 교육과정에 대한 결정권한이 교육인적자원부에 집중되어 있는 것을 지방분권형 교육과정으로 전환시켜 시·도교육청과 학교의 자율 재량권을 확대한다.

(2) 교육과정 구조의 다양화: 다양한 이수 과정과 교과목을 개선하고 필수과목을 축소하는 한편, 선택과목을 확대하여 교육내용의 획일성을 줄인다.

(3) 교육과정 내용의 적정화: 학습량과 수준을 조정하고 교과목 체계의 개선으로 교육내용의 적합성을 높이고 학습 부담을 줄인다.

(4) 교육과정 목표달성(운영)의 효율화: 학생의 적성, 능력, 진로를 고려하고, 학습과 생활의 기초 능력을 신장시키며, 평가방법을 개선하여 교육과정을 효율적으로 운영할 수 있도록 한다.

제6차 교육과정 개정에서 가장 큰 변화는 지금까지의 중앙집중형 교육과정을 유지하여 교육인적자원부가 전담하던 교육과정 편성·운영권을 지방화 시대에 걸맞게 역할 분담 체계로 조정하여 상당히 분권하였다. 그 결과 '시도교육청 교육과정 편성·운영지침' 작성권이 시·도교육청에 부여되었고, 시·도교육청은 교과용 도서 이외의 각종 교육자료를 개발하여 각급학교에 보급하게 되었다.

8) 제7차 교육과정(2000~2008년 연차적 적용)

제7차 교육과정은 교육법 제155조 제1항에 의거하여 고시한 초중등학교의 교육목적과 교육목표를 달성하기 위한 국가수준의 교육과정이다. 제7차 교육과정이 추구하는 인간상은 홍익인간의 이념을 바탕으로, 개성을 추구하는 사람, 창의적인 능력을 발휘하는 사람, 진로를 개척하는 사람, 새로운 가치를 창조하는 사람, 공동체의 발전에 공헌하는 사람이다.

이 교육과정이 추구하는 인간상을 구현하기 위한 구성방침은 다음과 같다.

첫째, 사회적 변화의 흐름을 주도할 수 있는 기본 능력을 길러 줄 수 있도록 교육과정을 구성한다.

둘째, 국민공통 기본 교육과정과 선택중심 교육과정 체제를 도입한다.

셋째, 교육내용의 양과 수준을 적정화하고, 심도 있는 학습이 이루어지도록 수준별 교육과정을 도입한다.

넷째, 학생의 능력, 적성, 진로를 고려하여 교육내용과 방법을 다양화한다,

다섯째, 교육과정 편성과 운영에 있어서 현장의 자율성을 확대한다.

여섯째, 교육과정 평가체제를 확립하여 교육에 대한 질 관리를 한다.

제7차 교육과정의 주요 성격과 구조적 특징은 다음과 같다.

첫째, 제7차 교육과정의 기본 구조는 국민공통 기본 교육과정과 선택중심 교육과정으로 이원화되어 있다. 초등학교 1학년부터 고등학교 1학년까지의 10년간을 국민 공통 기본 교육기간으로 설정하고, 교육과정을 교과활동, 재량활동, 특별활동으로 편성한다. 선택중심 교육과정은 고등학교 2. 3학년에 적용되며, 학생의 장래 진로나 적성에 따라 전문화된 교육을 받을 수 있는 준비과정으로서 학생이 과정이나 계열의 구분 없이 희망하는 과목을 선택할 수 있다.

둘째, 수준별 교육과정을 도입하였다. 이는 학생의 필요, 능력, 적성, 흥미에 대한 개인차를 최대한 고려하여 학생 개개인의 성장 잠재력과 교육의 효율성을 극대화하기 위한 조직이다. 수준별 교육과정의 유형은 단계형(수학, 중등 영어), 심화 보충형(국어, 사회, 과학, 초등 영어) 그리고 과목선택형(고교 2, 3학년)으로 구분한다.

셋째, 재량활동을 신설하거나 확대하였다. 재량활동은 학생의 자기주도적 학습활동을 촉진하고 학교의 자율적이고 창의적인 교육과정 편성 및 운영을 보장하기 위하여 마련되었다.

그 외에도 제7차 교육과정에서는 질 관리 중심의 교육과정 평가체제를 도입하였으며, 교육과정의 분권화를 강화하고, 교육과정 운영의 유연성을 높이는 등의 특징이 있다. 또한, 2004학년도부터는 주 5일제 수업(토요일 휴업)이 부분적으로 도입되었고, 2005학년도에는 월 1회, 2006학년도에는 월 2회로 확대되다가 2012년에 전면적으로 시행되었다.

9) 2007 개정 교육과정(2009~ 2011년)

우리나라 교육과정은 1차부터 7차까지는 전면개정 체제로 5차, 6차, 7차와 같이 차순으로 이루어진 교육과정 명칭을 사용하였다. 그러나 2007 개정 교육과정부터 수시개정 체제로 바뀌면서, 기존의 7차 교육과정의 틀을 유지하면서 필요에 따라 부분적으로 개정하게 된 것에 대해 차순으로 부르는 것이 적절하지 않은 것으로 판단되어 연도별로 교육과정을 명명하게 되었다.

2007 개정 교육과정은 제7차 교육과정의 기본 철학과 체제를 유지하되, 운영상의 문제점 보완하는 방식으로 개정되었다. 이 교육과정은 2007년에 고시하고, 2009년부터 2011년까지 연차적으로 적용되었고 초·중등학교의 교육목적과 교육목표를 달성하기 위한 국가수준 교육과정이며, 재량활동 운영의 학교 자율권 확대, 수시개정 체제를 도입하였고, 과학교육과 역사교육 강화, 고등학교 선택중심 교육과정 개선이 이루어졌다.

2007년 개정 교육과정의 주요 내용은 다음과 같다(김국현, 2012).

① 재량활동 운영의 학교 자율권 확대: 학교의 교육과정 편성·운영의 자율권을 확대하고, 역할분담의 원칙에 따라 국가의 권한을 시·도 교육청과 학교에 위임하였으나, 학교의 자율권이 제한적, 부분적이라는 지적과 실질적인 자율권을 확대해 줄 것을 요구함에 따라 이를 반영하였다. 따라서 중·고등학교의 재량 활동 영역별 시간배당 기준을 시·도 교육청의 편성·운영 지침에 따라 학교에서 편성할 수 있게 하였다.

② 교과 집중 이수제 도입: 학교 실정에 맞는 교육과정운영의 자율성을 증진시키기 위하여 중학교 및 고등학교 교과의 경우 학기 또는 학년 단위로 집중 이수가 가능하도록 허용하였다.

③ 과학교육과 역사교육 강화: 과학교육과 역사교육의 강화를 위하여 1학년 중학교 과학과 수업시수를 주당 3시간에서 4시간으로 늘리고 재량활동 시간에 과학과 역사에 각 1시간씩 배당하였다. 또한 고등학교 1학년 역사 과목 수업시수를 주당 2시간에서 3시간으로 늘리고 고등학교 선택과목에 '동아시아사'를 신설하였다.

④ 고등학교 선택중심 교육과정 개선: 학습자 중심 교육과정 구현을 위하여 교육감의 승인을 받아 고등학교 선택과목 신설을 할 수 있도록 허용하였다. 또한 고등학교 선택과목군을 국어·사회·도덕과목군, 수학·과학·기술·가정과목군, 체육과목군, 음악·미술과목군, 외국어과목군, 교양과목군 등 6개 과목군으로 일원화하였다.

10) 2009년 개정 교육과정(2011~2016년)

2009 개정 교육과정은 학교 자율성과 창의성을 강화하는 방향으로 개정되었다.

(1) 개정 배경

하고 싶은 공부, 즐거운 학교가 될 수 있도록 학생의 학습부담을 감축하고, 학생들의 학습 흥미를 유발하며, 단편적 지식·이해 교육보다 학습하는 능력을 기르는 방향으로 개정되었다. 아울러 배려와 나눔을 실천하는 창의 인재를 양성하는 교육으로의 변화를 추구하였으며, 단위학교 차원의 유연하고 창의적인 교육과정 운영을 통해 학교교육의 정상화를 도모하고자 하였다.

(2) 교육과정의 주요 내용

초·중고등학교에 공통사항으로 다음과 같이 제시하였다.

① 학기당 이수 교과목 수 축소: 학년군, 교과군제를 도입하고 집중 이수제 유도, 학기당 과목수 10~13과목을 8과목 이내로 축소. 이를 위해 도덕, 음악, 미술, 실과 등 주당 1~2시간 교과는 한 학기에 집중이수하도록 하였다.

② 창의적 체험활동 도입: 특별활동과 창의적 재량활동을 통합, 창의적 체험활동을 도입, 고등학교의 경우 현행 주당 2시간을 주당 4시간 이상으로 확대하였다. 그리고 그 영역을 자율활동, 동아리활동, 봉사활동, 진로활동 등으로 세분하였다.

③ 교육과정 자율권 확대: 교과군별 기준시수의 20% 증감 운영을 가능하게 하고, 교과군 내 교과별 시수는 단위학교가 결정하도록 하였다.

④ 교육소외 계층에 대한 지원: 학습부진아와 다문화 가정 자녀의 특별히 배려하고 지원하였다.

11) 2015 개정 교육과정(2017 ~ 2024)

2015 개정 교육과정은 창의융합형 인재 양성을 목표로 하여, 모든 학생이 인문·사회·과학 기술에 대한 기초 소양을 갖추도록 하고, 학습량을 적정화하며 교수-학습 및 평가 방법 개선을 통한 핵심역량을 함양하는 교육을 지향하였다. 또한 교육과정과 수능·대입제도를 연계하고, 교원연수 등 교육 전반의 개선을 도모하는 방향으로 개정되었다.

2015 개정 교육과정이 추구하는 인간상은 전인적 성장을 바탕으로 자아정체성을 확립하고 자신의 진로와 삶을 개척하는 자주적인 사람, 기초 능력의 바탕 위

에 다양한 발상과 도전으로 새로운 것을 창출하는 창의적인 사람, 문화적 소양과 다원적 가치에 대한 이해를 바탕으로 인류 문화를 향유하고 발전시키는 교양 있는 사람, 공동체 의식을 가지고 세계와 소통하는 민주 시민으로서 배려와 나눔을 실천하는 더불어 사는 사람이다.

(1) 학교 교육과정 편성·운영의 기준

가. 초등학교 1학년부터 중학교 3학년까지의 공통 교육과정과 고등학교 1학년부터 3학년까지의 선택 중심 교육과정으로 편성 · 운영한다.

나. 학년 간 상호 연계와 협력을 통해 학교 교육과정을 유연하게 편성 · 운영할 수 있도록 학년군을 설정한다.

다. 공통 교육과정의 교과는 교육 목적상의 근접성, 학문 탐구 대상 또는 방법상의 인접성, 생활양식에서의 연관성 등을 고려하여 교과군으로 재분류한다.

라. 선택 중심 교육과정에서는 학생들의 기초 영역 학습을 강화하고 진로 및 적성에 맞는 학습이 가능하도록 4개의 교과 영역으로 구분하고 교과(군)별 필수 이수 단위를 제시한다. 특성화 고등학교와 산업수요 맞춤형 고등학교는 보통 교과의 4개 교과 영역과 전문 교과로 구분하고 필수 이수 단위를 제시한다.

마. 고등학교 교과는 보통 교과와 전문 교과로 구분하며, 학생들의 기초 소양 함양과 기본 학력을 보장하기 위하여 보통 교과에 공통 과목을 개설하여 모든 학생이 이수하도록 한다.

바. 학습 부담을 적정화하고 의미 있는 학습 활동이 이루어질 수 있도록 학기당 이수 교과목 수를 조정하여 집중이수를 실시할 수 있다.

사. 창의적 체험활동은 학생의 소질과 잠재력을 계발하고 공동체 의식을 기르는 데에 중점을 둔다.

아. 범교과 학습 주제*는 교과와 창의적 체험활동 등 교육 활동 전반에 걸쳐 통합적으로 다루도록 하고, 지역사회 및 가정과 연계하여 지도한다.

* 〈안전 · 건강 교육, 인성 교육, 진로 교육, 민주 시민 교육, 인권 교육, 다문화 교육, 통일 교육, 독도 교육, 경제 · 금융 교육, 환경 · 지속가능발전 교육〉

자. 학교는 필요에 따라 계기 교육*을 실시할 수 있으며, 이 경우 계기 교육지침에 따른다.

* 계기교육: 특정 기념일이나 절기에 맞추어 관련 주제를 다루는 것을 말한다(예, 삼일절, 6 · 25, 추석을 맞아 관련 주제를 가르치는 것)

차. 학교는 필요에 따라 원격수업을 할 수 있으며, 이 경우 수업 운영에 관한 사항은 교육부장관이 정하는 지침에 따른다.

12) 2022 개정 교육과정(2024 ~)

(1) 2022 개정 교육과정의 추진 배경

2022 개정은 미래 사회 변화에 대응할 수 있는 힘을 기를 수 있도록 학습자 주도성, 창의력 등 역량을 체계화하고, 지역·학교의 유연한 교육과정 운영, 학생 맞춤형 교육, 디지털·인공지능 기반의 교실 수업 개선 등을 주요 방향으로 한다.

(2) 총론의 주요 개정내용

2022 개정 교육과정은 미래 사회가 요구하는 핵심역량을 갖춘 '포용성과 창의성을 갖춘 주도적인 사람으로 성장 지원'을 비전으로 제시하였다. 이를 구체적으로 구현하고자 추구하는 인간상에서는 학생의 주도성, 책임감, 적극적 태도 등을 강조하기 위해 현행 교육과정의 '자주적인 사람'을 '자기주도적인 사람'으로 개선하고, 우리 교육이 지향해야 할 가치와 교과교육 방향 및 성격을 기초로 미래 사회변화에 대응할 수 있는 역량으로 '협력적 소통 역량'을 강조하여 제시하였다.

(3) 학교급별 주요 개정 사항

초등학교의 경우, 1~2학년(군)에 입학 초기 적응활동을 개선하고, 한글 해득 교육과 실외 놀이 및 신체활동 내용을 강화하였다. 초등학교 1학년 입학 초기 적응활동을 통합교과(바른 생활, 슬기로운 생활, 즐거운 생활)와 창의적 체험활동 시간으로 내용을 체계화하고, 기초 문해력 강화 및 한글 해득 교육을 위한 국어 34시간을 증배하였다. 또한, 초등학교 1~2학년의 안전교육은 64시간을 유지하되, 통합교과와 연계하여 재구조화하고, 교과와 창의적 체험활동을 통해 학생 발달 수준에 맞는 체험·실습형 안전교육이 이루어지도록 개선하였다. 초3 이후에는 안전 관련 교과에 다중 밀집 환경의 안전 수칙 내용 포함 및 위기 상황 대처 능력 함양 사항을 포함하여 체험 위주의 안전교육이 활성화되도록 개선하도록 하였다. 또한, 초등학생들의 발달 특성에 적합한 실질적 움직임 기회 제공을 위해 '즐거운 생활' 교과에 실내외 놀이 및 신체활동을 강화하였다. 표현, 놀이 및 활동 중심으로 즐거운 생활 교과를 재구조화하되, 충분한 신체활동을 제공할 수 있도록 성취기준 및 성취기준 해설에 반영된다.

한편, 중학교는 자유학기(1학년) 편성 영역 및 운영 시간을 적정화하고, 학교 스포츠클럽 활동의 의무 편성 시간을 적정화하여 학교 교육과정 편성·운영의 어려움을 해소하였다. 기존의 4개 영역(주제 선택, 진로 탐색, 예술·체육, 동아리 활동)의 170시간이 할당된 것이 2개 영역 102시간으로 통합(주제 선택, 진로 탐색) 개선된다.

기존에는 3년간 총 136시간, 연간 34~68시간에서 3년간 총 102시간, 연간 34시간으로 개선되고, 고등학교로 진학하기 전 중학교 3학년 2학기를 중심으로, 고등학교에서 교과별로 배울 학습 내용과 진로 및 이수 경로 등을 학습할 수 있도록 진로연계교육을 도입하고 자유학기와 연계하여 운영한다.

고등학교는 학점 기반 선택 교육과정으로 명시하고, 한 학기에 과목 이수와 학점 취득을 완결할 수 있도록 재구조화하였다. 학기 단위 과목 운영에 따라 과목의 기본 학점을 4학점(체육, 예술, 교양은 3학점)으로 조정하고, 증감 범위도 ±1로 개선하여 학생이 진로에 적합한 과목을 이수할 수 있도록 개선하였다. 자율적 과목 선택·이수, 자기주도적 공강 활용 등 학습자 주도성과 학습의 책임 강조한다.

학습자의 진로와 적성을 중심으로 비판적 질문, 실생활 문제해결, 주요 문제 탐구 등을 위한 글쓰기, 주제 융합 수업 등 실제적 역량을 기를 수 있도록 다양한 진로선택과 융합선택과목을 신설하고 재구조화하였다.

공통과목	일반 선택과목	진로 선택과목	융합 선택과목
기초소양 및 기본학력 함양, 학문의 기본이해 내용과목	교과별 학문 영역 내의 주요 학습 내용 이해 및 탐구를 위한 과목	교과별 심화학습 및 진로 관련 과목	교과 내 · 교과간 주제 융합 과목, 실생활 체험 및 응용을 위한 과목

[그림 3-5] 고등학교 교과 구조 개선안

특수목적고에서 개설되었던 전문교과 I 은 일반고 학생들도 진로와 적성에 따라 선택할 수 있도록 보통교과로 통합하였다. 특성화고 교육과정은 미래 직업세계 변화에 요구되는 기초소양 및 핵심역량을 갖출 수 있도록 전문 공통과목을 확대하고 전공 일반, 전공 실무 과목으로 재구조화하였다. 현행 성공적인 직업 생활은 성공적인 직업 생활, 노동인권과 산업안전보건, 디지털과 직업 생활로 개선한다.

(4) 적용시기

2024년 초등 1, 2학년을 시작으로 하여 연차적으로 적용되어 2027년 초·중·고 학교에 전면적으로 적용된다.

지금까지 살펴 본 한국교육과정의 변천사를 시기별로 특징을 정리해 보면 다음과 같다.

〈표 3-3〉 한국교육과정의 시기별 특징 비교

구분	적용시기	특징
교수요목시기	1945 ~ 1954	• 교과중심 교육과정의 성격. 현재의 기간학제가 결정됨. 홍익인간의 정신에 입각하여 애국애족교육 강조
제1차 교육과정	1954 ~ 1963	• 교과중심 교육과정 특별활동을 교육과정에 포함, 반공 · 도의 · 실업 교육 강조
제2차 교육과정	1963 ~ 1973	• 경험중심 교육과정 교과활동, 반공 · 도덕 생활, 특별활동으로 구성. 경험중시, 자주성, 생산성, 유용성 강조 국민교육헌장 이념 구현
제3차 교육과정	1973 ~ 1981	• 학문중심 교육과정 수학, 과학 교과 중시, 교과활동, 특별활동으로 구성, 도덕, 국사 교과 신설
제4차 교육과정	1981 ~ 1988	• 인간중심 교육과정 종합적이고 절충적복합적 성격의 교육과정, 국민정신 교육 강조, 학습량 · 수준 축소 조정, 초등학교 1~2학년 교과 통합 운영

구분	적용시기	특징
제5차 교육과정	1989 ~ 1994	• 통합교육과정 부분 개정, 종합적 접근 방식, 지역성 강조, 과학고 · 예술고 제정, 초등학교 통합교육과정 체제, 컴퓨터 · 경제교육 신설 및 강화, 중학교 기술 · 가정 통합
제6차 교육과정	1995 ~ 1999	• 신통합교육과정 지역별 교육과정 · 학교별 교육과정 도입, 필수과목 축소, 선택과목 확대, 학습량과 수준 적정화
제7차 교육과정	2000 ~ 2008	• 학생중심 교육과정 국민공통 기본교육과정구성: 초등~고교 1학년; 선택중심 교육과정 구성: 고교2~3학년, 수준별 교육과정 도입, 재량활동의 신설 및 확대, 목표(능력) 중심의 교육내용 설정
2007 개정 교육과정	2009 ~ 2011	• 수시개정 체제 도입, 재량활동 운영의 학교자율권 확대, 집중이수제도입, 역사 · 과학 교육강화, 고등학교 선택과목 신설
2009 개정 교육과정	2011 ~ 2016	• 학기당 이수교과목 수 축소, 창의적 체험활동 도입, 학교 교육과정 편성의 자율권 확대, 교육소외 계층에 대한 지원
2015 개정 교육과정	2017 ~ 2024	• 문이과 통합, 초등 1~2학년의 한글교육을 강화, '안전한 생활'을 신규과목으로 편성, 중학교 자유학기제를 실시. 정보교과를 필수과목으로 지정, 고등학교 공통과목 도입, 선택과목 개설
2022 개정 교육과정	2024~	• 고교학점제 전면 도입, 융합선택과목 신설, 진로선택과목과 함께 재구조화. 자유학기제 개선, 진로연계학기제 도입, 학교자율시간 확보, 인공지능과목 신설 및 내용강화

*교육과정의 적용시기는 학교급별·학년별로 순차적으로 적용되었고, 또 과목에 따라 기존의 교육과정이 그대로 계속 적용되는 경우가 있는가 하면, 새로 개정된 교육과정이 적용되는 과목이 있기 때문에, 실지로 적용된 시기는 초·중·고별, 과목별로 약간씩 차이가 있다.

제4장 교육의 심리학적 이해

1. 인간발달
2. 지능 이론
3. 성격 이론

1. 인간발달

1) 인간발달의 개념

교육심리학이 효과 있는 교육적 행동을 행하기 위한 심리학적 지식 체계를 의미하는 것이라고 한다면 인간 발달을 이해함으로써 보다 바람직한 교육적 행동에 적용될 수 있는 것이다. 교육은 인간발달 속에서 행해지는 것이기 때문에 인간의 발달과 분리해서 생각할 수 없다.

발달의 개념을 살펴보면, 발달(development)이란 수정란이 태아로 형성되어 출생, 성장, 노쇠과정을 거쳐 죽음에 이르기까지 인간의 전 생애를 통해 계속되는 과정을 말한다.

과거의 발달심리학자들은 주요 연구대상이 좁은 의미에서의 수태에서 청년기에 이르기까지 나타나는 상승적 혹은 긍정적 변화로 진보, 향상 등의 진화적 변화과정에만 관심을 갖는 경우가 많았지만, 근래에는 넓은 의미에서의 상승적 변화는 물론, 청년기 이후에 하강적 혹은 부정적 변화로서 감소, 쇠퇴 등의 퇴화적 변화과정까지 전 생애를 연구대상으로 본다.

이러한 발달과정은 시간이 경과함에 따라 양적 또는 질적으로 변화하는 과정으로, 양적인 변화는 크기 또는 양에서의 변화를 의미하며, 질적인 변화는 본질, 구조 또는 조직상의 변화를 의미한다. 행태주의 심리학자인 코프카(Koffka, 1989)는 "발달이란 유기체와 그 기관이 양에 있어서 증대하고 구조에 있어서 정밀화되고 기능에 있어서 유능화 되어 가는 과정이다."라고 정의하였다.

발달과 관련된 개념으로 성장과 성숙, 학습이라는 의미를 포함한다. 성장(growth)은 신장이나 체중과 같은 신체의 양적 변화를 의미한다. 이에 비해 성숙(maturation)은 질적인 변화로서 생리적, 유전적 요인에 의해 일어나는 신경계통이나 내분비선계통 발달의 변화를 의미한다.

예컨대 유아기의 빠른 성장과 청소년기의 '제2차 성징'과 같은 생물학적 과정을 말한다. 한편 학습(learning)은 직접 또는 간접 경험의 산물로서 훈련이나 연습에 기인하는 발달적 변화로 교육에 의해 인간의 행동이 긍정적으로 변화하는 것을 의미한다.

인간의 발달은 일생을 통하여 성장, 성숙, 학습에 의해 이루어지는 변화과정이다. 따라서 인간은 살아 있는 유기체로서 계속 성장·발달하는 존재이며, 이 발달은 유전적인 요인과 환경적 요인이 서로 상호작용에 의하여 이루어지는 것이다.

2) 발달 요인

과거에는 발달에 대한 학자들의 견해가 극단적인 경향을 나타내었으나, 최근에 와서 대부분의 발달론자들은 어느 한 입장만을 고수하기보다는 유전과 환경이 인간 발달의 긍정적으로 영향을 미치기 위하여 어떻게 함께 작용하는가를 밝히는데 관심을 보이고 있다. 한편 개인의 능동적인 역할 역시 협동적인 중요한 요인으로 발달에 영향을 미친다고 생각한다.

(1) 유전인자

유전이란 부모의 어떤 유전인자가 자녀의 신체적 또는 생리적인 구조적 특징을 이룬 것을 말한다(조대봉, 1990). 부모가 지닌 특질은 그 자녀에게 유전이 되긴 하지만, 부모의 모든 특질이 모든 자녀에게 똑같이 유전되는 것은 아니다. 그러므로 어떤 자녀는 부모의 몇 가지 특질을 유전 받지만, 어떤 자녀는 극소수의 특질이나 보다 더 많은 특질을 유전 받을 수도 있다(유안진, 1999).

(2) 환경요인

인간은 환경을 흡수하면서 성장·발달한다. 환경은 한 인간을 둘러싼 외적인 조건으로서 인간에게 영향을 미칠 가능성이 있는 물리적 조건·심리적 조건·사회적 조건의 복합적인 것이 포함된다. 심리적 조건이란 예컨대 인간을 양육하는 부모의 태도 등 육아방식이 될 것이다. 따라서 부모의 양육방식이나 가치관, 부모의 종교, 가족, 영양, 계층문화, 기후, 단체, 대중매체 등의 모두가 환경이 된다.

개인차(individual difference)는 인간발달에서 부모로부터 어떤 잠재능력을 유전받았느냐도 중요시하면서, 동시에 어떤 환경에서 어떤 경험을 하며 성장하느냐도 강조하는 근거가 된다. 이런 원인에서 발생되는 발달의 개인차는 연령이 어린 시기일수록, 그리고 보다 급속히 발달하는 시기일수록 더 크게 영향을 받는다. 따라서 개인의 잠재능력이 최대한으로 발휘될 수 있는 최적의 환경적 조건과 상황 조성이 중요하다.

(3) 유전과 환경의 상호작용

인간발달은 유전과 환경의 상호작용에 영향을 받는다. 인간의 어떠한 발달 특징도 일생동안 유전이나 환경 어느 하나에 주로 기인하는 것이 아니고 유전과 환경의 상호 작용의 결과라고 볼 수 있다. 즉 유전인자는 환경이라는 제한 속에서 유전인자가 지닌 잠재력을 발휘할 수 있으며, 환경도 마찬가지로 유전인자의 본질이 제한하는 한계 내에서 발달에 영향력을 행사할 수 있기 때문이다.

(4) 개인의 능동적인 역할

인간의 두 가지 기본적 관점은 유기체적 또는 능동적 입장과 기계적 또는 수동적 입장이다. 유기체적 관점에서 유기체 내부에서부터 자극을 받아 변화가 일어난다고 본다. 즉 인간을 주변세계를 조직화하고 구조화하고, 어떤 면에서는 자신의 세계를 만들어 내는 능동적 존재라고 생각하는 것이다. 반면 기계론적 관점에서는 수동적인 경험의 수용자로 보며, 외부 환경의 자극에 의해 만들어지는 존재라 본다.

오늘날 대부분의 연구자들은 인간은 자신의 성장과 발달에 적극적이고 능동적인 역할을 한다고 믿는다. 개인의 능동적인 역할을 할 때 보다 긍정적이고 진보적으로 발달한다고 가정한다.

3) 발달 원리

인간의 발달현상에는 보편적이고도 일반적으로 나타나는 원리가 있다. 물론 발달의 속도와 순서에 있어 약간의 개인차가 존재하기 마련이지만 어느 정도의 일관성과 규칙성이 내포되어 있다. 이를 발달의 원리라고 한다. 이에 많은 학자들은 인간이 어떻게 성장 발달하는가를 설명하기 위해 비교적 다양한 관점에서 다음과 같이 제시하고 있다(이위환, 2007).

(1) 운동발달에는 일정한 순서와 방향이 있다.

발달에는 일정한 순서가 있다. 예를 들어 어린 유아들의 경우 엎드리고, 앉고, 기고, 그 다음에 걷게 되고, 뛸 수 있게 된다. 또한 운동발달에는 일정한 순서뿐만 아니라 일정한 방향으로 진행되는 데 구체적으로 살펴보면 다음과 같다.

첫째, 두미(cephalocaudal) 발달 원칙으로, 머리에서 발 방향으로 발달이 진행된다. 즉 머리부터 시작하여 몸통, 팔, 다리의 순서로 발달해 간다.

둘째, 근원(proximodistal) 발달 원칙으로, 중심부가 말초신경 보다 먼저 발달한다. 즉 팔, 손목, 손, 손가락의 순서대로 발달이 이루어진다.

셋째, 세분화(general to specific) 발달 원칙으로, 전체활동에서 특수활동으로 발달한다. 근육발달은 큰 근육에서 작은 근육으로 진행하기 때문에 유아 초기의 행동은 몸 전체를 사용하지만 점차적으로 분화되고 정밀한 행동으로 대체된다.

이러한 사실은 발달에 일정한 순서와 방향이 있음을 증명하는 근거인 동시에 한 단계의 발달은 다음으로 이어지는 보다 높은 차원의 발달단계의 발달에 기초가 된다는 것을 의미한다.

(2) 발달은 유전과 환경과의 상호작용에 의한다.

인간의 행동발달은 유전적인 요인과 환경적인 요인이 상호작용에 의하여 형성된다. 즉 유기체는 일정한 환경 속에서 성장·발달하는 것이어서 그 발달은 환경의 변화와 불가분의 관계가 있다. 중요한 것은 '무엇이 얼마나'보다 '어떻게 영향을 미치는가?'이다.

(3) 발달에는 개인차가 있다.

인간은 일반적이고도 보편적인 순서에 따라 발달한다. 그러나 성장 속도나 발달시기에는 개인차를 보인다. 예를 들어 연령이 같고 성별이 같다 해도 사람들은 신장이나 체중은 물론, 운동기능과 정신기능에도 차이가 있다. 이런 개인차는 각 개인이 지닌 유전적인 조건과 환경의 상호작용에 의해 나타난다. 개인차에는 두 가지 유형이 있는데, 하나는 성이나 연령, 성장 배경의 차이와 같은 개인 간의 차이이고, 또 다른 하나는 한 개인 내에 존재하는 개인내 차이로 구별할 수 있다.

(4) 발달은 연속적인 과정이지만 그 속도는 항상 일정하지 않다.

발달은 연속적, 계속적인 과정이다. 그러나 신체의 각 부위에 따라, 정신기능에 따라 발달의 속도는 각각 다르다. 뿐만 아니라 특정측면의 발달이라도 발달단계에 따라 그 속도는 일정하지 않다. 예를 들면 신체의 발달은 유아기와 사춘기에, 어휘 수는 유아기, 추리력은 청년기에 급속한 발달을 보인다.

이와 같이 특정한 시기에 어떤 기관이나 기능의 발달이 급속히 진행되는데, 이러한 시기를 결정적 시기(critical period)라 한다. 이 결정적 시기를 놓치게 되면 그 특성의 발달은 지연되거나 많은 노력을 해도 어렵게 되는 경우가 많다.

(5) 발달은 성숙과 학습에 의존한다.

학령의 증가에 따라서 나타나는 발달적 변화는 성숙과 학습의 소산이다. 발달에 영향을 미치는 요인 중에서 생물학적·유전학적인 성숙요인의 영향이 큰가, 또는 환경적·경험적인 학습요인의 영향이 큰가하는 문제는 오랫동안 논란의 대상이 되어 왔다.

성숙론자들은 좋지 않은 환경이 인간발달을 저해하는 요인이 될 수는 있지만 기본적으로 성장은 성숙에 의존한다고 믿는 반면 학습론자들은 발달에서 경험의 중요성을 강조한다. 그러나 발달의 모든 측면에서 성숙과 학습의 효과가 분명히 구분되지 않고, 오히려 이 두 요인의 영향이 상승적으로 작용하는 경우가 많다.

(6) 발달은 분화와 통합의 과정이다.

발달은 전체적·일반적인 기능에서부터 부분적·특수적인 기능으로 분화해가는 동시에, 그 분화는 단순한 세분에 그치지 않고 분화된 각 부분은 일정한 계열에 의하여 조직되고 통합된다. 예를 들어 아기가 처음엔 낯가림을 하지 않지만 자라면서 차츰 어머니와 어머니가 아닌 다른 가족, 나아가서는 낯선 타인에게 서로 다른 반응을 보이는 것처럼 발달은 분화되어 간다. 또한 1세 된 아기가 책상 위의 장난감을 손으로 잡을 때에는 손의 세분화된 발달과 눈과 온몸이 그 장난감을 잡기 위하여 통합적으로 작용되어야 한다. 각 신체 부분의 세분화 발달이 그 자체로서 의미가 있는 것이 아니라 전체적·통합적인 의미가 있는 것이다.

(7) 발달의 각 영역은 상호 밀접한 관련이 있다.

유기체의 여러 영역의 발달 즉 생물학적 발달, 인지적 발달, 사회정서적 발달은 각각 독립적으로 이루어지는 것이 아니라, 서로 밀접한 상호관련 하에서 상호보완적으로 이루어진다. 사회정서적 과정이 인지적 과정에 영향을 미치고, 인지적 과정은 사회정서적 과정에 영향을 미치며, 생물학적 과정은 또 인지적 과정에 영향을 미친다. 예를 들면 신체 발달에서 우수한 아동은 인지적 발달에서 앞서기도 하고, 성취동기도 높고, 경쟁적이며 호기심이 강하기 때문에 적극적이고, 긍정적인 성격으로 발달될 수 있다. 따라서 주변 아동이 그에게 리더십을 기대하게 되면서 강력한 호기심과 성취욕으로 인지적 발달에 보다 좋은 영향을 끼칠 수 있다. 반면 신체적으로 발달이 늦은 아동은 대인관계의 기술이 결여될 수 있는데, 이는 병약한 몸 때문에 여러 아동과 어울릴 기회가 적기 때문이다. 따라서 신체 발달은 사회성 발달과 관련될 수 있다. 결국 발달의 각 영역은 서로 무관한 것이 아니라 상호 밀접한 관련이 있다.

(8) 발달의 가장 중요한 시기는 최초 단계의 경험이다.

인간 초기의 발달이 그 이후의 모든 발달단계에 있어서의 성장·발달을 좌우하게 된다. 초기발달의 경험으로 신체적, 성격적, 정서적, 지적, 도덕적 발달이 어떠한 과정을 거쳐서 어떠한 발달현상으로 나타나느냐는 그 영향이 그의 일생에 지속적이고도 결정적인 영향을 미친다는 것이다. 예를 들면 어린시기의 부모와의 관계가 긍정적인 애착 형성이 되지 못하게 되면 성인이 되어서도 원만한 대인관계가 어렵게 된다.

4) 결정적 시기

모든 인간발달 이론들의 공통적 견해는 인간발달은 연속적인 변화라는 것이다. 이러한 변화들 중 어떤 것은 특정 시기에는 매우 빠르게 일어나지만, 다른 시기에는 느리게 일어나는 것으로 발달심리학자들은 중요한 변수로서 변화속도의 차이에 관심을 갖는다(정옥분, 2004).

결정적 시기는 민감한 시기라고도 표현한다. 민감한 시기는 특정 능력이나 행동이 출현하는 데에 최적의 시기이다. 이 때 그 특성을 자신의 것으로 만든 후에는 그것에 감수성이 소멸되는 짧은 기간으로, 일시적인 성질을 가지고 있으며, 발달에 최대의 영향을 미치는 시기이다. 이 기능의 발달을 위해서는 적시에 적당한 자극이 외부 즉, 환경으로부터 부여되지 않으면 안 된다. 다시 말하면, 인간의 발달에는 결정적 시기가 있으므로, 그 시기의 성장과 발달에 필요한 경험이나 자극이 주어지지 않거나 박탈된다면 손상된 발달의 영역을 치유하기 위한 교육적인 시도가 이 시기 후에 주어진다 하더라도 회복되기 어려울뿐더러 어떤 것은 전혀 불가능하다는 것이다.

19세기 초, 우연히 자연적으로 발생한 사건으로, 프랑스의 시골에서 발견된 빅터(Victor)라는 열두 살 난 소년의 경우 정신지체아가 아님에도 불구하고 12세라는 나이에 언어를 습득하지 못한 것은 언어발달에 있어서 결정적 시기가 있다는 가설을 뒷받침하는 단적인 예가 될 수 있다.

동물학자 로렌즈(Lorenz)는 각인현상으로써 출생 후의 결정적 시기 개념을 설명하려고 하였다. 각인이란 어린 새끼동물이 출생 후 초기의 특정한 시기에 어떤 대상에게 노출되면, 그 대상에 대해 추종반응을 나타내고 비교적 영구적인 유대를 형성하는 현상을 의미한다.

볼비(Bowlby)는 인생 초기에 형성되는 사회적 관계의 질이 그 후의 발달에서 결정적인 역할을 한다고 믿는다. 유아가 태어나서 자신을 돌보는 사람 특히 어머니와 강한 정서적 유대를 맺게 되는데 이것이 애착관계이다. 볼비는 인생에서 생후 첫 3년이 사회정서발달의 민감한 시기라고 본다. 다시 말하자면 첫 3년간이 친밀한 정서적 유대를 형성하는 데 매우 민감한 시기이다. 만약 이 기간 동안 그런 기회를 갖지 못한다면 이후에 친밀한 인간관계를 형성하는 것이 거의 불가능하게 된다고 한다.

5) 발달단계와 발달과업

(1) 발달단계

심신의 발달에는 연속성과 계열성이 있어 수태에서부터 죽음에 이르기까지 계속적으로 이루어지며 여기에는 몇 가지 구분되는 특징이 있다. 이러한 특징에 따라 발달과정을 단계로 구분한 것이 '발달단계'이다. 다시 말해 발달단계란 일정한 연령에 도달하면 그 전후 시기와는 구별되는 특징을 지니며 그 시기의 사람들에게 공통적으로 나타나는 일반적인 발달적 특징이 존재하는데, 이것을 기준으로 하여 인간의 생애를 몇 개의 시기로 구분한다. 일반적인 인간발달의 단계는 태내기, 신생아기, 영아기, 유아기, 아동기, 청년기, 장년기, 노년기로 구분한다.

이러한 발달단계의 구분은 학자들의 관심영역 또는 구분의 기준에 따라 다르다. 예를 들면 프로이트(Freud)는 성적 에너지(libido), 피아제(Piaget)는 인지구조의 차이, 에릭슨(Erikson)은 심리사회적 위기에 따라 발달단계를 구분한다. 그리고 구분의 기준에 따라 연속성과 불연속성 과정인 이론으로 양분된다.

행동주의적 접근과 같이 학습과 경험을 강조하는 발달론자들은 대부분 발달을 점진적이고 연속적인 과정으로 보며 성숙을 강조한다. 유아가 처음 말을 시작할 때 이것은 갑작스럽고 불연속적인 것으로 보이지만, 연속적 견해에서 보면 이것은 몇 주 또는 몇 달에 걸친 성장과 연습의 결과라고 본다. 반면 발달이 일련의 독립적이며 질적으로 다른 단계들로 구성된다고 믿는 단계이론가들은 발달은 불연속적인 과정으로 본다. 예를 들면 추상적인 사고를 할 수 없었던 아동이 어느 날 추상적 사고를 할 수 있게 되는 것이다. 이것은 양적이고 연속적인 변화가 아니고 질적이고 불연속적인 변화인 것이다.

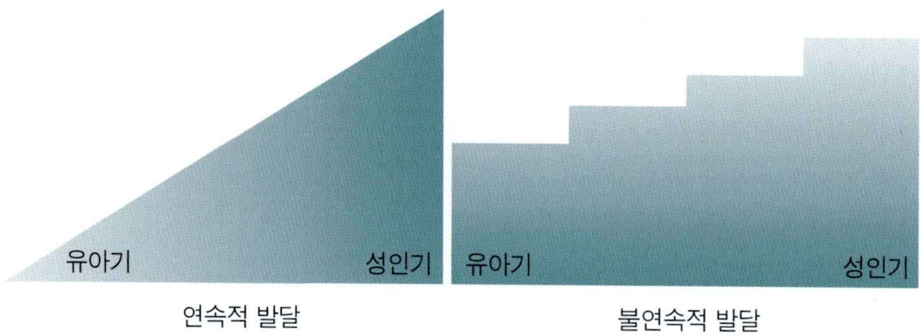

[그림 4-1] 발달의 연속성과 불연속성

발달단계를 구분하는 것이 쉽지 않지만 발달단계를 구분함으로써 얻을 수 있는 이점이 있다. 첫째, 각 시기에 있어서 인간의 전체적인 모습이나 특징을 직관적으로 파악할 수 있다. 둘째, 각 발달단계에서 인간이 달성해야 할 발달과업이나 척도를 알 수 있다. 셋째, 특정한 심신의 기능이 저차원에서 고차원의 단계로 변화하는 과정을 발달적으로 파악하는 일이 가능하다.

하지만 발달단계 구분에 따른 제한점도 존재한다. 첫째, 어떤 단계에서 다음 단계로의 이행이라는 것은 서서히 연속적으로 이루어지는 것이어서 현실적으로 각 단계 간에 분명한 선을 긋는다는 것이 곤란하다. 둘째, 심신의 발달에는 개인차가 작용하기 때문에 개개인을 연령에 따라 일률적으로 특정의 단계로 구분한다는 것은 합리적이지 않은 것이 문제로 지적되고 있다(이현림 외, 2005).

(2) 발달과업

발달과업은 자기가 속해 있는 발달과정에서 적정시기에 반드시 성취해야 할 일들이 있는데 이것을 발달과업(development task)이라고 한다.

헤비거스트(Havighurst, 1972)에 의하면, 발달과업이란 개인의 일생에 있어서 일정한 시기나 그 시기에 가까이에서 일어나는 과업으로, 정상적인 성장발달을 위해 자기가 위치하고 있는 발달단계에서 이루어내야만 하는 과업으로 어느 누구를 막론하고 모든 사람이 정해진 시기에 반드시 풀어야 할 숙제라고 정의내렸다. 그 과업을 훌륭하게 성취하면 개인은 행복하게 되고 그 이후의 과업도 성공하지만, 만일에 실패하게 되면 개인은 불행하게 되며, 사회로부터 인정을 받을 수 없게 되고 그 이후의 과업의 성취에 있어서도 곤란을 초래하게 된다고 보았다.

또한 그는 발달과업의 개념을 준비도와 관련시켜서 "신체가 성숙하여 사회가 요구하고, 자신이 어떤 과업을 성취할 준비가 되었을 때, 교육의 적정시기가 온 것이며, 만일 너무 일찍 가르치고자 한다며 그 노력은 헛수고일 것이며, 적정시기에 노력하면 만족스러운 결과를 초래할 것이다."라고 주장하였다.

2. 지능 이론

1) 지능의 개념

일반적으로 학업성취에 가장 많은 영향을 줄 것으로 생각되고 있는 인간의 지적능력이 지능(intelligence)이다. 이것은 학업수행능력이 곧 지능수준이라는 견해가 지배적이기 때문이다. 그러나 실제로 학업에 대한 관심, 동기, 태도와 가치관, 학업방법, 자아개념, 가정환경 등 그 외 다른 많은 요인들이 학업성취에 중요한 요인으로 작용하기 때문에 반드시 지능이 학업성취에 결정적인 요인이 되는 것은 아니다. 그러면 지능이란 무엇일까?

19세기에 심리학에서 인간의 정신기능을 말하는 지능(intelligence)에 대한 연구가 시작된 이래로 지능의 개념은 복잡한 정신기능으로 개념 자체가 계속해서 변화 발전해 오면서 다양하게 정의되어 왔다. 따라서 한마디로 결론을 내리기에는 상당히 어려운 문제이다.

대표적인 몇몇 사람의 정의를 보면, 터먼(Terman)과 써스톤(Thurstone) 등은 지능은 고차원적인 추상적 사상을 다루는 능력으로 논리적 관계의 추출 능력이나, 판단, 사고능력과 같은 고등정신 능력을 의미한다고 하였다. 프리만(Freeman), 우드로우(Woodrow), 게이츠(Gates)는 지능을 학습능력 또는 경험에 의하여 획득한 실제적 능력이라고 정의하였다. 웩슬러(Wechsler)는 유목적적으로 행동하고, 합리적으로 사고하고, 환경을 효율적으로 다루는 개인의 종합적 능력이라고 정의했다. 스턴(Stern), 피터(Pieter), 콜빈(Corvin), 피아제(Piaget) 등은 새로운 환경에 대한 적응능력으로 한 개인의 전체 환경에 대한 적응이며 생활의 새로운 문제 및 사태에 대한 일반적인 정신적 적응능력이라고 지능을 정의하고 있다. 이처럼 지능에 대한 학자들의 다양한 견해들은 총괄적으로 다음과 같이 분류해 볼 수 있다.

첫째, 지능은 학습하는 능력으로 보려는 방법이다. 개인의 지능이란 개인이 교육을 받을 수 있는 혹은 학습할 수 있는 능력의 정도로 정의한다. 여기에서는 특히 추상적인 사고를 하는 능력을 강조하는 것이 보통이다. 이 견해에 의하면 개인의 지능이란 교육을 받을 수 있는 능력의 정도로 지능이 높은 사람은 배울 수 있는 능력이 높으며, 반면에 지능이 낮은 사람은 학습할 능력이 낮다는 것이다.

둘째, 지능의 적응적 성질을 강조하는 정의방법이다. 새로운 환경에 적응하는 능력으로 새로운 문제나 상황에 직면했을 때 효과적으로 대처하는 정신능력으로 보는 견해이다. 따라서 지능이 높은 사람은 환경의 변화에 성공적으로 적응하여 행동과 사고를 재구성하고 효율적으로 문제를 해결할 수 있다.

셋째, 지능은 고등한 추상적 사고능력으로 논리적 사고로 추론하는 정신기능이라고 정의하는 방법이다. 즉 지능이란 추상적인 것을 학습할 뿐만 아니라 그것을 구체적 사실과 관련시킬 수 있는 능력이다.

넷째, 위의 세 가지 정의를 모두 종합하고 포괄적인 정의 방법으로서 웩슬러(D. Wechsler)의 "지능이란 개인이 목적에 맞게 활동하고 합리적으로 사고하며 자신을 둘러싼 환경을 효과적으로 처리하는 종합적인 지적 능력이다."로 정의할 수 있다.

2) 지능의 구조

지능이 어떠한 요소로 구성되어 있는가? 지능의 성분이 대부분 유전적으로 규정되어 있다고 보는 유전론적 입장(생득적)과 그 반대 입장으로 환경조건에 의해 거의 규정되어 있다고 보는 환경론적 입장(경험적)과 그 중간의 입장을 취하는 입장으로 나누어진다. 또한 지능은 단일요인으로 구성되어 있는가 아니면 여러 요인의 복합체적인가 등의 논쟁은 지능의 정의에 다양함을 나타낸다.

(1) 이요인설

지능의 이요인설(two-factor theory)은 스피어먼(Spearman, 1972)의 주장으로서, 지적 능력은 모든 지적 활동에 작용하고 있는 일반요인(G-factor)과 일반요인만으로 해결하지 못하는 특수한 지적 상황에서 요정되는 특수요인(S-factor)으로 구성되어 있다는 것이다. 후에 스피어먼은 G요인 정도로는 일반적이지 않고 S요인 정도로는 특수하지 않은 G요인과 S요인의 공통적인 요인으로서 언어, 수, 정신속도, 주의, 상상 이 다섯가지 요인이 존재하고 있음을 발견하였다.

(2) 다요인설

지능의 다요인설은 써스톤(Thurstone, 1941), 길포드(Guilford, 1988) 등의 주장으로서, 써스톤은 공간(S), 지각(P), 수(N), 언어(V), 단어유창성(W), 기억(M), 귀납적 추리 등과 같은 7개의 특수요인 '기초정신능력(primary mental ability)'을 발견하였다.

길포드는 지능이 180개의 요소로 구성되어 있다는 복합설을 주장하였다. 사고력과 기억력으로 지능을 구분하고 사고력을 다시 인지적 사고력, 생산적 사고력 및 평가적 사고력으로 세분화하였다.

인지적 사고력은 지식의 발견, 지식의 재발견 및 인지와 관련된 것이다. 생산적 사고력은 얻어진 지식을 언제, 어떻게 사용하느냐 하는 능력 또는 새로운 지식을 만들어 내는 것과 관계되는 것이고, 평가적 사고력은 인지한 것 혹은 생산된 것이 적합한지 정확한지, 적당한지를 결정할 필요가 있을 때 동원되는 능력이다. 생산적 사고는 다시 수렴적, 발산적(확산) 사고력으로 분류된다. 수렴적 사고력은 결정된 답 혹은 관습적인 답, 형식의 제한 내에서 새로운 것을 만들어 내는 사고력을 말하며, 발산적 사고력은 없던 것, 알려지지 않았던 것을 새롭게 생각해 내는 능력을 말한다.

(3) 유동지능과 결정지능

카텔(Cattell)과 혼(Horn)은 지식을 단편적으로 보지 않고 지능이 유동성 지능(Fluid Intelligence, Gf)과 결정성 지능(Crystalized Intelli-gence, Gc)으로 구분됨을 발견했다. 이 두 가지 요인은 기능적으로 동일한 것이나 발달되는 과정 즉 습득하는 방식에는 차이가 있다. 지능의 특성으로 유동성 지능(Gf)은 유전적 요인에 의해 결정되는 비교적 개인이 속한 문화내용이나 체계적 학습활동과는 관계없는 지적능력, 뇌신경의 성숙에 의해 발달, 뇌세포의 손상과 쇠퇴에 의해 감퇴되는 지능이다. 유동성 지능은 정보처리의 속도, 유연성, 새로운 상황에의 적응력과 관련되고 도형관계, 도형분류 등 주로 수리능력, 공간지각력으로서 관계적 사고와 귀납, 일반적 추론능력으로 진단하였다. 결정성 지능(Gc)은 후천적 경험, 학습, 문화적 영향에 의해 습득되는 지능이다. 결정성 지능은 언어 이해력, 기계적 지식, 논리적 의미관계 추론, 판단력, 경험적 평가능력 등 문제해결력이 포함된다.

발달양상으로서 유동성 지능의 경우는 나이가 들어감에 따라 쇠퇴하고 결정성 지능은 나이가 들어갈수록 지속적으로 증가하는 경향을 나타낸다. 따라서 종합적으로 측정되는 일반지능은 연령증가에 따라 차이가 나타나지 않게 된다는 것이다.

3) 지능 검사

최초의 표준 지능검사(intelligence test)는 1905년 프랑스 교육부장관의 요청으로 비네(Binet)에 의해서 개발되었다. 이는 지능이 너무 낮아서 교육혜택을 받을 수 없는 지진아를 판별하여 교육에 필요한 도구를 만들기 위해서였다. 그 후 1916년에 미국의 스탠포드대학의 터먼이 비네 검사를 개정해서 미국문화에 알맞게 표준화한 것으로 스탠포드-비네 지능검사(Stanford-Binet Intelligence Scale)를 만들었다. 이 검사는 몇 차례의 개정을 거쳐 현재 가장 잘 알려져 있는 검사로서 오늘날 많은 지능검사 제작의 배경이 되고 있다. 스탠포드-비네 검사는 처음의 비네 검사와 같이 개인지능검사이다. 이 밖에 개인지능검사로 개발되어 널리 사용되고 있는 검사는 웩슬러 성인용 지능검사(Wechsler Adult Intelligence Scale : WAIS)와 웩슬러 아동용 지능검사(Wechsler Intelligence for Children: WISC)가 있다. WAIS는 1939년에, WISC는 1949년에 처음 제작되었다. 스탠포드-비네 검사가 거의 언어적 검사로 되어 있는 반면에 웩슬러 검사는 언어 검사(일반상식, 이해, 산수, 공통성 찾기, 어휘능력, 숫자)와 동작 검사(바꿔쓰기, 빠진 곳 찾기, 토막 찾기, 그림 차례 맞추기, 모양 맞추기)를 결합해서 지적능력을 진단하게 되어 있다.

PMA(Primary Mental Abilities : PMA)는 샤이(Schaie)와 그의 동료들이 지능과 노화에 관한 연구를 할 때 사용한 지능검사로 지능은 단일하고 일반적인 특성을 가지고 있는 것이 아니라 다양한 능력으로 이루어졌다는 가정 하에 개발된 것이다. 웩슬러의 검사와 마찬가지로 PMA도 정규 학교교육과 관련 있는 언어와 추리능력과 같은 학문적 능력을 측정한다.

집단지능검사는 제1차 세계대전 중에 미국심리학회에서 개발한 육군알파검사를 제작실시 하면서부터 시작된 것이다. 이 검사는 언어적 검사이지만 문자해독을 못하는 사람을 위하여 제작된 육군베타검사도 개발되었다. 대개 스탠포드-비네 지능검사와 웩슬러지능검사의 내용을 주로 수용하고 있다. 집단지능검사는 개인검사에 비해 시간과 비용에있어 능률적이고 경제적이기 때문에 현재 여러 가지 형태의 지능검사가 개발되고 있다(이위환, 2007).

4) 다중지능 이론

하워드 가드너(Howard Gardner)는 1943년 미국 펜실베니아주에서 태어났다. 그는 1965년 하버드대학에서 학사학위를 받았으며, 런던대학의 경제학과에서 1년간 수학한 뒤, 다시 하버드 대학으로 되돌아와서 발달심리학을 전공하여 1971년에 박사학위를 받았다. 하버드 의과대학과 보스턴대학에서 Postdoc과정을 밟았는데, 이 과정이 가드너로 하여금 두뇌손상을 입은 사람들에게서 나타나는 인지적 문제들을 연구하게되는 중요한 계기가 되었다.

대부분의 그의 연구 대상은 두 주류이다. 첫째는 일반 아동들과 유아들이며, 둘째는 두뇌손상을 입은 어른들이었다. 가드너는 이 두 주류의 특성들을 연구하는 과정에서 인간의 잠재적 능력과 그것의 발달에 깊은 관심을 갖게 되었다.

가드너는 1970년까지 심리측정적 입장에서 개념화되었던 지능이론과 지능검사, 지능지수 및 지능의 요인이론 등을 비판하고, 다중지능(multiple intelligences) 이론을 처음으로 제시하였다. 그는 인간의 사고전체를 이끄는 한 가지 형태의 인지는 없으며, 여러 가지의 지능이 있고 이들은 서로 독립적으로 작용한다고 주장한다.

가드너는 기존의 지능 이론들이 모두 일차원적인 개념 아래 이루어졌기 때문에 인간의 지적 능력을 모두 파악하는데 한계가 있다고 보고 다원적인 측면에서 지능을 이해해야 한다고 주장한다. 기존의 지능이론이 언어적, 논리수학적 지능 등 학문적 지능의 중요성에 치중해 인간의 다양한 지적능력 중 일부만을 강조하였는데 반하여, 인간의 삶에 필요한 여러 능력들 공간 지각력, 음악적 능력, 사회적 기술 등에 동등하게 중요성을 부여하고 이러한 실제적인 지적 능력들을 지능의 개념에 포함시키고 있다. 가드너는 자신의 저서인 '마음의 틀(Frames ofmind)'에서 인간의 지능은 서로 독립적이며 매우 다양해서 여러 종류의 지능으로 구성되어 있다고 하였다. 가드너는 지능이란 '문화적으로 가치 있는 물건을 창조하거나 문제를 해결하는 문화적 장면에서 작용할 수 있는 정보를 처리하는 생물 심리학적인 잠재력'이라고 정의하였다. 다시 말해 지능을 사회 속에서 직면해 있는 문제를 해결하는 지적능력으로 보았으며, 풍부한 환경과 자연스러운 상황에서 구문화권이 가치를 두고 있는 산물을 창조하는 능력이라고 주장하였다. 다중지능의 기본 영역은 언어, 논리수학적지능, 공간지능, 음악지능, 신체운동지능, 대인지능, 개인내지능, 그리고 최근에 자연적 지능과 실존적 지능이 추가되어 아홉 가지로 구성되며, 일반적으로 아홉 가지 영역에서 지능은 동등하다고 가정한다. 개인은 이 모든 영역에서 모두 높을 수 없으며, 누구나 하나 이상의 높은 지적 영역과 낮은 영역을 가지게 되는데, 자신이 갖고 있는 강한 지능으로 약한 지능을 보완하며 효율적으로 학습한다고 주장한다. 가드너는 개인의 강점과 약점을 발견하고, 자신의 지능을 최대한 활용할 수 있는 개별화와 다양성을 유지해야 함을 강조한다. 이에 따라 다중지능 이론의 몇 가지 핵심적인 주장들을 살펴보면 다음과 같다.

첫째, 모든 사람들은 아홉 가지의 지능들을 다 가지고 있으며 이 지능들이 관련되는 방식은 문화마다 사람마다 다르다. 다중지능 이론은 어떤 사람은 어떤 지능이 적절하다고 말해 주는 유형 이론이 아니다. 이런 지능들은 각 사람들에 따라 독특한 방식으로 상호작용한다고 한다.

둘째, 대다수의 사람들은 각 지능들을 적절한 수준까지 발달시킬 수 있다. 특정영역에서의 결함은 극복할 수 없는 선천적인 것이라고 생각하여 체념하는 사람이 있지만 가드너는 실제로 적절한 자극, 강화, 교육이 제공된다면 어느 누구도 아홉 가지 지능 모두를 어느 정도의 수준까지 계발할 수 있다고 주장한다.

셋째, 대개의 지능들은 단독으로 작용하기보다는 복잡한 방식으로 함께 작용한다. 다중지능 구성요소들은 대개 함께 상호작용한다. 예를들어 아이들이 '야구'를 할 경우 신체운동지능(차고, 뛰고, 잡고), 공간지능(자신의 위치, 공 위치의 파악), 언어지능과 내성지능(시합의 원활한 운영을 위한) 등이 복합적으로 필요하다.

다중지능의 측정을 통하여 지적 능력에서 강한 영역과 약한 영역이 파악될 수 있는데 자신의 강한 영역에서 성공을 경험하게 될 때 긍정적인 감정을 형성할 수 있으며 이러한 경험이 학업수행능력 뿐 아니라 독특한 잠재 능력을 표현하는 데도 도움이 된다(김현진, 1999). 가드너의 다중지능 이론이 기존의 학교 교육이 학문적 성취만을 강조하고 인간의 잠재적 능력을 고루 발달시키지 못하고 있음을 비판하는 점은 교육적으로 시사하는 바가 크다(이숙정, 2001).

이처럼 인간의 지능이 다양한 요인들로 구성되어 있다는 것은 각 학습자가 잠재적 능력을 가지고 있을 분야가 다양하다는 것을 뜻한다. 그리고 이처럼 각 개인이 지니고 있는 독특한 능력들을 인정하고 길러주는 것을 목표로 삼아야 한다는 것을 암시한다.

가드너가 자신이 정한 준거에 따라 채택한 지능은 다음과 같다.

(1) 공간지능(Spatial Intelligence)

공간지능이란 시각적·공간적 세계를 정확하게 자각하는 능력(예:사냥군, 정찰병, 지리 안내원 등)과 그런 지각을 통해 형태를 바꾸는 능력(예: 실내장식가, 건축가, 화가, 발명가 등)을 말한다. 이 지능에는 색, 선·공간과 이런 요소들 간에 존재하는 관계에 대한 감수성이 포함된다. 또 추상적인 것을 구체화하는 시각화 능력, 시각적·공간적 아이디어를 기하학적으로 표현하는 능력, 자신을 어떤 공간상에 적절하게 위치시키는 능력 등이 포함된다.

공간지능은 사고의 보조적 수단, 정보획득의 방법, 문제를 형성하는 방법이나 문제해결 수단으로 사용된다. 공간지능은 사람들 누구나가 길을 찾고 장소를 기억한다는 점에서 보편적인 능력이지만 다른 지능과는 독립적으로 존재한다. 그 예로서 실어증에 걸린 사람이 유명한 화가가 된 경우를 들 수 있다.

(2) 논리수학지능(Logical-Mathematical Intelligence)

논리수학지능이란 숫자를 효과적으로 사용하고(예: 수학자, 세무사,통계학자 등) 추론하는(예: 과학자, 컴퓨터 프로그램머, 논리학자 등)능력을 말한다. 이 지능에는 논리적 유형화 능력과 논리적 관계설정능력, 진술문과 명제의 관계추론 능력(원인–결과, 만약~라면~이다), 함수와 기타 이와 관련된 추상적 사고능력, 논리수학적 기억력이나 논리수학적 창의성 그리고 과학능력과 산수능력이 포함된다. 논리수학적 지능이 작용하는 사고과정의 예들로서 범주화, 분리, 추리, 일반화, 계산, 가설검증 등이 있다.

서구사회에서는 역사적으로 논리수학지능을 높이 평가하여 왔다. 논리수학지능이 곧 문제 해결력으로 간주되기도 하였다. 그러나 논리수학지능 역시 다른 지능 등과 마찬가지로 지능의 한 영역일 뿐이다. 논리적 영역에서 사용되는 언어는 일상의 언어와 다르기 때문에 언어지능과 혼돈되어서는 안 된다. 언어의 기초적인 문제들은 수에 대한 용어를 이해하는데 해를 주기도 하고, 공간적 능력의 손상이 산술계산과 기하학의 표시들을 수행하는 데 종이와 연필을 사용하는 능력에 손상을 줄 수 있다. 그러나 논리적 문제를 파악하고 그 한계를 결정하거나 어렵고 난해한 문제를 해결하는 일은 논리수학지능의 고유한 과제이다.

(3) 언어지능(Linguistic Intelligence)

언어지능은 논리수학적 지능과 더불어 전통적으로 심리학자들이 '지능'이라고 지칭하는 영역이다. 모든 사람들의 의사소통의 도구가 언어이며 누구나 언어를 사용할 수 있기 때문에 누구나 갖는 보편적인 것으로 문화를 초월하고 그 발달과정도 거의 일정하다. 물론 문화권마다 언어지능이 서로 다른 형태를 보일 수는 있다. 그러나 공통적으로 언어적 기억력이나 웅변력, 지적 능력을 갖고 있다.

언어지능이란 말이나(예: 이야기꾼이나 구술작가, 웅변가, 정치가 등) 혹은 글로 표현(예: 시인, 극작가, 편집자, 기자 등)하는 등의 언어를 효과적으로 구사하는 능력을 말한다. 이 지능에는 구문론(언어의 구조), 음성학(언어의 소리), 의미론(언어의 의미)과 언어의 실용적 차원 혹은 실제 활용 등을 통제하는 능력이 포함된다.

(4) 신체운동지능(Bodily-Kinesthetic Intelligence)

신체운동지능이란 자신의 모든 신체를 이용해서 어떤 생각이나 감정을 표현하는 능력(예: 배우, 운동선수, 무용가 등)과 자신의 손을 이용해서 사물을 만들거나 변형시키는 능력 (예: 장인, 조각가, 외과의사등)을 말한다. 이 지능에는 자기자극에 대한 감수성, 촉각적 능력뿐 아니라 협응, 손재주, 유연성, 속도 등과 같은 특정한 신체적 기술이 포함된다.

신체운동지능은 정도의 차이는 있으나 운동선수나 행위예술가 뿐 아니라 모든 사람들에게 있는 보편적인 능력이다. 또한 행동을 잘 하지 못하는 실행증은 언어적 장애와 구별되며, 논리적 능력은 결손되었으나 고도의 기술적 근육운동을 수행하는 것에는 어려움이 없는 신경심리학적 환자들이 있다.

(5) 음악지능(Musical Intelligence)

음악지능이란 음악적 표현형식을 지각하고(음악 애호가), 변별하고 (음악 비평가), 변형하고(작곡가), 표현하는(연주자) 능력을 말한다. 이 지능에는 어떤 음악의 리듬, 음조 혹은 멜로디, 음색 혹은 음절에 대한 민감성이 포함된다. 말은 못하면서도 악기를 연주하는 사람이 있다. 이는 음악지능이 언어지능과 별개의 지능임을 보여주는 한 예가 된다.

음악적 능력은 음악적 창의성, 음악적 청각 능력도 포함된다. 생후 2개월이 되면서 엄마의 자장가의 가락과 음조를 구별할 수 있게 되며 음악지능은 발달하기 시작한다. 취학 연령 이후에는 기술적인 측면 외에 음악적 능력은 발달하지 않는다. 그러나 가락, 리듬, 소리의 맵시와 음악의 감정을 알아낼 수 있고 음의 세계에 매우 민감하여 음을 기억하고 창조할 수 있는 능력이 고도로 발달하게 되면 성공한 작곡가, 연주가가 될 수 있다.

(6) 개인내지능(Intrapersonal Intelligence)

개인내지능이란 자기 자신에 대한 객관적 이해 및 지식과 그에 기초하여 잘 행동할 수 있는 능력을 말한다. 이 지능에는 자기 자신에 대한 정확한 이해(자신의 장점과 단점 등), 자기내면의 기분, 의도, 동기, 기질, 욕구 등에 대한 이해능력 뿐 아니라 자기통제와 자기관리 능력과 자존감을 유지하려는 의지와 능력이 포함된다.

개인내지능은 아주 사적인 것이며 다른 지능들과 혼합되어 나타나는 것이 일반적이므로 개인내지능의 구체적인 모습을 파악하는 것이 매우 어렵다. 즉 음악가가 만든 곡을 통해 그들의 음악지능이 나타나지만, 음악가들 중에서 보다 인간적인 내적 감정에 호소력을 갖는 사람이 있을 것이다. 바로 그런 사람을 개인내지능이 뛰어난 사람이라고 할 수 있다. 그러나 누구나 자신의 감정을 느끼고 자신의 존재를 느낀다는 점에서 개인이해지능은 보편적인 지적능력이다. 가족 중심의 동양사회보다는 개인중심적인 서구에서 개인내지능을 더 강조한다. 문화간에 다양성이 매우 뚜렷하여 다른 지능에 비해서 그 비교가 더욱 어렵지만, 모든 문화 속에서의 인간경험 중에서 느껴지는 영역을 개인내지능으로 간주할 수 있다.

(7) 대인지능(Interpersonal Intelligence)

대인지능이란 타인의 기분, 의도, 동기, 감정을 지각하고 구분할 수 있는 능력을 말한다. 여기에는 얼굴표정, 목소리, 몸짓 등에 대한 민감성 뿐 아니라 상대방의 기분, 감정, 의도를 읽을 수 있는 단서들을 구분할 수 있는 능력, 그리고 그런 단서들에 대해 효과적으로 잘 대응할 수 있는 능력 등이 포함된다. 오늘날 사회에서 중요시 여기는 집단응집력, 지도력, 조직력, 결속력 등의 사회적 능력은 이 지능에 해당된다.

대인지능은 문화 간에 다양성이 매우 뚜렷하여 비교가 불가능한 측면을 갖는다. 대인지능을 사용해서 해결할 수 있는 고유의 과제는 타인의 행동과 느낌, 동기에 관한 연구를 하거나 자신의 행동결과를 계산하고 타인의 가능한 행동이나 손익을 계산하는 것이다. 전체적으로 대인지능은 공동작용을 창조하고 유지하며, 다른 사람의 관점으로부터 사물을 판단하고 집단과 협력하여, 언어적·비언어적으로 의사소통하는 능력을 일컫는다.

가드너는 대인지능과 개인내지능을 합하여 개인지능이라고 부른다. 대인지능은 타인을 이해하는 능력이고, 개인내지능은 자신을 이해하는 능력이다. 두 지능 모두 개인에 초점을 둔 지능으로서 자기에 대한 감각 혹은 인식 능력은 인간의 사회적 관계를 맺고 참여하는 데 매우 중요한 능력이라고 할 수 있다.

(8) 자연친화지능(Natural Intelligence)

자연친화지능은 자연 현상에 대한 유형을 규정하고 분류하는 능력을 의미한다. 예로서 다양한 꽃들이나 풀, 돌과 같이 식물·동물들을 구분하는 능력과 환경의 특징을 사용하는 능력을 말한다. 모든 사람들은 어느 정도 이 능력들을 가지고 있다. 자연친화지능이 높은 사람은 자연탐구 능력이 잘 나타난다. 기후 형태 변화에 감수성이 깊고, 지형 등에 관심이 많고, 자연 친화적이며, 동물이나 식물 채집을 좋아하고 이들을 종류대로 잘 분류한다.

(9) 실존지능(Existential Intelligence)

처음에는 영적인 지능으로 불렀던 지능으로 인간의 존재이유, 삶과 죽음의 문제 등 철학적이고 종교적인 사고를 할 수 있는 능력이다. 아동기에는 거의 나타나지 않는 지능이다.

〈표 4-1〉 다중지능별 특징(출처: Armstrong, 1994)

지능	핵심 성분	신경체제 (주요영역)	발달적 요인	각 문화권의 가치 부여
언어적	언어의 소리, 의미와 기능에 대한 민감성	좌뇌의 측두엽(예: 브로카와 베르니케 영역)	초기 아동기에 폭발하며, 노년기까지 견고하게 유지	구전 역사(oralhl stories), 이야기 하기, 문학 등
논리 · 수학적	논리적, 수리적 유형에 대한 민감성과 구분능력: 연쇄적 추리를 다루는 능력	좌뇌의 두정엽, 우뇌	청소년기와 성인기 초기에 절정에 달하며, 40살 이후에는 뛰어난 수학적 통찰력이 퇴조	과학적 발견, 수학적 이론, 셈과 분류체계 등

지능	핵심 성분	신경체제 (주요영역)	발달적 요인	각 문화권의 가치 부여
공간적	시공간적 세계를 정확하게 지각하고 최초의 지각에 근거해 형태를 바꾸는 능력	우뇌의 후두엽 부분	초기 아동기의 위사학적 사고는 9~10세기 경에 유클리드식 사고방식으로 대체	미술작품, 항해체계, 건축설계, 발명 등
신체 운동 · 감각적	자기 몸의 움직임을 통제하고, 사물을 능숙하게 다루는 능력	소뇌, 기저신경질, 운동피질	성분(강도, 유연성 등)과 영역(체조, 야구, 무언극)에 따라 다름	공예, 운동, 드라마, 무용, 조각 등
음악적	음악적 표현 양식에 대한 평가	후뇌의 측두엽	가장 조기에 발달하는 지능, 흔히 신동들은 발달적 위기를 경험	작곡, 연주, 녹음 등
대인	타인의 기분, 기질 등, 욕망을 구분하고 적절하게 대응하는 능력	전두엽, 측두엽(특히 우뇌), 변연계	생후 3년동안 매우 중요한 애착/유대	정치적 문서, 사회제도 등
개인내	자기 자신의 감정에 충실하고 욕망을 구분하고 적절하게 대응하는 능력	전두엽, 두정엽, 변연계	생후 3년 동안 매우 중요한 자아와 타인 간의 정체 형성	종교적 신념체계, 심리학 이론, 통과 의례

가드너의 다중지능 이론은 열린 교육을 강조하고 있는 지금의 추세에 많은 시사점을 제공하고 있다. 각자마다의 욕구, 흥미, 재능, 당면하고 있는 문제 등에 있어서 각기 다른 특성을 인정하고 잠재력을 계발하고 개인차를 인정하는 학습자 중심의 보다 새로운 방법론의 실마리를 제공해 주고 있다.

일반적으로 어떤 사람은 어릴 적부터 타고난 재능을 잘 가꾸고 키워서 행복한 삶을 영위할 뿐만 아니라 아름다운 사회를 만드는 데에 기여하지만, 어떤 사람은 본래 자신이 가지고, 태어난 재능이 무엇인지도 모른 채 삶을 마감한다.

결국 가드너의 다중지능 이론이 추구하는 교육의 목적은 학습자 개인의 잠재력을 계발하여 자아실현에 도달하는 경며 이를 위해서는 학습자 개개인의 지능 프로파일에 맞는 개별화 교육이 이루어져야 한다는 것이다.

3. 성격 이론

1) 프로이트의 심리성적 이론

인간의 성격은 어린시절의 양육경험에 의하여 결정적으로 형성된다고 하는 것이 발달이론이다. 이러한 입장에서 프로이트는 성격이론을 처음으로 체계화한 학자이다.

프로이트(Sigmund Freud, 1856~1939)는 오스트리아의 신경과 의사로 그의 정신분석학은 정신의학과 심리학의 발달에 지대한 공헌을 하였다. 그는 병원에서 근무하면서 많은 환자를 접촉하였다. 이것이 계기가 되어 그는 정신 신경질환을 심리학적 관점에서 이해해야 한다는 것을 깨달았다. 프로이트는 히스테리증상의 환자가 과거에 겪은 외상적인 사건과 결부된다는 것을 발견하여 정신분석의 근본 법칙인 자유연상법을 개발하였다. 자유연상법은 편안하고 이완된 상태에서 생각나는 대로 자유롭게 말하게 함으로써 자기통찰을 하게 한다. 따라서 무의식 속에 깊이 숨어 있는 억압되어 있는 생각이나 감정을 의식으로 떠올려 치료하는 심리치료 기법이다. 그는 성적(性的) 갈등이 히스테리의 원인이라는 것을 증명하기 위해서 환자들과 자신의 무의식을 집중적으로 분석하였다. 그 결과에서 얻은 지식을 근거로 정신분석 이론의 기초를 이루는 개념들을 발전시켰다. 1900년에 발간된 '꿈의 해석'에서 자신의 꿈, 기억, 어린시절을 분석하였고 심리 세계는 무의식이 지배하고 있다고 주장하였다.

프로이트는 우리 인간이 믿고 있는 것처럼 인간은 이성적이고 논리적이며 지적인 존재가 아니고, 비이성적이고 때로는 자신도 알지 못하는 숨겨진 무의식적 동기에 의해 영향을 받는 존재라고 밝혔다. 그는 인간은 기본적인 생물학적 본능을 만족시키려는 욕망과 이것을 제약하는 도덕과 이상 사이에서 갈등하는 존재로 보았다. 그리고 인간의 성격은 출생해서 5~6세 이전 경험한 심리성적(psycho-sexual) 사건들에 의해서 결정되고 그 이후의 성장은 대부분이 기본적 구조가 정교화되는 과정이라고 생각하였다. 그러므로 인간은 무의식 속에 잠재해 있는 욕구들에 의하여 영향 받는 비합리적이고 운명론적인 존재라고 보았다.

(1) 의식과 전의식과 무의식

프로이트가 가장 위대한 공헌이라면 무의식의 개념과 의식의 수준에 관한 것이다.

프로이트는 성격을 빙산에 비유하여 물 위에 떠 있는 작은 부분이 의식이고, 물 속에 잠겨 있는 훨씬 더 큰 부분이 무의식이며, 파도에 의해 물 표면으로 나타나기도 하고, 잠기기도 하는 부분이 전의식이라고 보았다.

여기서 의식은 자신이 주의를 기울이는 순간에 곧 알아차릴 수 있는 정신작용의 부분이고, 전의식은 주의를 집중하고 노력하면 의식이 될 수 있는 의식과 무의식을 연결하는 부분이며 무의식은 자신이 전혀 의식하지 못하는 부분이다. 그는 빙산의 대부분이 물속에 잠겨 있듯이 정신의 많은 부분은 의식의 표면 아래에 무의식으로서 존재하며, 인간 행동을 좌우하는 중요한 역동적 힘의 근원이라고 믿는다. 또한 사회적 관습상 용납되지 않는 본능, 욕망, 충동, 억압된 관념 및 감정이 무의식 속에 저장되어 있다고 보았다. 의식의 세계에 표출되기에 너무 위험한 욕망은 주로 변형된 모습으로 꿈과 실수 등을 통하여 나타난다고 하였다.

(2) 성격의 구조

프로이트에 정신분석학에 의하면 성격은 원초아(id), 자아(ego), 그리고 초자아(superego)로 구성되어 있다고 한다.

원초아는 성격의 가장 원초적인 부분으로서 생득적인 감각적 욕구를 충족시키기 위하여 쾌락의 원리에 따라 쾌(快)를 최대로 하고 고통을 최소로 한다. 원초아는 본능적 자아로서 전적으로 무의식 세계에 존재하며 세 가지 자아 중에서 가장 막대한 힘을 가지고, 현실세계와는 접촉이 전혀 없다. 이 본능은 주로 성적, 공격적, 비논리적, 맹목적으로 작용한다. 그러나 우리는 자신의 충동만을 따라서 살 수는 없다. 따라서 이와 같이 즉흥적인 충동을 억제케 하고 현실을 고려하도록 하는 것이 바로 자아이다. 의식과 무의식으로 구성된 자아는 1~3세경에 발달하기 시작하며, 현실원리에 따른다. 본능적 욕구를 충족하려는 원초아의 활동을 자아가 적당한 대상이 나타날 때까지 지연시키며 현실을 평가하고 판단하는 것이다. 즉 자아는 행동을 통제하고 환경의 성질을 파악하여 어떤 본능을 만족시킬지를 결정하고 판단하므로 이차 사고과정 (secondary process thinking)이라고 한다.

초자아는 3~4세경이 되면서 발달되기 시작하고 사회에서 도덕적으로 옳다고 보는 기준에 맞게 행동하는 것이므로 사회적 원리를 따른다. 우리가 흔히 양심이라고 부르는 것과 자아이상(ego-ideal)으로 구성된다. 자신의 잘못한 행동에 대해 죄책감을 느끼는 것이 양심이고, 자신의 잘한 행동에 대해 자부심을 느끼는 것이 자아이상이다. 이것은 주로 부모와 사회적 기준을 내면화하여 발달한다.

건전한 성격발달을 위해서는 원초아, 자아, 초자아가 하나의 협동체로서 균형을 이루어 전체로서 기능하여야 한다. 자아는 원초아 본능적요구와 초자아의 도덕적 요구를 현실의 원리에 따라 중재역할로서 중요하다.

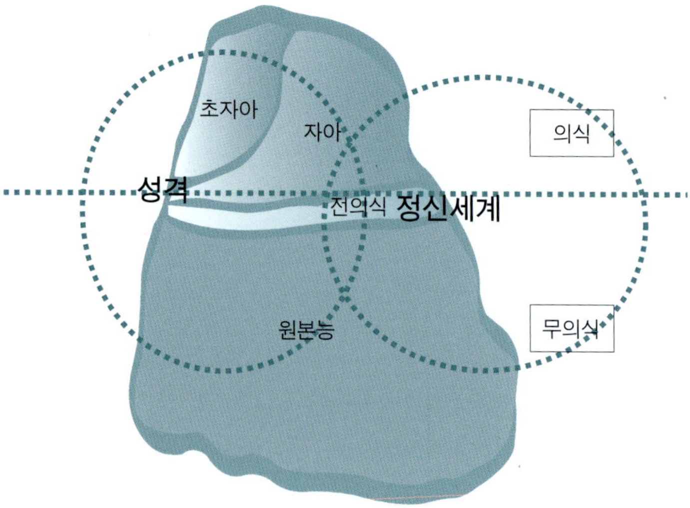

[그림 4-2] 성격의 삼원 구조 모델

(3) 정신적 에너지, 리비도

프로이트는 삶의 본능과 성적 본능의 에너지를 리비도(libide)라고 하고 리비도는 원초아 속에 포함되어 있으며 정신적 에너지로서 작용하는 기능을 한다.

성격의 세 구조는 한정된 에너지원인 리비도를 서로 자기편에서 주도적으로 사용하려고 경쟁한다. 일반적으로 원초아와 초자아는 서로 상반된 목적을 추구하기 때문에 본능적 원초아와 이를 억제하려는 초자아간에 긴장이 발생한다. 원초아가 에너지를 너무 많이 확보하게 되면 반사회적이고 충동적으로 되며, 초자아가 에너지를 너무 많이 확보하게 되면 신경증적 불안이나 우울증과 같은 정신질환을 가져올 수 있다고 보았다. 따라서 자아가 개입하여 에너지를 적절하게 사용하도록 조정자의 역할을 수행하는 것이 정신건강의 첩경이다. 건강한 자아는 이차적 과정을 원활히 수행하여 원초아의 본능적 욕구를 지연시키거나 초자아의 지나친 도덕적 규제를 완화시키면서 상충 상태에 빠지지 않도록 효율적이고 융통성 있게 충족시킨다.반면 약한 자아는 적절하게 통합하지 못하고 성격상의 문제를 유발시키게 된다. 그러므로 건강한 자아를 발달시키는 것이 무엇보다도 중요하다.

(4) 발달 단계

프로이트에 의하면 성격발달은 인생 초기에 성적에너지인 리비도가 얼마나 만족될 수 있었는가에 따라 좌우된다고 보았다. 또한 개인의 성격은 12세 이전에 거의 발달되며 특히 5~6세 이전의 경험이 결정적인 역할을 한다고 하였다.

그는 인간발달의 단계를 구강기, 항문기, 남근기, 잠복기, 생식기의 다섯 단계로 구분하고 프로이트에 의하면, 각 단계마다 아동이 추구하는 쾌락을 만족시켜야 다음 단계로 넘어갈 수 있다고 한다. 만일 쾌락의 추구가 빈번히 좌절되면 다음 발달단계로 넘어가지 못하고 그 시기에 고착하게 된다고 한다. 고착현상은 일반적으로 심각한 좌절로 인해 욕구불만이 생길 때에 일어나지만, 과다한 만족 또한 고착의 원인이 된다(이위환, 2007).

① 구강기(oral stage) : 출생~1세

이 단계에서는 입과 구강부위가 쾌락의 주된 원천이 된다. 빨고, 마시고, 먹는 것 뿐만 아니라 입에 닿는 것은 무엇이든지 빠는 것과 같은 구강활동을 통해서 쾌락을 추구한다.이 시기에 구강적 쾌정서를 충분히 채워졌을 때 성격이 건전하게 형성된다고 하였다. 이 시기는 자아가 발달되지 않은 상태이고, 원초아는 현실에 대한 관심이나 다가올 수 있는 위험을 거의 인식하지 못한 채 쾌락만을 추구한다. 구강기에 겪는 경험의 대부분은 언어로 표현되지 못하므로 무의식 속에 영구히 남아 있기 쉽다. 이 시기의 욕구 충족이 지나치면 성인이 되어 지나치게 낙관적이며 먹고 마시기를 좋아하고 사교적이다. 구강기의 욕구 충족이 결핍된 사람은 공격적이거나 비관적 성격이 되고 논쟁적, 빈정대기, 손톱 물어뜯기 등의 부정적인 행동을 하기 쉽다.

② 항문기(anal stage) : 1~3세

항문기에는 일차적 성감대가 구강에서 항문주위로 옮겨간다. 이 시기는 배설물을 보유하거나 배출하는 항문적 활동을 통해 긴장과 불편함이 감소되는 쾌락을 얻는다. 이 때 배변훈련이 시작되는데, 적절한 때와 장소가 허용될 때까지 배설기능을 지연시키는 법을 배워야만 한다. 항문기적 쾌정서를 충분히 누리게 할 때 건전한 성격이 형성된다. 배변훈련을 너무 조급하게 서두르거나, 지나치게 엄격하게 받게 되면 고착현상이 일어난다. 즉 배설을 참아서 근육수축 쾌감에 고착하게 되면 강박적 항문기 성격으로 나타나 청결이나 질서에 대한 강박적 욕구를 보이거나 고집이 세고 인색한 사람이 된다. 반면 배설을 하고 나서 근육이완 쾌감에 고착하게 되면 폭발적 항문기 성격으로 나타나 지저분하고 파괴적, 적개심이 강하고 낭비벽이 심한 사람이 된다.

프로이트 이론에서 항문기는 아동이 처음으로 기대에 순응하는 요구에 직면하는 단계로서, 점점 타인의 소망과 규범을 고려하게 된다.

③ **남근기(phallic stage) : 3~5세**

이 시기에는 정신에너지가 항문으로부터 성기부위로 옮겨짐으로써 자신의 성기와 신체기관에 대한 호기심이 발달한다. 따라서 적절한 성교육이 이루어져야 한다. 이 단계에서 남아는 오이디푸스 콤플렉스를 그리고 여아는 엘렉트라 콤플렉스를 경험한다. 이는 성(性)이 다른 부모에 대한 성적인 추구와 동성의 부모에 대한 적대적 배척감정이다. 즉 남아의 경우 이성의 부모인 어머니를 사랑하고 동성의 부모인 아버지에 대해 적대감과 경쟁심을 느끼게 된다.

그러한 과정에서 그는 아버지가 성기를 제거시킬까봐 두려워하게 되는데 이것을 '거세불안'이라고 한다. 두려움의 초점이 성기에 집중되는 것은 성기가 성적 쾌락감정의 원천이 되기 때문이다. 반면 여아의 경우 이성의 부모인 아버지를 사랑하고 어머니에 대해 적대감을 느끼게 된다. 이 시기에 남근이 자기에게 없다는 것을 발견하게 되고, 그것은 엄마 때문이라고 생각한다. 남근에 대한 부러운 감정으로 '남근선망'을 갖게 된다. 그러므로 이 때 거세불안 및 남근선망에 대응할 수 있는 적절한 양육적 배려가 필요하다. 이와 같은 감정은 대부분 무의식 속으로 억압되는데, 동성의 부모에 대한 적대감 대신 동일시를 통하여 경쟁심을 극복하게 됨으로써 이러한 갈등은 어느 정도 수정, 해결된다. 이러한 과정을 통하여 남자는 남자답게, 여자는 여자답게 행동하는 성역할 규범을 배우고 사회규범이나 도덕적 가치를 내면화하여 초자아를 형성한다고 보았다.

따라서 남근기는 성격 형성에 특히 중요한 시기로 간주되고 있다. 이 과정에서 초자아의 발달이 이루어지며 이는 성격의 중요 세력으로 남게 된다.

④ **잠복기(latency stage) : 6~12세**

리비도가 무의식 속에 잠재되어 있어 어느 정도 안정된 시기이다. 새로운 의미 있는 갈등이나 충동은 억압 상태로 들어가 소위 '고요한 시기'라고 하는 약간의 장기적인 잠재기를 갖는다. 비성적인 대상에 대한 관심과 활동이 집중되는 시기로 외계에 대한 강한 지적인 호기심과 스포츠에 관심을 보이며 또래와의 관계가 강화된다. 즉 신체에 대한 관심이 일시적으로 줄어들고, 환경에 적응하는데 필요한 능력을 기르는 데 열중하게 된다.

⑤ **생식기(genital-stage) · : 12세 이후**

이차성징의 발현되는 시기로 사춘기와 청년기에 해당된다. 무의식 속에서 억압되었던 성적 에너지가 다시 의식으로 나타나는 리비도가 성적 대상이 자기 신체를 대상으로 하는 자기애적으로 추구하는 것이 아니라 이성으로 향하게 된다. 이성에 대하여 성적으로 흥미를 느끼고, 성숙한 방법으로 사랑을 하게 되는 시기라 할 수 있다. 이 때 건전한 이성교제가 이루어지지 못하면 성도착적 행위가 발생할 수 있다.

잠복기에 확립되었던 원초아, 자아, 초자아 간의 균형이 갈등과 혼란을 겪으면서 갑자기 균형을 잃게 된다. 자아와 초자아는 생식기 동안 중요한 시험에 직면하며, 한쪽 내지 양쪽 모두의 부적절한 발달로 인해 청소년의 자살, 비행, 심각한 정신이상을 야기시킬 수 있다. 이 때 자아는 한편으로는 억압과 같은 방어기제를 통해 원초아의 욕구를 부정함으로써, 다른 한편으로는 지성화, 합리화, 금욕주의, 퇴행 등의 방어기제를 통해 초자아를 진정시킴으로써 이러한 갈등에 대처한다(정옥분, 2004).

2) 에릭슨의 심리사회적 이론

에릭슨(Erik Erikson, 1902~1994)은 덴마크 혈통으로 독일 프랑크푸르트에서 태어났다. 부모는 에릭슨이 출생 전에 이혼하였다. 그는 어린 나이에 자아정체감 위기를 맞아 학교 교육에 적응하지 못하여 그림 공부를 하며 유럽을 방랑하기도 했었다. 그는 신프로이트 학파의 학자들 중 한 사람으로, 프로이트의 이론에 감명을 받아 그의 딸 안나 프로이트의 격려로 비엔나 정신분석연구소에서 정신 분석에 관하여 수학하였다. 에릭슨은 몬테소리교사 자격증과 정신분석훈련을 받은 것이 공식적 교육경력의 전부였다. 그럼에도 불구하고 예일대학과 하버드 대학에서 재직하였고 아메리칸 인디언들의 생활을 연구하였다. 이 때 바로 아동 발달에 대한 사회와 문화의 영향에 관심을 가지기 시작하였다. 에릭슨은 프로이트의 이론을 토대로 정신분석이론을 발전시켰다. 그는 프로이트의 심리성적 이론의 기본 틀을 수용하기는 하였으나 성욕이나 공격 욕구 등 인간의 본능적이고 무의식적 욕구의 표출을 강조한 프로이트는 달리, 부모를 비롯한 대인관계의 경험이 성격형성에 더 결정적인 영향을 미친다고 하였다.

또한 그는 '나는 과연 누구인가?'하는 질문에, 그것은 자기가 어느 시대에 어디를 가서 어떤 일을 하던 간에 자신은 변함없는 자아로서 역사와 상호작용하고 있는 모습이라는 것을 발견하였다. 따라서 정체성 자아로서 이들 욕구를 충족시키거나 억압하는 사회적 요인과 상호작용하는 사회적 맥락을 강조한 심리사회이론을 전개 하였다.

그의 입장에 따르면, 인간은 일생에 걸쳐서 자기만의 고유한 정체성을 확립해 나가는 창조적 존재로서 모든 성장은 내재된 기초 안에 의해 발달이 이루어진다고 믿었다. 이것은 개인의 성격도 자아가 서로 관련된 일련의 단계들을 통하여 점진적으로 형성된다는 가정을 하게 된다. 따라서 에릭슨은 인간발달의 주요개념을 자아정체감의 발달로 보고 프로이트의 심리성적 발달의 다섯 단계를 확장하여 전 생애 접근을 시도한 최초의 인물이다. 그는 확고한 자아정체감을 확립하기 위해서는 일생을 통해 여덟 가지 위기를 성공적으로 해결해야 한다고 강조하였다.

(1) 발달 단계

에릭슨은 아동이 어떻게 자아정체감을 발달시키고 사회화되는지에 관심을 가졌다. 사람이 성장하면서 직면하게 되는 위기를 수용하고 해 결한다는 것은 개인이 가지고 있는 사회심리적 특징에서 긍정적·부정적인 면이 서로 적절한 비율로 나타나고 있음을 의미하는 것으로 직면한 위기를 긍정적인 관점으로 해결하게 되면 인격을 형성하는데 충분히 기능을 하게 된다고 보았다.

다음은 각 단계에서 성취해야 할 발달과업과 극복해야 할 위기에 관한 것이다.

① 1단계 : 신뢰감 대 불신감(Trust vs.Mistrust) : 출생~1세

이 신기의 주된 발달 위기는 영아가 세상을 신뢰할 수 있느냐 없느냐에 관한 것으로, 양육자 주로 어머니와의 상호작용을 통하여 사회적 관계를 형성함으로써 신뢰의 초점이 된다. 신뢰감은 다른 사람에 대한 믿음과 자신에 대한 믿음을 포함한다. 이 시기에 영아를 돌보아 주는 사람이 영아의 신체적 요구와 심리적 욕구를 일관성 있고 적절하게 충족시켜주고, 따뜻하고 반응적인 양육을 충족시켜 주면 영아는 신뢰감을 형성하게 되고, 만약 아기의 욕구가 잘 충족되지 않으면 영아는 불신감을 갖게 되며 장래 타인과의 지속적인 만족한 인간관계를 유지하지 못하게 된다. 그러나 에릭슨은 완전한 신뢰감만이 바람직한 것은 아니라고 했다. 왜냐하면 사람이 살다 보면 때로는 불신도 필요하기 때문이다. 건강한 발달을 위해 중요한 것은 신뢰와 불신 사이의 적당한 비율인데, 물론 불신감보다는 신뢰감이 더 큰 비중을 차지해야 한다.

② 2단계 : 자율성 대 수치감과 회의감(Autonomy vs. Shame and Doubt) : 1~3세

이 단계의 쟁점은 자율적이고 창의적인 사람이 되느냐, 아니면 의존적이고 자기회의로 가득찬 사람이 되느냐 하는 것이다. 이 시기에 유아는 여전히 다른 사람들에게 의존하고 있지만 자유로운 선택의 자율성도 경험하기 시작한다. 자율성을 향한 투쟁은 사회적 갈등으로 완강한 거부나 떼쓰기 등으로 나타날 수 있다.

이 단계에서는 아동이 자신의 행동을 통제할 수 있는 정도를 스스로 발견하는 과업이 요구된다. 만약 아동에게 새로운 것들을 탐색한 기회가 주어지고 독립심이 조장되면 건전한 자율감이 발달할 것이다. 반면 아동에게 자신의 한계를 시험해 볼 기회가 주어지지 않고 아동이 지나친 사랑을 받고 과잉보호 받게 되면, 세상사에 효과적으로 대처할 자신의 능력에 회의를 느끼고 수치심을 갖게 될 것이다. 이 시기에 형성된 자율성으로부터 자존감정, 자기통제, 자기확신, 의지력이 발달된다. 자율의 단계에서 청소년기의 자아정체성 형성을 위한 중요한 전제가 된다.

③ 3단계 : 주도성 대 죄책감(Initiative vs. Guilt) : 3~6세

이 단계에서 경험하는 심리사회적 갈등은 주도성 대 죄책감의 발달이다. 이 시기는 활동, 호기심, 인지적 탐색이 여러 가지 정보를 가져다주는 즐거운 경험이라는 것과 두려움이나 죄책감으로 인해 주저하는 것 사이에 갈등이 발생한다. 3~6세 사이의 아동은 유아가 가정의 안정된 분위기 속에서 적절한 애정관계를 유지하며 자라면 보통 생기와 활력, 호기심이 넘치고 활동수준이 주도적이 된다. 주도성을 발달시키는 과정에서 목표를 설정하고 목적에 따라 활동하는 경향이 늘어난다. 이 단계는 언어발달이 급격히 이루어지는 시기이기도 하다. 이 단계 초기에 아이들은 끊임없이 질문을 하는데 이러한 질문들은 학습의 기본적 수단이 된다.

가정에서 책임감이 발달하며 또래집단에서 경쟁의식이 발달한다. 이 시기에 새롭게 발달되고 있는 주도성을 부모가 억제하고 반대하거나 또래의 경쟁에서 좌절감을 계속 경험하게 되면 죄책감이 형성될 가능성이 높다. 다시 말해 아이들이 세운 목표를 실현하려는 목적의식과 용기는 주도성에서 비롯되며, 주도성이 가혹한 질책과 좌절감에 직면하게 된다면 그 결과는 죄책감이나 환경에 어떻게 대처하면 좋은가에 대하여 의존적이 되어버린다.

④ 4단계 : 근면성 대 열등감(Industry vs. Inferiority) : 6~11세

에릭슨은 이 단계를 역동적이고 활동적인 시기로 보았다. 그는 이 시기가 아동의 근면성에 결정적이라고 믿는다. 근면성은 아동이 속한 사회에서 성공적으로 기능하고 경쟁하는 데 필요한 기술을 습득하는 능력이다. 이 단계에서 아동은 자기의 능력을 발달시켜 평가에 관한 개인적 기준을 획득하게 되면 자기가 사회에 대해서 얼마나 공헌할 수 있는가 하는 평가도 할 수 있게 된다. 만일 아동이 성공에 대한 느낌이나 일을 잘 처리해서 인정을 받고자 하는 과업에 실패한다면 근면성이 결여되고 무력감을 느끼게 된다. 그런 아동들은 즐거움을 느끼지 못하고 잘한 일에 대한 자부심을 발달시키지 못할 수도 있다. 또한 그들은 열등감에 시달릴지도 모르고 결코 대단한 사람이 못될 것이라는 믿음에 빠질 수도 있다. 근면성에 근거하여 아동은 어떤 분야에서 유능감을 계발한다.

⑤ 5단계 : 정체감 대 정체감 혼미(Identity vs.Identity confusion) : 12~18세

인생에 있어서 청소년기는 가장 중요한 시기라고 할 수 있다. 청소년기의 가장 중요한 발달과업은 자아정체감의 확립이다. 정체감은 일생을 통해서 이룩해야 할 중요한 문제이지만, 특히 청소년기가 결정적인 시기라고 할 수 있다. 이 시기는 아동기에서 성인기로 옮겨가는 과도기이며, 급격한 신체적 변화와 성적 성숙이 이루어지고, 진로 문제, 이성문제 등 수많은 선택과 결정을 해야 하는 때이다. 자아정체성을 수립한 청소년은 자기진로와 중요한 인간관계에서 순수한 열정으로 헌신하려는 마음, 곧 충성심을 발달시킨다. 자아정체성을 찾지 못하면 역할 혼미를 경험하게 된다. 그런 사람은 다른 사람의 견해에 병적으로 열중하거나, 불안을 떨치기 위해 약물이나 알코올 남용에 빠질 수 있다. 정체감 혼미상태가 영구적이 되면 만성적 비행이나 병리적 성격장애를 가져올 수 있다.

⑥ 6단계 : 친밀감 대 고립감(Intimacy vs.Isolation) : 성인기

이 시기에는 타인과의 관계에서 친밀감을 이룩하는 일이 중요한 발달 과업이다. 이 시기에 자기 자신, 자신의 내적 자원 그리고 우정, 결혼, 직장생활에서 원만한 인간관계가 이루어질 경우 친밀감이 발달하지만 그렇지 못할 경우에는 고독감과 자기몰두에 빠지게 된다. 에릭슨은 친밀감을 자신의 정체감과 다른 사람의 정체감을 융합시키는 능력이라고 표현한다. 친밀한 관계는 타인을 이해하고 깊이 공감을 나누는 수용력에서 발달한다.

⑦ 7단계 : 생산성 대 침체성(Generativity vs. Stagnation) : 중년기

이 단계는 생산성 대 침체성이라는 위기를 경험한다. 생산성이란 성숙한 성인이 다음 세대를 구축하고 이끄는 데 관심을 기울이는 것을 말한다. 생산성은 몇 가지 다른 방법으로 표출될 수 있다(Kotre, 1984). 생물학적 생산성은 자녀를 낳아 기르는 것이고, 직업적 생산성은 다음 세대에게 기술을 전수하는 것이며, 문화적 생산성은 문화의 어떤 측면을 창조, 혁신, 그리고 보존하는 것이다. 이 경우에 생산성의 대상은 문화 그 자체이다.

생산적인 중년들은 다음 세대와의 연결을 통해 사회의 존속과 유지를 위해 헌신한다. 이 욕구가 충족되지 않으면 매사에 불평불만을 일삼거나 삶에 대한 의욕을 상실할 우려가 있다.

⑧ 8단계 : 통합감 대 절망감(Integrity vs.Despair) : 노년기

에릭슨은 발달단계별로 겪게 되는 정체성의 위기를 무난히 이겨내고 그 시기에 획득해야 하는 중요한 심리적 자질 또는 덕목을 체득한 사람은 노년기에 성숙하고 지혜로운 인품의 소유자가 될 수 있다고 보았다.

노년기에 와서 인간은 지금까지 살아온 삶에 대한 인생을 조감하고 정리하는 마음으로 인격의 통합성을 이루어 나간다. 이 단계에서 자아 통합감과 절망감의 위기를 극복하는 것이다. 성인기, 중년기의 세월을 거치는 동안 자신의 삶을 의미 있고 만족스러운 것으로 인식하고 인생의 경륜과 지혜로 빛나는 인격의 소유자가 될 수 있다. 지금까지 살아온 인생을 별다른 후회 없이 그대로 받아들이며, 인생의 피할 수 없는 종말로 죽음을 받아들이게 되면 통합감이라는 정점에 이르게 될 것이다. 그러나 자신의 삶이 무의미한 것이었다고 후회하며 이제는 시간이 다 흘러가 버려서 다른 삶을 다시 살아볼 수 있는 기회가 없다는 느낌에 직면하게 되어 절망감에 빠지게 된다.

이 위기를 성공적으로 해결하기 위해서는 통합감이 절망감보다 바람직하지만 어떤 절망감은 불가피한 것이기도 하다. 에릭슨에 의하면 자기 자신의 인생에서 불행이나 잃어버린 기회에 대해서 뿐만 아니라 인간존재의 나약함과 무상함에 대한 비탄감은 피할 수 없는 것이라고 한다.

제5장
교육의 공학적 이해

1. 교육공학의 개념
2. 교수-학습
3. 교수-학습방법의 유형과 특징
4. 교수이론
5. 교수설계이론과 모형
6. 교수매체

1. 교육공학의 개념

1) 교육공학의 정의

교육현장에 정보통신 및 공학 기술이 도입된 이래 교육분야는 끊임없는 변화와 도약을 이루어왔다. 이는 공학이 단순히 교육에 접목되었다는 부분적인 역할을 넘어서 교육전반에 새로운 과제를 제시하고 가능성을 열어주었다는 점에서 그 가치가 크다고 하겠다.

일찍이 갤브레이쓰(John K. Galbraith)는 공학(technology)을 실제 과제 해결을 위해 기술을 활용하여 문제를 체계적으로 해결하는 것으로(Saettler, 1990) 보았다. 이러한 공학의 정의를 빌리면 '교육공학'이란 교육의 실제적 문제를 해결하기 위하여 관련된 과학적 지식 또는 일반적으로 조직화된 지식을 체계적으로 적용하기 위한 학문 영역이라 할 수 있다. 이는 교육공학이 교육목적의 효과적 달성을 위해 기계공학적 원리를 교육의 실제적 과제해결에 적용하기 위한 학문이라는 의미와 교육의 효율성 증대를 위해 교육의 전 과정을 계획하고 실천하며 평가하는 차원의 활동이라는 의미가 내포되어 있다. 최근에는 교수·학습의 전 과정을 계획, 실행, 평가에 기초하여 인간적 자원이 비인간적 자원을 적절히 체계적으로 활용하는 과정으로까지 폭넓게 정의하려는 움직임이 있다.

이러한 개념에 대한 이해에 기초하여 2004년 미국교육공학회에서는 첨단 정보통신기술의 발달과 다양한 인지이론 및 구성주의 학습이론을 바탕으로 '교육공학'을 다음과 같이 정의하였다.

'교육공학 이란 적절한 공학적 과정 및 자원을 창출, 활용, 관리함으로써 학습을 촉진하고 수행을 개선하는 연구와 윤리적 실천이다(AECT Definition and Terminology Committee, 2004).' 이 정의에서는 학교교육과 관련되는 모든 인적자원의 수행향상과 연구윤리와 관련되는 시대적 정신을 반영하는 것으로 해석된다.

2) 교육공학의 각 영역

교육공학에서 구체적으로 하는 일은 무엇인가? 앞서 제시한 1994년의 교육공학의 정의에 따르면, 학습을 위한 과정과 자원이라는 두 개의 영역의 하위에 각각 5가지 세부 활동 영역이 있다. 그 각각은 ① 설계영역 ② 개발영역 ③ 활용 영역 ④ 관리영역 ⑤ 평가영역으로 이들 영역은 서로 상호보완적 관계에 있고 세부 하위 영역의 관련요소와 서로 밀접한 관련을 갖는다.

먼저, 설계영역은 학습목표를 달성하기 위한 학습조건을 구체화하는 단계이다. 학습의 전 과정을 이끌어갈 시스템과 메시지를 설계하고 다양한 교수전략을 명세화하고, 학습자 특성에 대한 이해를 위해 자료를 수집·분석하여 학습자에 맞는 수업환경을 설계하게 된다. 개발영역에서는 설계과정에서 고안한 방안들을 물리적인 자료의 형태로 만들어가는 활동을 하게 된다. 즉, 수업 전·중·후 상황에서 학생들에게 제공하고 활용하게 되는 매체를 개발하는 활동을 하게 된다. 활용영역은 개발된 매체를 실제 수업상황에 효율적으로 활용하는 방안을 연구하는 영역이다. 이것은 매체를 단순히 수업현장에서 활용한다는 의미 뿐만 아니라 인터넷이나 기타 소프트웨어에 대한 저작권이나 규제, 관련된 정책 등도 포함한다. 다음으로 과정에 대한 감독, 조정, 조절과 관련된 역할을 수행하는 것은 관리영역이다. 이 영역은 교수학습지원센터나 미디어 센터와 같은 조직을 통해 하위 요소들에 대한 체계적 관리의 필요성에서 나왔다. 기본적으로 프로그램을 조직하고, 직원을 관리하고, 예산과 시설에 대한 기획과 집행을 하고, 변화를 수행하는 일 등을 포함한다. 마지막으로 평가는 활동의 과정이나 결과에 대한 장점, 가치 등을 판단하는 절차이다. 따라서 교육에서의 평가는 교육 프로그램, 산물, 프로젝트, 과정, 목표, 교육과정의 질, 효과, 가치 등을 결정하고자 하는 것으로서 과학적이고 체계적인 평가가 요구된다.

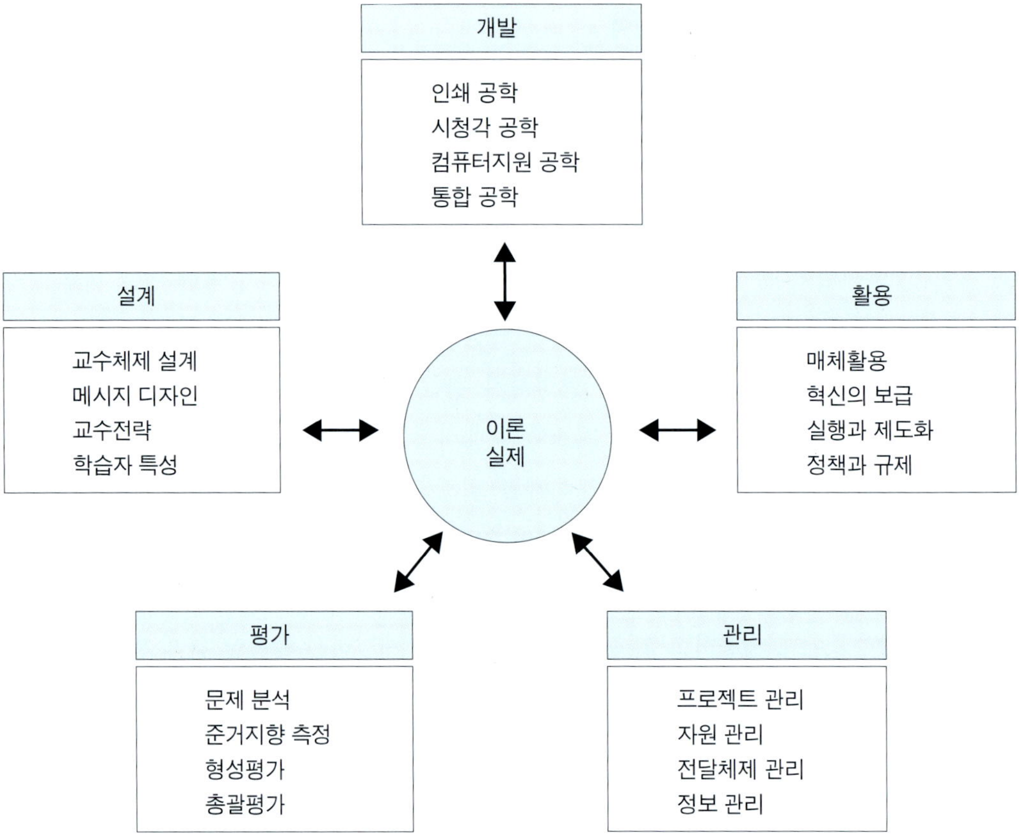

[그림 5-1] 교육공학의 탐구영역(이성흠 · 이준, 2009)

2. 교수-학습

1) 교수-학습 과정의 이해

(1) 교수의 개념

교수(教授, teaching)는 말 그대로 '가르치는 것'을 의미하며, 사전적 정의는 '학문이나 기술을 가르치는 행위'이다. 이는 교사가 중심이 되어 지식을 학생에게 주입, 전달하는 것, 즉 '가르치는 것' (남궁용권 외, 2005)을 의미하는 것으로 교사 중심의 주입식 강의가 실시되던 전통사회에서 흔히 사용하던 용어이다. 한편, 교수는 'teaching'으로, 수업은 'instruction'으로 구분하기도 하지만 교수와 수업을 혼용하기도 한다. 이 두 개념의 차이점은 교수는 교사에 의하여 전달되는 학습경험으로, 수업은 교사 뿐만 아니라 모든 형태의 매체에 의하여 전달되는 학습경험으로 규정(Gagne, 1985; Briggs & Wager, 1992)하고 학습자의 학습과정을 도와주기 위해 여러 가지 학습 환경을 의도적이고 계획적으로 접근하는 과정 또는 교사와 학습자, 각종 매체를 이용한 상호작용도 포함하는 개념으로 보기도 한다(이현림 외, 2000).

(2) 학습의 개념

학습(Learning)은 진보주의 교육이론의 대두로 학습자의 능동적인 학습활동과 개인차를 강조하는 측면에서 사용되는 개념으로, 대체로 경험의 결과로 어떤 개인의 지식, 행동, 또는 태도가 지속적으로 변화되는 것을 의미하는데(Mayer, 1982), 학습현상을 보는 관점에 따라 학습을 정의하는 바는 조금씩 다르다.

먼저, 행동주의 학습이론에서는 학습을 "자극과 반응 간의 상관관계에서 일어나는 학습자의 행동 변화"로 보았고, 인지주의 학습이론에서는 학습은 "이해를 통한 학습자의 인지구조의 변화"로 보았다. 이들은 공통적으로 학습자가 학습하기 이전과는 다른 학습 이후 상태의 변화에 초점을 두었고, 이러한 변화는 환경과의 상호작용 속에서 후천적으로 얻어지는 비교적 영속적이고 안정된 형태의 변화라고 보았다. 이러한 학습에 포함될 수 없는 것은 선천적인 성질 또는 선천적인 것에 의한 변화, 신체의 성숙에 의한 변화, 피로, 약물 또는 질병, 사고 등에 의한 일시적인 변화 등이다.

(3) 교수와 학습의 관계

교육활동의 궁극적인 목표는 학습자의 학습이다. 교수와 학습의 관계에서 교수는 이러한 학습을 촉진하기 위한 수단적인 교육활동에 해당된다. 그러므로 학습이 일어나지 않는 교수는 무의미하다. 이 둘의 관계를 구체화해보면, 교수는 다분히 계획이 내재되어 있는 의도적인 활동이지만, 학습은 의도되거나 의도하지 않은 결과로 나타날 수 있다. 한편, 학습에 대한 연구는 실험실과 같이 교실 현상이 아닌 상황에서 진행될 수 있지만, 교수에 대한 연구는 교육이 이루어지는 교실 현상에 근거하여 이루어진다. 학습은 과학적인 분석을 토대로 논리적인 방식으로 학습현상을 기술(記述)하는데 주안점을 두지만 교수는 구체적인 교수장면에서 문제점을 고쳐주는 처방적(處方的)인 성격을 갖는다. 교수를 받는 학생의 입장에서는 피동적인 측면이 있지만 학습은 자신에게 유익하든 그렇지 않든 원해야만 이루어지는 것이라는 점에서 능동적인 활동의 결과라 할 수 있다.

이러한 교수와 학습하는 행위를 두 개의 축으로 하는 교수-학습과정은 교수-학습 환경의 구성요소인 교육의 3요소(교사, 학생, 교육내용)가 밀접한 상호작용을 통해 이루어지는 하나의 체제(system)로 간주한다. 앞서 살펴본 교수와 학습의 개념을 정리하면 〈표 5-1〉와 같다.

〈표 5-1〉 교수와 학습의 관계

관점	교수(teaching)	학습(learning)
학생의 입장	피동적	능동적
변수	독립변수	종속변수
목표	일정한 목표가 있어야 함	목표가 있을 수도 있음
의의	일의적	다의적
연구대상	교실 사태	동물
주안점	지적 체계	생활 경험
교수대상	인간	동물, 단순화된 수업장면
행동변용 방법	처방적	기술적

(4) 수업과 학습의 관계

수업과 학습 또한 다음과 같은 분명한 차이를 지니고 있음을 알 필요가 있다(조규판, 2018).

첫째, 수업에 목표가 있어야 한다는 말은 수업이 의도적인 활동이라는 것이며, 학습은 의도적인 상태도 있지만 의도하지 않은 상태에서도 일어날 수 있다는 점이다.

둘째, 수업은 작용하는 변수인 독립변수이고, 학습은 작용 결과를 나타내는 종속변수이다.

셋째, 교사가 가르치는 것은 하나이지만 학생은 제각기 다르게 배운다는 것으로 수업은 일의적(一義的), 학습은 다의적(多義的)이다.

넷째, 수업은 처방적(prescriptive), 학습은 기술적(descriptive)이다. 즉, 수업은 학생의 문제점을 찾아내어 이를 고치기 위한 처방적 행동이라 할 수 있으나 학습은 학생 행동의 변화된 모습을 그대로 기술할 뿐이다.

위의 설명을 정리하면, 교수와 수업은 의도적인 교육행위에 해당되나, 학습은 교육적인 내용에 대해서만 일어나는 것은 아니다. 무가치하고 반사회적인 내용이 학습되는 경우도 발생할 수 있기 때문에, 교육현장에서는 교육적인 가치와 목적에 부합하는 내용을 선택하고, 그에 대한 옳고 그름을 판단할 수 있는 사고력과 인성을 키우는 교육이 동반되어야 할 것이다.

3. 교수-학습방법의 유형과 특징

모든 학습내용, 학습자, 교수-학습상황에 적합한 교수-학습방법은 없다. 특정 교수-학습방법에 더 적합한 학습내용, 교수-학습상황, 학습자들이 있을 뿐이다. 또한 한 단위 수업에서도 한 가지 교수-학습법만을 고집할 수 없을 만큼 현실의 교수-학습상황과 학습자들은 다양하다. 따라서 여기서는 다양한 교수-학습방법을 살펴보고, 각각에 적합한 학습내용, 학습자, 교수-학습상황에 적합한 활용 전략을 모색하고, 교수학습상황에 적절하게 적용하는 것이 필요할 것이다.

1) 강의법

강의법은 교사의 언어를 통한 설명과 해설에 의해 학생을 지도하는 방법이다. 강의법은 가장 오래된 교수법으로 알려져 있으나 첨단 매체가 등장하고 새로운 교수기법이 개발되고 있는 오늘날에도 여전히 교수자와 학습자가 가장 용이하게 접근할 수 있는 교수법으로 활용되고 있다. 자칫 구태의연하고 학생들을 수동적으로 만드는 교수법으로 오인될 수도 있으나 그 방법 자체가 진부하다기 보다는 그 방법을 적용하는 상황과 교수자의 강의전략에서 나오는 편견일 수 있다.

강의법의 장점은 모든 규모의 수업에서 적용 될 수 있고 학습내용, 속도, 학습자의 요구에 대해 교사가 제어하기 쉬우며, 교사의 노력에 따라 많은 학습자를 대상으로, 짧은 시간에 많은 내용을 교수할 수 있기 때문에 경제적이다. 이에 반해 강의법의 단점은 일방적으로 지식을 주입시키는 결과를 초래할 수 있고, 교사의 지식이 절대적 기준이 될 수도 있다. 그러므로 학습자는 수동적인 학습태도를 기를 우려가 있다. 문제해결력이나 창의력 같은 고등정신 능력을 계발할 기회가 적고 개인차를 고려하기가 어렵다는 것이다.

모든 교수-학습법이 그렇듯이, 동일한 강의법도 특정 수업에서 만나는 학생들의 특성과 학습내용에 따라 강의 결과가 나타내는 효과는 다양하다고 할 수 있다. 강의법은 획일적인 일제 학습이 되기 쉬우므로 학생들의 개인차를 고려한 학습이 곤란하며, 가르치는 사람의 능력에 따라 학습효과가 다르게 나타날 수 있다. 따라서 강의법이 적절한 수업상황과 내용, 학습자의 특성을 고려하여 장점과 단점을 효과적으로 관리하며 활용함으로써 수업의 효율과 매력을 높이는 것이 중요하다.

2) 토의법

토의법은 문답법을 개선·발전시킨 것으로 1915년 파커(Parker)에 의해 시작되어 학습현장에 도입되었다. 토의법은 비교적 다수의 참여자로 구성된 집단이 어떠한 문제를 해결하는 데 서로의 의견을 교환함으로써 학습이 이루어지는 방법이다.

토의 수업의 목적은 학습자의 참여를 유도하고, 학습문제를 비판적으로 분석하며, 창의적인 능력과 협동기술을 개발하는 한편, 특정 문제 상황에 대한 해결책을 탐색하거나 태도변화를 유도하는 것이다. 이러한 목적을 달성하기 위해 토의는 일정한 규칙과 단계에 따라 이루어져야 하며, 개방적인 의사소통과 협조적인 분위기와 민주적 태도가 필요하다(홍기칠, 2012).

토의(discussion)와 토론(debate)은 다수의 구성원이 문제를 해결하기 위해 함께 노력한다는 점에서는 공통적이나 토의는 모두가 협력하여 주어진 문제에 대해 최선의 해답을 찾는데 반해, 토론은 문제에 대해 찬성과 반대의 입장을 먼저 가진 다음 합의점을 찾기보다는 자신의 주장을 상대에게 설득하여 인정시키려는 점에서 다르다(변영계 외, 2007).

토의 수업의 장점(조규판 외, 2018)은 수업을 사회화하고, 타인의 의견을 존중하고 협력하는 민주적 태도와 가치관을 형성하는 데 있으며, 의사표현력을 기를 수 있다는 것이다. 이에 반해 토의식 수업은 강의법에 비해 목적 달성에 시간이 많이 걸리며 의도한 목적을 달성하기 어려운 경우가 많고, 철저한 사전준비와 체계적인 관리에도 불구하고 예측하지 못한 상황이 발생할 수 있다. 또 토의의 허용적 특성은 학습자의 이탈을 자극할 수 있으며, 알려지지 않거나 어느 정도 완전하게 이해하지 못한 사실과 개념을 효과적으로 토의하기 어려운 것이 단점이다(변영계 외, 2012).

토의법의 유형은 토의의 목표, 참가하는 인원, 학습자의 능력 등에 따라 다양하게 구분된다. 여기서는 원탁토의, 배심토의, 공개토의, 심포지엄, 대담토의, 세미나, 버즈토의 등을 중점적으로 살펴본다.

(1) 원탁토의

원탁토의(round table discussion)는 토의의 가장 기본적인 형태로 참가인원은 5~10명 정도로 소규모 집단구성을 이룬다. 참가자 전원이 상호 대등한 관계 속에서 정해진 주제에 대해 자유롭게 서로의 의견을 교환하는 좌담형식이다. 원탁토의는 충분한 경험을 지닌 사회자와 기록자, 전문지식을 가진 청중 또는 관찰자와 함께 대화하는 비형식적인 집단의 성격을 띤다. 원탁토의에서 주의할 점은 참가자 모두가 발언할 수 있도록 적절한 기회를 제공해야 한다는 점이다. 원활한 토의를 위해서는 집단 구성원 간에 충분한 협조와 개방적인 자세, 공동체 의식이 형성되어야 하는데, 그렇지 못할 경우 토의를 위한 토의 내지는 심각한 언쟁이나 반목의 상태로 악화될 우려가 있다.

(2) 배심토의

배심토의(panel discussion)는 토의에 참가하는 4~6명의 배심원과 다수의 일반청중으로 구성된다. 토의가 시작되면 사회자는 배심원을 소개하고 주제에 대해 상반되는 견해를 대표하는 배심원들이 사회자의 진행에 따라 토의하는 형태이다. 한편, 사회자는 필요에 의해 청중을 논의에 참가시켜서 질문이나 발언의 기회를 주기도 한다.

(3) 공개토의

공개토의(forum)는 로마의 '광장'이란 말에서 유래한 것으로, 자유토론에 가까운 성격을 띤다. 1~3인 정도의 전문가나 자원인사가 10~20분간 공개적인 연설을 한 후, 이를 중심으로 하여 청중과 질의 응답하는 방식으로 토의를 진행한다. 공개토의는 청중이 직접 토의에 참가하여 공식적으로 발표한 연설자에게 질의를 하거나 받을 수 있다는 점이 특징이다. 발표자들의 발언과 함께 질문이 이어진다는 점에서 심포지엄(단상토론)과 비슷하나, 발표자간 혹은 발표자와 청중 간에 활발한 의견 개진과 충돌·합의가 이루어진다는 점에서 성격이 다르다.

(4) 심포지엄

심포지엄(symposium)은 아리스토텔레스의 학습방법에서 유래한 것으로, 토의 주제에 대한 권위자 2~5명이 각기 다른 의견을 공식적으로 발표 한 후, 청중과 발표자 간의 질의 및 토론을 전개하는 방식이다. 심포지엄에 참가한 발표자, 사회자, 청중 모두 특정 주제에 대한 전문지식과 경험 등을 지니고 있어야 한다는 점이 특징이다. 특정 주제에 대해 종합적이고 다각적인 분석이 가능하다는 장점이 있으나 자칫 집단 강연식으로 흐르게 되는 경우가 많다는 단점이 있다.

(5) 대담토의

대담토의(colloquy)에 참가하는 인원은 보통 6~8명 정도로, 이 가운데 3~4명은 청중 대표이고, 나머지 3~4명은 전문가나 자원인사로 구성된다. 주로 청중대표와 전문가 집단에 의해서 이루어지나, 사회자의 진행에 따라 일반 청중이 직접 토의과정에 참가할 수도 있다. 토의 시간은 청중대표, 전문가와 일반 청중이 비슷하게 안배되어야 하며, 서로 간에 의사소통이 원활하게 이루어질 수 있도록 배려해야 한다.

(6) 세미나

세미나(seminar)는 참가자 모두가 토의주제 분야에 권위 있는 전문가나 연구가로 구성된 소수집단 형태이다. 세미나를 주도해나갈 주제발표자의 공식적인 발표에 대해 참가자가 사전에 준비된 의견을 개진하거나 질의하는 방식으로 토의가 이루어진다.

세미나는 참가자에게 특정 주제에 대한 전문적인 연수나 훈련의 기회를 제공해 주는 데 목적이 있다. 따라서 참가자 전원은 보고서 형식의 간단한 자료를 상호 교환할 수 있어야 한다. 이 토의방식은 참가자 전원이 해당 주제에 관련된 지식이나 정보를 체계적이고도 깊이 있게 토의할 수 있게 하는데, 이는 사전에 철저한 연구와 준비를 전제하는 것이다.

(7) 버즈토의

버즈토의(buzz)는 대규모 집단을 3~6명으로 소집단으로 나누어 주어진 주제에 대해 6분 정도 토의하는 6x6의 형태이다. 토의과정이 벌집을 쑤셔 놓은 것처럼 '윙윙거린다(buzz)'는 뜻에서 버즈(buzz)토의라고 한다. 처음에는 3명씩 짝지어 토의한 다음, 어느 정도 토의가 진행되면 다른 3명의 집단을 만나 6명씩 토의하고, 또 얼마 지난 다음에는 다른 6명의 집단과 모여 12명의 집단구성원으로 토의한다. 이때 각 집단의 사회자나 기록자는 토론한 내용을 의장에게 보고하며, 전체 사회자는 그 보고를 순차적으로 정리하여 일반토의로 유도한다. 즉, 소집단으로 분과토의를 한 후 최종적으로 전체집단이 다 함께 모여 토의결과를 집결시켜 결론을 맺게 함으로써 대집단의 종합토의의 효과를 얻게 된다.

3) 플립러닝

최근 공학기술의 발달로 컴퓨터의 활용이 보편화되고, 다양하고 풍부한 자료를 쉽게 접근할 수 있는 환경이 뒤따르면서 교수방법에도 '가르침(teaching)' 에서 '배움(learning) 중심'으로 필연적인 패러다임의 변화가 일어나야 한다는 자각에서 조나단 버그만(Johnathan Bergmann)과 아론 샘즈(Aaron Sams)가 최초로 시도한 교수-학습법이다. 플립러닝은 구성주의와 맥락을 같이하여 학생들은 수동적으로 학습하는 방식에서 벗어나 스스로 사고하고, 경험하고, 성찰하는 활동을 통해 사고력을 키워야 한다는 의식에서 출발하였다.

플립러닝(flipped learning)에서 플립(flip)은 '뒤집다'라는 뜻으로 기존의 학습방식을 뒤집는다는 의미이다. 전통적으로 교실에서 교수자가 학습 내용을 가르치고, 학생들은 학습 이후에 과제를 해결했었다면, 플립러닝에서 학생들은 동영상 강의를 통해 학습 내용을 미리 듣고 오고, 교실에서 과제를 해결하고 실험을 진행하는 것이다. 정보통신기술의 발달과 함께 학습자들은 변하고 있다. 교사의 일방적 설명식 수업보다는 자율적으로 원하는 시간과 공간, 방식으로 학습에 참여하는 것을 선호하는 추세에 적합한 수업방식이다.

플립러닝은 ① 수업 전 ② 수업 중(교실수업) ③ 수업 후 활동의 구조로 되어 있다. 플립러닝의 절차는 [그림 5-2]와 같으며, 학생들은 수업 전 학습에 필요한 개념을 동영상으로 학습하게 된다. 이후 본 수업에서 문제해결학습으로 진행이 되는데 실험실습, 프로젝트, 발표 등을 수행하게 된다. 이때 집단으로 활동하며 정답이 없는 개방형 문제를 해결하게 된다. 이후 온라인 시스템을 활용하여 학습자가 복습, 퀴즈, 과제에 대한 피드백을 받도록 한다. 플립러닝방식으로 수업을 진행하는 절차는 다음과 같다.

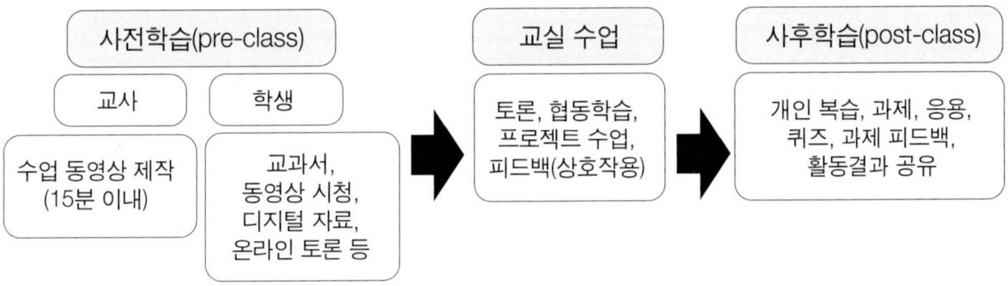

[그림 5-2] 플립러닝의 과정

4. 교수이론

어떤 활동을 정교하게 잘 할 수 있기 위해서는 그 활동을 심도 있게 설명하는 이론의 도움을 받을 필요가 있다. 왜냐하면 이론이란 특정의 현상이 왜 발생하는가를 과학적으로 원인과 결과의 차원에서 보여주기 때문에 향후 미래의 다양한 사태를 예측하거나 그에 따른 의사결정을 내리는데 중요한 지침을 제공해 주게 된다. 교수이론은 학습과제를 어떻게 하면 학습자가 가장 잘 배울 수 있을 것인가에 대한 관심을 갖고, 어떤 목적을 달성하기 위하여 어떻게 해야 하는지를 제시하며, 학습환경을 조작하는 방법론을 제시하는 것이기 때문에 학생을 가르치는 교사에게 있어서 교수이론을 충분히 이해하는 것은 필수적이다. 여기서는 대표적 교수이론을 중심으로 살펴보겠다.

1) 가네의 목표별 수업이론

가네의 이론은 과제분석을 통해 무엇을 가르칠 것인가를 구체적으로 밝히고 그 밝혀진 것에 따라 학습의 장이 조직되어야 한다는 것을 전제로 하고 있으므로 가네의 수업이론을 목표별 수업이론 또는 목표지향적 모형이라 한다.

(1) 목표별 수업이론의 개요

가네(Robert M. Gagné)의 교수이론은 학습성과의 유형과 학습에 필수적인 내·외적 조건, 교수사태로 구성된다. 그가 말하는 학습이란 "인간의 성향(disposition)이나 능력(capability)의 변화가 일정 기간 지속적으로 유지되는 상태를 말하며, 단순히 성장의 과정에 따른 행동의 변화는 포함되지 않는다."라고 정의할 수 있다.

(2) 학습의 내·외적 조건

① 학습의 외적 조건

학습의 외적 조건은 학습자의 외부에서 주어지는 것으로 교사가 수업의 방법으로 제시하는 것이다. 이 외적 조건은 다음과 같은 세 가지 원리를 의미한다.

첫째, 강화의 원리로서, 새로운 행동이 일어났을 때 만족한 결과, 즉 강화가 있으면 학습이 잘 이루어진다는 것이다. 적절한 내적·외적 보상을 제공한다.

둘째, 접근의 원리로서, 자극과 반응이 시간적으로 근접해 있을 때 학습이 잘 이루어지며, 새로이 배운 내용을 적용해 볼 수 있는 기회가 곧 바로 제시될 때 학습이 잘 이루어진다.

셋째, 연습의 원리(반복의 원리)로서, 새로운 학습내용에 대한 충분한 연습의 기회가 주어질 때 학습이 잘 이루어진다.

② 학습의 내적 조건

학습의 내적 조건은 학습자의 내부에서 갖추어야 할 것들이다. 이 내적 조건은 다음과 같은 네 가지 조건들이다.

첫째, 선행학습(선수학습)으로서, 새로운 학습과제에 대한 선행학습의 정도가 학습에 영향을 미친다.

둘째, 학습동기로서, 학습에 대한 학습자의 동기가 학습의 정도에 영향을 미친다.

셋째, 자아개념으로서, '성공할 수 있다'는 긍정적 자아개념이 학습의 정도에 영향을 미친다.

넷째, 주의력으로서, 학습과제에 집중하는 주의력의 정도가 학습에 영향을 미친다.

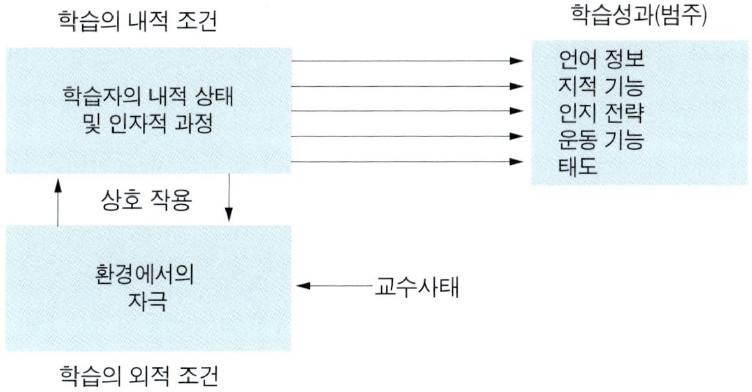

[그림 5-3] 학습성과와 학습의 조건(Gagné & Briggs, 1979)

(3) 학습성과의 유형

가네(Gagné)는 수업이 추구하는 학습성과의 유형에 따라 수업을 설계할 것을 강조하였으며, 가네는 학습성과의 유형을 아래와 같이 다섯 가지로 제시하였다.

첫째, 언어 정보(verbal information)는 학교 교과내용의 가장 많은 부분을 차지하며, 언어로 표현될 수 있는 정도를 말한다(이용한, 곽기상, 2005). 사물에 대한 이름이나 사실에 대한 진위를 언급하는 명제하는 점에서 명제적 지식 또는 선언적 지식이라고도 한다.

둘째, 지적 기능(intelligence skills)은 방법적 지식 또는 절차적 지식을 말한다. 여러 가지 기호나 상징(숫자, 문자, 단어, 그림, 도표 등)을 사용하여 환경과 상호작용 할 수 있는 능력이다. 또한 학교교육에서 가장 강조하고 있고, 가장 많은 부분을 차지하고 있다. 따라서 '~을 할 수 있다'로 표현되는 지식이다.

셋째, 인지 전략(cognitive strategies)은 학습, 기억, 사고 행동을 지배하고, 개념과 규칙의 활용을 조정·점검해 주는 기능을 한다. 또한 인지 전략은 학습자 자신의 내재적 정보처리과정을 조정·통제하는 기능을 한다. 여기서 내재적 정보처리과정은 주의집중과 선택적 지각과정, 입력된 정보를 장기 저장하기 위해 들어온 정보를 부호화하는 과정, 부호화한 정보를 재생하는 과정, 문제해결의 과정 등을 포함한다.

넷째, 운동 기능(motor skills)은 삼각형 그리기, 자전거 타기 등과 같이 비교적 단순한 것에서 피아노 연주하기와 같이 복잡한 수준에 이르는 것으로 되어 있다. 또한 운동 기능은 장기간의 반복적 연습을 통해 잘 학습되며, 파지에 미치는 영향도 크다. 복잡한 운동 기능은 부분적 운동 기능의 단위로 분석되며, 이들 부분 기능의 학습이 선행될 때 전체적 운동 기능의 학습이 촉진된다.

다섯째, 태도(attitudes)란 개인이 여러 종류의 활동들 가운데 어느 것을 선택하는 데 영향을 주는 능력이다. 즉, 학습자가 여러 종류의 활동, 대상, 사람 중에서 싫어하거나 좋아하는 또는 찬성하거나 반대하는 등의 행위를 선택하도록 하는 내적 상태를 말한다. 일반적으로, 태도는 언어적 설명이나 연습에 의해서가 아니라, 관찰학습이나 대리적 강화에 의해 학습이 이루어진다.

〈표 5-2〉 다섯 가지 학습영역

학습영역	학습된 능력(학습유형)	성취행동	예
언어정보	저장된 정보의 재생(사실, 명칭, 강연)	어떤 식으로 정보를 진술하거나 전달하기	애국심의 정의를 의역하는 것

학습 영역	학습된 능력(학습유형)	성취행동	예
지적 기능	개인이 환경을 개념화하는 데 반응하도록 하는 정신적 조작	상징을 사용하여 환경과 상호 작용하기	빨간색과 파란색을 구별하는 것, 삼각형의 면적을 계산하는 것
인지 전략	학습자의 사고와 학습을 지배하는 통제과정	기억, 사고, 학습을 효율적으로 관리하는 것	기말과제를 작성하기 위해 목록카드를 개발하는 것
운동 기능	일련의 신체적 움직임을 수행하기 위한 능력 및 실행 계획	신체적 계열이나 행위를 시범보이기	구두끈을 묶거나, 배영을 시범 보이는 것
태도	어떤 사람, 대상, 시간에 관해 긍정적이거나 부정적인 행위를 하려는 경향	어떤 대상, 사건, 사람에 대하여 가까이 하거나 멀리 하려는 개인적 행위 선택하기	록 콘서트에 가지 않고 대신 미술관에 갈 것을 선택

〈표 5-3〉 학습성과의 유형과 내 · 외적 조건

학습의 유형		내적 조건(선수 학습 능력)	외적 조건(교사가 할 일)
언어정보	명칭	언어연쇄를 기억함	명칭을 영상이나 의미 있는 문장에 연결시킴
	사실	의미 있는 정보의 맥락을 기억함	보다 큰 정보의 맥락 속에서 사실을 연결시킴
	지식	관련된 정보의 맥락을 기억함	새로운 지식을 관련된 정보의 맥락 속에 연결시킴
지적기능	변별	S-R(자극-반응)의 결합을 기억함	동일한 자극과 상이한 자극을 제시하는 상황을 반복하며 피드백을 제공함
	구체적 개념	관련된 대상이 특징 분류에 관하여 기억함	대상에 대한 관련성 없는 특징을 바꾸어가면서 개념의 여러 가지 예를 제시함
	정의된 개념	구성개념들을 기억함	개념의 구성요소를 제시하거나 개념의 정의를 언어적으로 제시함
	원리	구성개념들 또는 하위 원리들을 기억함	원리를 언어적으로 제시함
	고차적 원리	관련된 하위 원리를 기억함	새로운 문제를 제시하고,문제해결을 위한 새로운 원리를 제시함

학습의 유형	내적 조건(선수 학습 능력)	외적 조건(교사가 할 일)
인지전략	관련된 원리와 개념들을 기억함	해결방안이 구체화되지 않은 새로운 문제상황을 연속적으로 제시함. 학습자가 문제를 해결할 수 있는 기회를 제공함
운동기능	구성, 운동연쇄들을 기억함	운동기능을 연습할 수 있는 기회를 제공함
태도	목적된 개인행동들과 관련 있는 정보와 지적 기술을 기억함	사람에 대한 존경심을 확립하거나 기억할 수 있도록 함

(4) '지적 기능'의 8가지 학습형태

가장 단순한 신호학습에서 가장 고차적 학습인 문제해결 학습으로 구성되어 있다.

첫째, 문제해결 학습(원리의 적용과 문제 해결)

둘째, 원리학습(두 개 이상의 개념을 연결: 물 100 ℃에서 끓는다)

셋째, 개념학습(유사한 사실에서 공통성의 추출능력: 여러 개의 삼각형 모형을 통해 '삼각형'이라는 개념을 학습)

넷째, 다변별 학습(유사한 대상들에서 차이점 발견: 호랑이와 표범의 비교)

다섯째, 언어적 연합학습(언어사용 능력: 끝말잇기)

여섯째, 운동연쇄 학습(자극과 반응의 연결: 손으로 공 잡고, 발로 공 차기)

일곱째, 자극-반응 학습(조작적 조건형성: 3을 보여주면 '삼'이라고 말하기)

여덟째, 신호학습(신호 자극에 대한 반사적 반응: 초록불일 때 횡단보도를 건넌다)

2) 브루너의 교수이론

(1) 교수이론의 개요

수업에 관하여 인지 이론적으로 접근한 대표적 학자인 브루너(Bruner, 1966)는 기술적인 성격을 지니는 학습이론이나 발달이론과는 달리 교수이론은 규범적이고 처방적인 성격을 지녀야 한다고 주장하였다. 즉, 교수이론은 주어진 교육목표를 달성하기 위한 가장 효과적인 수업의 절차를 제시해야 한다는 점에서 처방적이고, 학습자가 어떤 조건에서 어느 정도 학습해야 하는지 그 조건과 준거를 제시해야 한다는 점에서 규범적이다.

브루너는 어떤 개념을 학습할 때, 먼저 예측을 하고 그것이 타당한지를 확인하는 방법을 주장한다. 즉 직관적 사고에 의한 예측과 분석적 사고에 의한 확인의 순서로 학습할 것을 주장하였다. 그의 이러한 주장은 그의 유명한 발견학습 이론에 반영되었다. 그는 학습은 교사의 설명을 피동적으로 수용하는 것보다는 학생들이 능동적인 탐구활동을 통하여 새로운 개념이나 원리, 법칙을 발견하는 것이 바람직한데, 이렇게 학습하게 되는 것을 발견학습이라고 한다. 이러한 그의 신념을 바탕으로 교수이론의 핵심적인 4가지 요소를 다음과 같이 제시하였다.

(2) 브루너의 교수이론의 주요 개념

① 선행학습경향성

선행학습경향성(predisposition)은 학습하고자 하는 의욕을 말하는데, 준비성 또는 출발점 행동과 유사한 개념이다. 교수이론은 문제해결에 적합한 학습의욕을 학습자에게 가장 효과적으로 일으키는 구체적인 경험을 분명히 제시해 줄 수 있어야 한다. 그는 이러한 의욕을 극대화하기 위해서는 가능성의 탐색을 자극하고, 자극된 호기심을 계속 유지하며, 가능성을 탐색하는데 방향감을 제시하여야 한다고 주장하였다. 이에 영향을 미치는 요소는 ① 학습자 내부의 감정 ② 사회계층, 성(性), 연령 ③ 학습형태와 학습자료의 종류 ④교사와 학생 간의 관계를 들고 있다.

② 지식의 구조

브루너(Jerome S. Bruner)는 그의 저서 「교육의 과정(1960)」 에서 '팽창하는 지식 중에서 어떤 것을 가르칠 것인가?'에 대한 해답으로 '가장 기본적인 것 또는 핵심이 되는 것만을 골라 가르쳐야 한다고 하였다. 그리고 이 기본이나 핵심은 바로 '지식의 구조'라고 하였다. 그는 각 교과는 해당 교과에 독특한 지식의 구조가 있고 그 지식의 구조를 학습하면 한 영역의 지식을 가장 쉽게 이해, 기억할 수 있을 뿐만 아니라 학교에서 배운 것을 다른 사태에 쉽게 적용할 수가 있다고 하였다. 그리고 교과를 '교과답게' 또는 '교과의 성격에 충실한 형태로' 가르치기만 하면 어떤 발달단계에 있는 아동도 가르칠 수 있다고 보았다. 따라서 학습내용을 제시할 때 학습자가 지식을 구조화할 수 있는 방식으로 제시해야 한다고 제안하였다(이홍우, 1997). 지식의 구조의 특징과 개념은 〈표 5-4〉와 같다.

〈표 5-4〉 지식의 구조의 특징 및 개념

특징	개념
표현 방식	① 어떤 영역의 지식도 동작적 · 영상적 · 상징적 형태로 표현할 수 있다. • 행동적 표현(enactive representation):천칭의 원리를 시소를 타 봄으로써 이해한다. • 영상적 표현(iconic representation) : 모형이나 그림을 통해 천칭의 원리를 이해한다. • 상징적 표현(symbolic representation): 공식을 통해 천칭의 원리를 이해한다. ② 표현방식만 달리한다면 어떤 교과든지 그 지적 성격에 충실한 형태로, 어떤 발달 단계에 있는 어떤 아동에게도 효과적으로 가르칠 수 있다.
경제성	① 개념, 원리, 법칙의 학습은 많은 내용을 요약하여 기억하도록 해 주기 때문에 경제적이다. ② 어떤 내용을 이해하는 데 많은 정보를 필요로 하는 지식은 비경제적이다.
생성력 (효과성)	① 학습자가 새로운 명제를 인출해 내거나 문제해결을 위해 정보를 이용할 때 주어진 사실을 넘어서 진행할 수 있는 정도 ② 대체로 경제성이 큰 표현양식이 생성력도 크다.

③ 학습의 계열화

교수이론은 학습될 과제를 가장 효과적인 계열로 제시해 줄 수 있어야 한다고 했다. 학습의 계열화(sequence of learning)란 학습자들이 학습내용을 이해, 변형, 전이하는데 도움이 될 수 있도록 학습과제를 순서대로 조직·제시하는 방식을 말한다. 가장 효과적인 계열은 3가지 표현양식인 행동적·상징적·영상적 표현양식의 순서에 따라 제시하는 것이다. 학습과제를 어떤 순서로 제시하느냐 하는 문제는 가능성의 탐색경향을 촉진하는 문제와 관련이 있다. 즉 교수장면에 적절한 수준의 불확실성이 계속 유지되도록 학습과제의 제시순서가 결정되어야 한다. 그러나 모든 학습자들이 동일한 지점에서 출발하지는 않으며 어떤 특수한 사례에의 적합성은 선행 학습, 발달단계, 자료의 성격 및 개인차 등 다양한 요인에 달려 있다고 하였다.

④ 강화

강화(reinforcement)란 자극과 반응 연결을 촉진하는 것이다. 강화는 학생들에게 지금까지 그들의 학습활동이 어떤 결과를 가져왔는가를 알려 주며, 그 결과에 비추어 장차의 학습활동을 방향 짓도록 해 주는 데 필요하다. 상벌이 교정적 정보로서 활용되기 위해서는 학생 스스로 자기의 학습결과를 확인하고 거기에서 만족 또는 불만을 느껴야 한다. 브루너(Bruner)는 내적 보상에 의한 강화를 우위에 두고 있으며, 학습을 통하여 경험하게 되는 발견의 기쁨과 성취감을 바탕으로 하는 내적 보상은 다른 어떤 외적 보상보다 강화력이 크다고 하였다.

3) 오스벨의 유의미 학습 이론

오스벨(D. P. Ausubel)은 발견학습이나 문제 해결 학습 등의 탐구학습이론은 지식의 체계적인 습득이 곤란하며 시간이 많이 소요됨으로써 교육적으로 크게 성과를 거두지 못하고 있다는 점을 지적하고 중등 및 고등교육은 보다 추상적·언어적 이해에 바탕을 둔 교육의 필요성을 제기하였다. 학습에 가장 큰 영향을 미치는 것은 이미 학습자가 알고 있는 것이라는 것에 착안하여 학습자의 기존 지식에 대해 큰 의미를 부여하였다. 새로 학습할 내용이 학습자의 인지구조 속에 존재하는 기존 개념과 연관을 맺어 정착되고 그것이 학습자에게 새로운 심리적 의미를 부여해 주어야 하며, 그렇게 함으로써 파지가 오래 지속된다는 것이다. 이것을 유의미 학습이라 정의하였다.

오스벨은 대부분의 학습을 기억 활용에 의해 이루어진다고 보고 있으며, 이러한 학습과정을 포섭이론(subsumption)으로 설명하고 있는데, 새로운 개념이나 아이디어가 학습자의 인지구조에 포섭 또는 동화되기 위해서는 다음과 같은 세 가지 조건이 갖추어져야 한다는 것이다.

첫째, 학습과제의 실사성(substaintiveness)과 구속성(nonarbitrariness)이 높아 논리적 유의미가(logical meaningfulness)를 갖도록 표현되고 정리되어 제시되어야 한다. 여기서 실사성은 그 구조와 내용을 어떻게 표현하더라도 그 의미와 본성이 변하지 않는 불변적이고 절대적인 특성으로서 예를 들면, 정삼각형은 "세 변의 길이가 같고, 세 각이 같은 삼각형"이라 정의하는데, 이것을 "세 각이 같고, 세 변의 길이가 같은 삼각형"이라고 말을 바꾸어도 그 의미가 변하지 않는다. 이런 과제는 실사성이 있는 과제이다. 한편, 구속성은 일단 임의적으로 맺어진 관계가 시간이 경과함에 따라 하나의 관습으로 굳어진 후에는 의미가 임의로 변화하지 않는 특성을 말한다. 예를 들면, 정삼각형의 학습에서 "정삼각형의 내각의 합은 180도이다"라는 사실은 구속적이다. 왜냐하면 "모든 삼각형은 내각의 합이 180도이다"라는 것이 인지구조 속에 들어 있기 때문이다.

둘째, 학습자는 그의 인지구조 안에 학습하여야 할 새로운 개념이나 아이디어를 포섭할 수 있는 관련정착지식(relative anchoring idea)을 소유하고 있어야 하고, 셋째로 새로운 학습과제를 기존 인지구조 속에 있는 관련정착지식에 실사적이고 구속적으로 관련시키고자 하는 학습자의 동기, 즉 유의미학습 태세가 요구된다. 요약하면, 유의미 언어학습은 학습과제, 학습자의 인지구조, 유의미 학습태세의 세 요소가 갖추어야 할 조건과 그 상호작용에 의해 결정된다. 그의 이론을 도식화하면 다음과 같다.

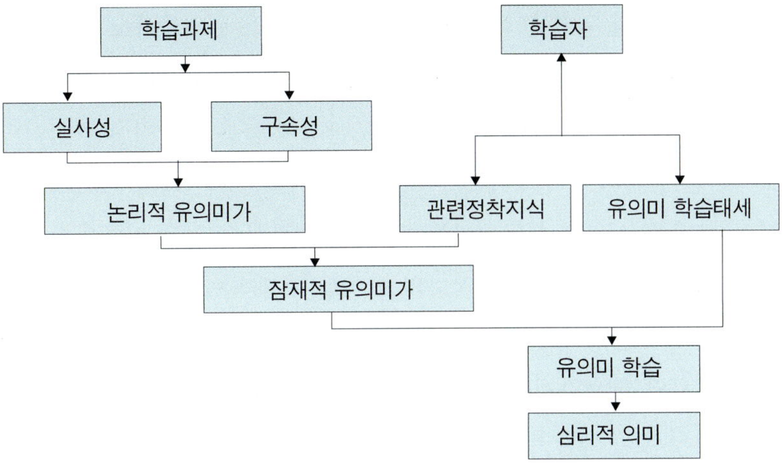

[그림 5-4] 교수 이론의 구성변인들 간의 관계

유의미한 학습을 촉진시키기 위해 오스벨은 다음과 같은 교수원리를 제시한다(김도수, 1994:307-309).

(1) 선행조직자 활용의 원리

선행조직자란 학습되어야 할 과제가 학습자의 인지구조에 있는 관련정착지식에 잘 포섭될 수 있도록 인지구조를 조정하기 위한 수업의 도입단계에서 학습과제 제시에 앞서서 제공되는 교사의 언어적 설명 자료이다. 선행조직자는 학습과제 보다 포괄성, 일반성, 추상서의 수준이 높아야만 학습과제를 효과적으로 포섭할 수 있다, 선행조직자를 구성하는 내용은 가르치려고 하는 과제를 설명하고 통합하며, 새로운 과제와 정착지식을 관련시켜 인지구조의 조직능력을 증진시킨다.

(2) 학습과제의 제시방법

유의미학습에 있어서 선행조직자를 활용하여 학습과제를 보다 효과적으로 인지구조에 정착할 수 있도록 학습과제 또는 교과내용을 구안할 때 점진적 분화의 원리와 통합적 조정의 원리에 따라야 한다.

먼저, 점진적 분화의 원리란 학습과제의 위계상 상위에 위치하고 있는 포괄적이고 일반적인 지식을 먼저 제시하고, 그 다음에 점진적으로 세부적이고 특수한 것으로 분화시켜 나가는 것을 말한다. 이는 포괄성이 높은 지식이 포괄성이 낮은 지식을 포섭하는 종속적 포섭형태가 가장 능률적이며, 또한 인지구조도 그에 따라 위계적인 형태를 갖추기 때문이라는 것이다. 포괄성이 높은 과제일수록 다음에 지시되는 과제에 대하여 선행조직자의 역할을 효과적으로 할 뿐만 아니라 그것들이 누적되면 학 교과의 전체구조를 쉽게 습득할 수 있다. 한편, 통합적 조직 원리란 먼저 제시된 학습과제와 그 다음에 제시되는 과제간의 중요한 유사점이나 차이점을 인식시켜 불일치한 점이 사전에 조정되도록 학습과제를 조직하고 제시하는 방법을 의미한다.

이와 같이 선행조직자를 적절히 활용하여 새로운 학습과제를 관련시킬 수 있는 포섭자를 학습자의 인지구조에 도입하거나 기존 인지구조를 조정시키고, 교과 내용을 학습자의 발달단계에 맞게 선정하여 점진적 분화의 원리와 통합적 조정의 원리에 따라 조직 제시하면 중학교 이상의 학생들에게는 설명적 교수가 구체적 경험이나 직관에 의한 교수방법보다 훨씬 효과적이라는 것이다.

5. 교수설계이론과 모형

1) 수업 설계, 교수이론과 모형

'수업설계'란 특정 학습집단이나 학습 목표, 학습 내용에 대하여 학습자의 지적·정서적·심동적 영역에서 기대되는 긍정적인 변화를 조장하기 위한 최적의 교수학습 방법이 무엇인지를 결정하는 과정으로 교수·학습을 위한 실제적인 계획서를 작성하는 행위이다. 계획서를 작성함으로써 체계적인 수업진행이 가능하며, 수업의 능률을 높일 수 있다. 수업설계를 하는 과정은 학습자에 대한 이해, 수업내용에 대한 이해, 수업에 필요한 다양한 자원 및 환경에 대한 이해가 필요하기 때문에 이러한 요소들이 정교하고 적절하게 계획된 수업은 보다 질적으로 풍부한 수업이 될 가능성이 높아진다. 이렇듯 수업설계는 해당 과목에 대한 나침반과 같은 역할을 하는 중요한 지침이 되며, 수업 효과의 극대화를 위한 필수적인 활동이다. 또한 수업의 오류나 실패를 최소한으로 줄여주고, 개인차를 최대한 고려하고, 요구 분석(need analysis)을 기초로 하여 설계가 될 때 학습자들에게 처방적인 수업이 되게 한다.

그렇다면 교수설계이론과 교수설계 모형에서 담고 있는 내용은 어떻게 다른가? 우선 교수설계 이론은 학습자의 학습과 발달을 촉진하기 위해 학습원리를 학습조건에 맞게 효과적으로 지원하는 원리와 방법에 대한 설명이며, 교수설계 모형은 교수설계 이론을 실제 학습 현장에 적용할 수 있도록 필요한 과정이나 절차 또는 과제를 수행해야 할 순서에 따라 구체적으로 행위별로 묶어 놓은 것이라 할 수 있다. 따라서 교수설계모형의 목적은 체계적·과학적으로 교수설계를 할 수 있도록 분명한 안내와 지침을 제공하는 것이다. 이 안내와 지침에는 모형이 적용되는 상황 및 조건, 사용되어야 할 교수전략 및 전술, 교수의 결과로서 나타나야 하는 바람직한 결과 등 교수설계의 목적에 필요한 제반 요소들이 포함된다. 두 개의 관계를 요약하면 교수설계이론은 교수설계 모형을 포괄하는 개념이라고 볼 수 있다.

여기서는 대표적인 교수설계모형으로서 ADDIE 모형과 딕과 캐리의 체제적 수업모형, 켈러의 학습동기설계모형인 ARCS모형을 살펴보도록 한다.

2) 대표적 교수설계모형

(1) ADDIE 모형

ADDIE 모형(Seels와 Richey, 1994)은 교수설계 모형이라면 공통적으로 ADDIE 모형의 모든 요소 또는 일부 요소를 포함하고 있다고 봐도 좋을 만큼 교수설계모형 중 가장 일반적 설계모형으로 알려져 있다. 각 단계는 분석(Analysis)-설계(Design)-개발 (Development)-실행(Implementation)-평가(Evaluation)로 구성되어 있다. ADDIE의 각 단계와 하위요소는 다음과 같다.

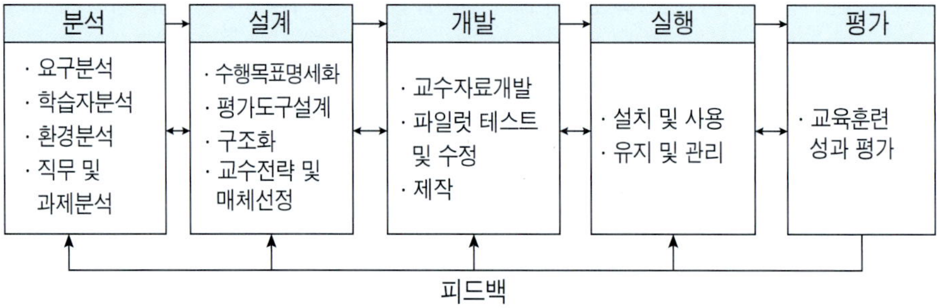

[그림 5-5] ADDIE 모형의 각 단계와 하위 요소

① **분석(Analysis)**

학습내용(What)을 정의하는 과정으로, 교육의 목적을 확인하고, 교육의 목적을 달성하기 위하여 어떤 교육내용이 포함되어야 하는지를 분석하며, 학습자 및 학습환경에 대한 검토하는 단계이다. 이 단계에서는 요구분석, 학습자 분석, 환경분석, 직무 및 과제분석을 수행하고 이러한 분석을 통해 요구와 교육목적, 제한점과 학습과제가 도출되어야 한다.

② **설계(Design)**

분석결과를 도출된 정보를 토대로 교수방법을 통해 구체화하는 단계이다. 실제로 교수전략 등이 반영된다는 점에서 교수체제설계의 핵심활동인 이 단계에서는 성취행동목표, 평가도구 설계, 프로그램의 구조화와 계열화, 교수전략 수립, 교수매체를 선정한다. 설계를 통해 성취행동목표와 교수전략 등을 포함한 학습지도안이 작성되어야 한다.

③ **개발(Development)**

설계단계에서 작성된 지도안에 따라 실제로 사용할 교수 프로그램이나 교수자료를 제작하는 단계로 교수자료와 학습 자료를 제작하고 형성평가를 수시로 실시하여 교수자료의 수정한다. 개발을 통해 완성된 교수자료가 산출되어야 한다.

④ **실행(Implementation)**

개발된 교수 프로그램이나 자료를 실제 교수상황에 적용하는 단계로, 형성평가 과정을 통해 학습자들의 반응으로부터 수정이 필요한 교수내용, 교수전략 등을 분석한 후 실행된 교수자료를 최종적으로 수정하여 완성된 형태로 나와야 한다.

⑤ **평가(Evaluation)**

평가는 교수프로그램이나 교수자료의 효과성, 효율성을 결정하기 위해, 총괄평가를 실시하며 프로그램에 대한 평가보고서가 도출되어야 한다.

(2) 딕과 캐리의 체제적 수업설계모형

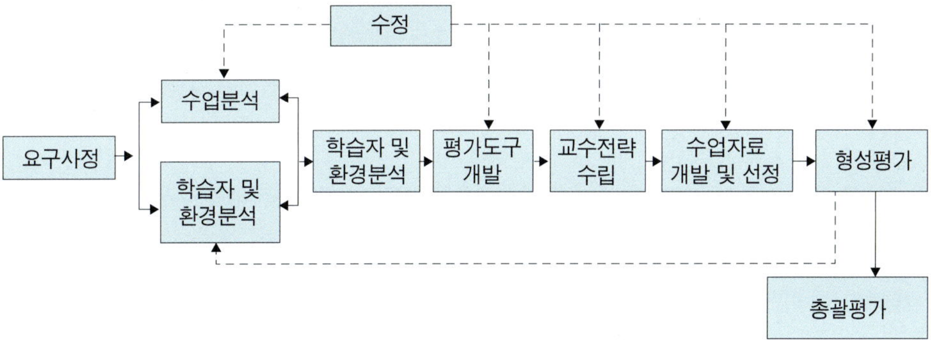

[그림 5-6] 딕과 캐리의 체제적 수업모형

딕과 캐리(Dick과 Carey)의 수업설계모형은 전통적 학습이론에 기초를 둔 거시적 설계모형 중에서 가장 대표적인 모형이다. 이 교수설계모형은 매 단계를 순차적으로 수행하도록 할 뿐만 아니라 각 단계는 서로 피드백을 주고 받으며 수정·개선하는 방식으로 전체 수업의 설계를 완성해간다는 점에서 체제적 접근에 입각한 절차적 모형이다. 모두 10개의 단계로 구성되어 있으며, 가장 처음 활동인 요구사정과 마지막 활동인 총괄평가를 제외한 7개의 활동은 수정활동인 피드백 고리로 연결되어 있다. 단계별 내용은 다음과 같다(최동근 외, 1997).

① 교육목적 확인

이 모형의 첫 단계는 수업이 완결되는 시점에 즈음하여 학습자들이 '할 줄 알게' 되기를 바라는 바가 무엇인지를 결정하는 일이다. 교육목적의 목록표를 비롯하여, 특정 교육과정에 관한 요구의 분석 및 사정, 교실에서 확인되는 학생들의 학습문제나 장애, 직무수행자의 작업 상태 분석, 또는 새로운 교수-학습(수업)에 대한 여러 요구 등을 소재로 하여 최종 교수목적·목표를 확인하고 정의하는 일을 하는 것이다.

② 교수분석

교수목표가 정해진 뒤에 그 목표의 유형을 결정하고, 그 목표를 성공적으로 성취하기 위하여 학습자가 학습해야 하는 하위기능을 분석하고, 그 기능들이 어떤 절차로 학습되어야 하는지를 분석하고 계열화하는 단계다. 이 단계의 결과물은 하위기능들의 관계를 일목요연하게 보여주는 차트나 도식으로 제시된다. 이 단계는 매우 고차적인 수준의 능력을 요구하는 분야로서 목표분석과 하위기능 분석에 대한 지침은 다음과 같다.

목표분석은 교수 프로그램에 담을 내용을 찾는 방법으로서 교수목표를 달성했을 때, 학습자가 보여줄 구체적인 성취행동 단계를 그림으로 표현한 것이다. 구체적인 방법으로는 목표성취 여부를 측정하기 위한 검사문항을 제작한다고 생각하고, 그 상황에서 '학습자가 문항에 반응하기 위해 무엇을 해야 하나'를 염두에 두고 분석한다.

하위 기능 분석은 목표의 각 단계에 대한 선수하위 기능을 분석하는 것으로써, 학습자가 목표의 첫 번째 단계를 학습하기 위해 알아야 할 것은 무엇인가를 출발점으로 삼는다. 그리고 만일 학습자가 어떤 기능을 학습하고 있지 않으면, 그 다음의 학습을 실패하게 될 수 밖에 없는 기능들을 도출하여 그 기능들을 성공적으로 학습을 하는 데 꼭 알아야 하는 것을 분석한다.

③ 학습자 및 환경분석

수업이 시작될 때 특정 학습을 하기 위해 학습자가 반드시 갖추고 있어야 할 선수지식, 즉 출발점 행동과 교수활동을 설계하는데 중요하게 고려되어야 할 학습자의 특성을 비롯하여, 그들의 기능들을 배우게 될 맥락상황(환경)들에 대한 분석작업이 병행해서 이루어진다. 학습자들의 현재의 기능, 선호 및 태도를 진단하며 동시에 교수장면 상황과 기능들이 사용될 장면들의 특성들도 함께 분석·판정된다. 여기에서 수집되는 정보가 이 설계모형의 후속단계의 성격을 좌우하며 교수전략의 개발 단계에서 특히 유용하다.

④ 성취목표 진술

이 단계에서는 학습자들이 수업이 끝날 때에 할 줄 알게 되기를 기대하는 것이 무엇인지 구체적이고 가시적인 수행행동용어로 진술한다. 교수분석표에 근거하여 도출된 성취목표는 학습된 성취행동, 그 성취행동이 실행될 조건, 학습의 성공 여부에 대한 준거에 의해 기술된다. 명세목표는 반드시 행동동사를 사용하도록 하고, 각 하위기능별로 2~3개의 명세목표를 작성하고, 한 차시의 수업분량으로 2~3개의 하위기능을 포함한다. 따라서 한 차시에 다룰 수 있는 명세목표의 수는 4~9개 정도가 되도록 한다. 교사는 가르칠 교과의 내용을 학습자가 이해하기 쉽도록 작은 단위로 나누어서 점진적으로 해결에 접근하도록 목표를 최대한 명세화하도록 노력해야 한다.

⑤ 평가도구 개발

성취목표에 기초를 둔 평가도구(CRT, Criterion-Referenced Test)로서, 학습목표에서 명시된 지식이나 기술의 습득여부에 대한 평가문항을 작성한다. 이 때 목표에 기술되어 있는 행동유형과 평가문항이 요구하는 것과의 일관성에 역점을 둔다. 즉, 검사문항의 유형은 측정하고자 하는 목표의 유형과 일치해야 한다는 것이다. 문항의 생명은 타당성에 있다고 할 수 있는데, 가장 타당한 문항은 명세목표의 '~할 수 있다'는 진술형식을 '~하라'는 진술로 변경했을 때 논리적이고 형식적인 오류가 없어야 한다.

⑥ 교수전략 수립

앞의 다섯 단계의 설계작업에서 얻은 정보에 기초하여, 종착점 목표를 성취하기 위해 교수-학습 행위에서 사용할 전략을 확인하고 개발한다. 교수전략에는 수업 전 사전활동(동기유발, 목표제시, 출발점 행동확인)을 비롯하여, 정보와 지식의 제시(교수계열, 교수단위의 크기, 자료제시, 보기 및 예시), 학습자 참여(실행 연습과 피드백), 시험과 검사(사전검사, 학습증진검사, 사후검사), 그리고 추수활동(교정학습, 심화학습) 등이 포함된다. 수업전략은 현 시점에서의 학습연구성과, 학습과정에 관한 현재 수준의 지식, 가르칠 내용 그리고 수업을 받게 되는 학습자들의 특성 등에 기초하여 개발된다. 이들 특성은 수업교재 자료의 개발 또는 선정이나 상호작용적 교실수업을 위한 전략기법의 개발을 위해 사용된다.

⑦ 수업자료 개발 및 선정

앞 단계에서 개발한 교수전략에 따라서 교수자료를 제작·선정하는 단계이다. 교수자료에는 학습자 활용지침서, 교수 자료, 검사, 교사용 지침서 등이 포함되며, 새로운 프로그램의 개발 여부는 학습의 유형, 기존 관련자료의 유무, 개발에 필요한 자원의 가용성 등을 고려하여 결정한다. 아울러 기존의 자료를 선정하여 활용할 경우 적합한 선정 준거에 따라야 한다. 특히 수업목표 달성을 위한 최적의 교수전략을 선정하고, 그 전략을 활용하는데 효율성을 극대화할 수 있는 매체를 선정하고 개발하는 일이 중요하게 부각된다.

⑧ 형성평가 설계 및 실행

교수 프로그램의 초고개발이 완성되면, 개발된 교수 자료들이 과연 효과적으로 작용하는지에 대한 평가를 함으로써 교수자료를 개선하기 위한 방안을 모색하는 단계이다. 전문가 검증, 학습자 개별 평가, 소집단 평가 및 현장 평가 등의 형성평가가 실시된다. 각 유형의 형성평가를 통해 수집된 자료에 근거하여 프로그램을 수정·보완한다. 즉, 형성평가는 교수체제 설계과정 중에 이루어지는 활동으로서 프로그램이 완성되어 현장에서 활용되기에 앞서 이루어지기 때문에 그 결과가 즉시 반영되는 교정적 성격을 가진 평가이다.

⑨ 교수 프로그램 수정

형성평가에서 수집한 자료를 종합한 후, 그 결과를 바탕으로 교수프로그램의 결점을 수정·보완하기 위한 것으로, 학습과제분석의 타당성, 학습자의 출발점 행동 및 특성 분석의 정확성, 수행목표진술의 적절성, 평가 문항의 타당성, 교수전략의 효과성 등을 검토하고 수정한다. 이 단계는 목표–검사–전략–매체의 일관성과 효과성 및 효율성을 검토하고 그에 따라 수정·보완하는 단계이다.

⑩ 총괄평가

교수설계의 마지막 단계로서 총괄평가에서 수업의 효능에 대한 총체적 평가가 이루어진다. 이 총괄평가는 일반적으로 교수설계 과정의 일부로 보기보다는 교수 프로그램의 절대적 혹은 상대적 가치와 효과를 검증하는 것이 목적이다. 이 총괄평가는 형성평가가 종료되고 설계자의 표준에 비추어 충분히 개정된 것으로 판정이 된 다음에 개발과정에 참여하지 않은 제3자에 의해 이루어지는 경우가 일반적이다. 이 평가의 결과는 완성된 프로그램을 유지할 것인지의 여부를 판단하는데 활용된다.

3) 켈러의 학습동기화 모형: ARCS

켈러(John M. Keller)는 학습자가 학업성과를 내기위해 노력하고, 그 노력이 수행으로 연결되기 위해서 가장 중요한 조건은 "학습동기"라는 데 주목했다. 그는 동기에 관한 각종 이론 및 연구들을 종합하고 체계화시켜 동기 설계전략을 제시하였다.

(1) 학습동기화 모형의 의미

학업 성취의 16~38%는 동기의 정도에 따라 달라진다. 켈러(J. Keller)는 '동기란 특정한 경험 또는 목적을 향해 접근하거나 회피할지를 선택하는 것이며 동시에 어느 정도의 노력을 쏟아야 할 지에 대한 선택으로, 행동의 방향과 세기에 의해 드러난다'고 하였다. 따라서 학습동기는 주의집중, 관련성, 자신감, 만족감이라는 측면에서 설명되는 학습행동의 방향과 세기를 나타내는 요인이라 할 수 있다. 켈러는 인간의 동기를 결정지을 수 있는 다양한 변인과 그에 관련된 구체적 개념을 통합한 네 개의 개념적 범주, 즉 주의 집중(Attention), 관련성(Relevance), 자신감(Confidence), 만족감(satisfaction)을 조합하여 ARCS모형을 개발하였고, 교수-학습 상황에서 동기를 유발하고 지속시킬 수 있는 전략을 제시하였다.

(2) 학습동기화 모형의 가정

학습동기화 모형은 다음과 같은 가정에서 출발하였다. 첫째, 학습동기는 동기 전략에 의해 조절될 수 있다. 둘째, ARCS 모형을 적용하려는 수업은 그 자체가 효과성을 내재하고 있어야 한다. 다시 말해 수업 자체가 효과성이 없는데, 동기 전략을 제공한다고 해서 수업의 효과성이 생겨나지는 않는다. 셋째, 동기의 조절은 체계적인 접근법(동기 모형 구성요소 간의 관계를 고려하는 것)을 활용함으로써 촉진될 수 있다.

(3) 학습 동기화 모형의 구성요소

학습동기의 방향과 세기는 네 가지 동기요소, 즉 주의집중, 관련성, 자신감, 만족감의 상호작용에 의해 결정되며, 각 요소는 각각 3가지 구체적인 방안을 제시하고 있다. 각각의 방안에서 학습자의 학습동기를 유발·지속하기 위해 교사가 해 줄 수 있는 활동을 예로 제시하면 다음과 같다.

〈표 5-5〉 켈러의 ARCS 동기설계모형

구성요소	하위요소	동기유발을 위한 질문
주의 집중 (A)	지각적 주의환기	학습자의 흥미를 끌기 위해 무엇을 할 수 있을까?
	탐구적 주의환기	학습자의 호기심을 어떻게 자극할 수 있을까?
	다양성	주의 집중을 유지시키기 위해 적절한 변화를 어떻게 줄 수 있을까?
관련성 (R)	목적 지향성	학습자의 요구를 어떻게 최적으로 충족시켜 줄 수 있을까?
	학습자의 동기나 특성과 일치	학습자의 학습 양식과 개인적 흥미에 언제, 어떻게 연결시킬까?
	친밀성	수업과 학습자의 경험을 어떻게 연결시킬까?
자신감 (C)	학습의 필요조건 제시	성공에 대한 긍정적 기대감을 어떻게 키워줄 수 있을까?
	성공기회제시	학습자의 역량에 대한 확신을 갖도록 어떤 학습경험을 제공해야 할까?
	개인적 통제감 제시	학습자가 자신의 성공이 스스로의 노력과 능력에 의한 것이라고 어떻게 알 수 있을까?
만족감 (S)	내적 강화	학습경험을 통해 갖게 된 내적 만족도를 어떻게 격려하고 지원할까?
	외적 보상	학습자의 성공에 대해 어떤 보상을 할 것인가?
	공정성	어떻게 하면 학습자들이 성취 결과가 공정하다고 생각할 수 있을까?

6. 교수매체

교수매체는 교수-학습현장에서 교사가 직면할 수 있는 단조롭고 경직된 교사-학생 관계를 환기시켜주고 수업에 활력을 불어넣어 주는 유용한 도구일 뿐만 아니라 각 교수매체가 갖고 있는 다양한 기능과 특성들은 학습자들의 인지능력을 활성화시키는 촉매제 역할을 할 수 있기 때문에 학습자의 능동적 참여와 수업의 효율을 고민하는 교사라면 교수매체의 창의적인 활용에 대해 연구하고 시도하는 것은 필수적인 교수행위의 한 부분일 수 있다.

1) 교수매체의 개념

'매체(media)'란 고대 희랍어에서 '사이(between)'란 의미를 가진 단어로부터 유래하였다. 이는 '무엇과 무엇을 연결한다'는 의미로 매체란 정보를 전달하는 과정에서 전달을 위해 사용되는 모든 수단 및 채널을 의미한다. 그러므로 교수매체란 교수자와 학습자 또는 학습자와 학습자, 학습자와 학습 내용 간에 필요한 소통이 이루어질 수 있도록 도와주는 다양한 형태의 매개체라고 볼 수 있다(변영계 외, 2007).

전통적인 입장에서 교수매체란 교수자의 교수활동을 도와주면서 내용을 보충하는 보조자료라는 협의의 개념으로 주로 시청각 매체를 의미하였다. 그러나 현대에 와서는 교수-학습 과정에서 교수목표를 달성하기 위해 교수자와 학습자 간에 사용되는 모든 수단, 즉, 시청각 매체뿐 아니라 인적자원, 학습내용(메시지), 학습환경, 시설, 자원 등 모두를 포함하는 교수자원을 교수매체로 생각하는 광의의 교수매체 개념으로 인식되기 시작했다. 최근에는 원격학습 환경을 포함하게 되면서 매체는 단순한 교수도구가 아니라 교수-학습활동 자체를 구성하고 이해하는데 중요한 체제의 개념안에서 이해되어야 한다(정인성·나일주, 2004).

2) 교수매체의 기능

교수매체의 유형에 관계없이 모든 매체가 보편적으로 가지고 있는 교육적 기능은 다음과 같이 크게 네 가지로 나누어 볼 수 있다(권성호, 1990; 조규락·김선연, 2006; 한국교육공학회, 2005).

(1) 매개적 보조기능: 이것은 교수의 보조수단으로 이용하는 것을 말한다. 교수매체를 적절히 사용하면 교사와 학생 사이에 원활한 의사소통이 이루어지고, 교육내용을 쉽고 빠르며 정확하게 전달하여 학습효과를 높일 수 있

다. 예컨대, 강아지와 고양이의 차이점은 말로 설명하는 것보다 사진을 보면 훨씬 더 빨리 이해할 수 있을 것이다.

(2) 정보전달기능: 교수매체가 교수자의 교육내용 전달을 보조적으로 돕는 것이 아니라 교육내용 자체를 전달하는 기능을 말한다. 대중매체인 라디오, TV, VTR, 컴퓨터 등을 통하여 교사가 가르치고자 하는 내용을 별도의 설명 없이 학습자로 하여금 시청하게 하여 필요한 정보를 전달할 수 있다. 예컨대, TV나 컴퓨터는 글자나. 그림, 사진, 동영상으로 다양한 정보를 제공하여 학습자의 이해를 돕는다.

(3) 학습경험 구성기능: 교수매체가 학습자가 경험해야 할 대상이라는 의미이다. 예컨대, 컴퓨터는 학습자가 그 매체를 통하여 배울 뿐만 아니라 그 자체가 학습자에게 학습경험을 제공하는 것이다.

(4) 교수기능: 교수매체가 학습자의 지적 기능을 개발할 수 있다. 교수매체가 교수기능을 발휘하기 위해서는 교수매체를 효과적으로 구성하고 활용하여야 한다. 컴퓨터, 교육영화, 교육용 TV 등이 교수기능을 발휘할 수 있는 대표적인 교수매체에 속한다. 이 외에 다른 교수매체들도 구성과 활용을 어떻게 하는가에 따라 교수기능을 발휘할 수 있다.

3) 교수매체의 유형

교수매체는 여러 가지 방법으로 분류될 수 있지만 〈표 5-6〉과 같이 주로 제공하는 정보의 형태에 따라 시각매체, 청각매체, 시청각 매체, 상호작용 매체로 구분할 수 있다. 시각매체는 다시 비투사매체와 투사매체로 나눌 수 있다(Heinich et al., 1989; 박숙희·염명숙, 2007)

〈표 5-6〉 교수매체의 유형

분류		종류	특징
시각매체	비투사 매체	칠판, 사진, 괘도, 실물, 모형 등	광학적, 전기적 투사방법을 사용하지 않음
	투사 매체	슬라이드, OHP, 실물화상기, 파워포인트 등	광학적, 전기적 투사방법을 사용함
청각 매체		녹음기, CD, MP3 플레이어	청각적인 정보를 전달
시청각 매체		VTR, TV, 영화	시각과 청각적 정보를 동시에 활용함
상호작용 매체		컴퓨터, 멀티미디어 시스템, 쌍방향 회의 시스템	컴퓨터가 기본 학습자와 상호 작용이 가능

4) 교수매체를 활용한 ASSURE 모형

교수개발모형에서 어떤 교수매체를 사용할 것인가는 대체적으로 설계가 종료된 후에 개발단계에서 결정된다. 그러나 경우에 따라서는 매체를 미리 선정해 놓고 그에 적합한 프로그램을 개발하는 경우도 있다. 어떤 경우든지 교수매체의 선정은 교수목표의 달성에 얼마나 효과적인가를 바탕으로 이루어진다.

교육공학에서 교수매체 선정과 관련하여 가장 널리 알려져 있는 모형으로는 하이니히(Heinich)와 그의 동료들(1996)이 제시한 ASSURE 모형이 있다. ASSURE 모형은 수업매체와 자료를 효과적이고 체계적으로 활용하기 위한 지침으로 절차적 모형의 일종으로, 학교나 훈련현장에서 수업매체를 활용한 수업상황을 전제로 개발된 실천적인 모형이다.

이 모형은 학습자 분석(Analyze Learners), 목표 진술(State Objectives), 매체와 자료 선정(Select Methods, Media, and Materials), 매체와 자료 활용 (Utilize Media and Materials), 학습자의 참여유도(require learners participation), 평가와 수정(Evaluate and Revise)의 등의 6단계의 머리글자를 딴 것으로, 이 절차를 따라서 매체를 선택 및 활용하면 수업목표의 달성을 확실하게 보장한다(assure)는 의미

를 내포하고 있다. 매체를 활용하는 수업을 구성하는 교사들을 위해 하이니히와 그의 동료들은 다음과 같은 절차로 수업을 준비할 것을 추천한다.

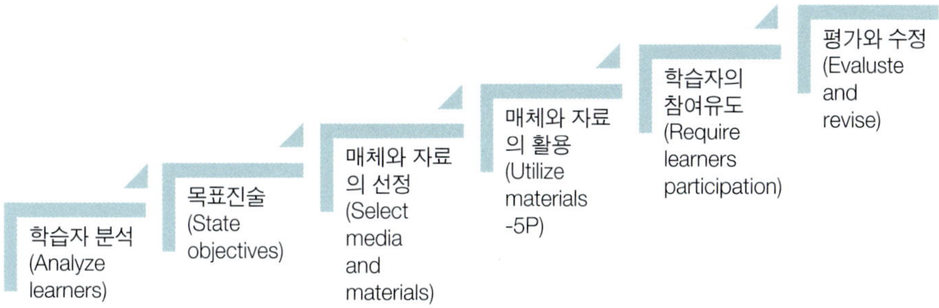

[그림 5-7] ASSURE 모형(Heinich et al, 1996)

(1) 학습자 분석(Analyze Learners)

학습자의 일반적 특성, 구체적 출발점 능력, 학습 유형과 학습양식 등을 표준화 검사지나 면담 등을 통하여 파악하고 분석한다.

(2) 목표 진술(State Objectives)

학습목표를 구체적으로 제시하고 그 목표의 성취에 가장 적절한 교육내용과 교수매체를 선정한다. 목표는 교과 과정 지침서나 교과서에 나와 있는 요구분석이나 학과목 요목 등에서 뽑을 수 있다.

(3) 매체와 자료 선정(Select Methods, Media, and Materials)

앞의 두 단계는 교사는 교수-학습과정의 처음과 끝 지점의 계획이 끝난 것으로 볼 수 있는데 이 두 과정을 연결하는 다리를 놓아야 한다. 앞 단계에서 분석된 학습자의 특성과 진술한 목표를 달성하기 위한 수업방법, 교수매체 유형, 자료를 선정, 수정, 보완 또는 새 자료를 제작한다.

(4) 매체와 자료 활용 (Utilize Media and Materials)-5P

사전에 수업자료를 면밀히 검토, 연습, 주변환경 점검한 후 자료를 제시하도록 한다. 사용할 교수매체에 대한 정보나 특별한 용어에 대한 설명을 미리 제공함으로써 동기유발과 주의 집중을 유도할 수가 있게 된다. 교재를 제시할 때는 showmanship을 발휘하여 능숙하게 대처해 나가야 한다. 선정 또는 제작된 매체를 수업에 사용하기 전에 먼저 내용과 순서, 환경을 확인하고 시험적으로 사용해 본다. 이를 위해 다음과 같은 5P로 요약되는 다섯 단계의 절차를 따를 수 있다.

① 자료 사전 검토하기(Preview the Materials)

② 자료 준비하기(Prepare the Materials)

③ 환경준비하기(Prepare the Environment)

④ 학습자 준비시키기(Prepare the Learners)

⑤ 학습경험제공하기(Provide the Learning Experience)

(5) 학습자의 참여유도(Require learners participation)

효과적인 학습이 되도록 하기 위해서는 학습자의 적극적인 참여가 필요하다. 피드백을 통해서 지식이 잘 수용되도록 하는 활동을 계획한다. 반응에 대한 피드백도 빠를수록 좋다. 교재와 관련된 토의, 퀴즈, 연습문제 등을 준비하거나 교수매체 활용 후 과제를 주어 학습자의 학습행동을 유발시키기 위한 노력이 필요하다.

(6) 평가와 수정 (Evaluate and Revise)

학습목표와 관련하여 학습자의 성취도를 측정하고 매체와 방법, 교수-학습과정에 대해 평가한 후 필요하면 수정한다. 이때 교사 자신도 자신의 교수방법과 매체의 활용이 조화롭게 이루어졌는지, 매체의 활용상의 미숙함이나 애로사항이 없었는지에 대해 자기 평가를 하는 것도 필요할 것이다. 학습자의 학습목표 달성에 대한 평가. 매체와 교수방법에 대한 평가(효과, 시간, 비용…). 교수-학습과정에 대한 평가가 이루어진다.

제6장 교육의 사회학적 이해

1. 문화
2. 사회화
3. 사회계층과 교육
4. 사회변동과 교육
5. 교육평등과 사회평등

1. 문화

1) 문화의 개념

'Cultura'는 본래 경작, 재배, 배양의 의미를 갖고 있는 cultivation의 뜻으로 자연에 노동을 가하여 수확한다는 뜻을 내포하고 있다. 즉, 문화의 의미를 어원적으로 찾아보면 인간의 이상을 실현하기 위하여 주어진 자연을 일정한 목적과 표준에 비추어 지배하고 형성하는 과정으로 볼 수 있다. 그러므로 자연상태로부터 가치를 상승시키고 가치를 창조한다는 의미를 갖게 되고 나아가 교양이나 세련의 의미를 갖게 되었다. 자연을 통한 가치적 구성이요, 이상의 표현이 문화라는 것이다. 그래서 인간은 일찍 문화를 소유할 수 있었고 인간은 바로 문화를 가진 동물인 것이다. 또한 그 사회가 어떠한 문화를 가졌느냐에 의하여 사회의 특성을 찾아볼 수 있다.

① 광의의 문화 : 자연에 대한 가공에 더해 인간의 행위나 태도를 가꾼다.
② 협의의 문화 : 자연에 대한 가치를 상승시킨다. 가치를 창조한다. 교양이나 세련의 의미가 강하다.

인간은 문화를 창조하고 소유한다는 점에서 타 유기체와 구별되며, 따라서 문화에 대한 개념은 다양하게 정의되고 있다. 영국의 인류학자 타일러(E. B. Tylor)는 문화란 지식, 신앙, 예술, 도덕, 법률, 습관 및 사회성원으로서 인간에 의해 획득된 모든 능력과 습성을 포함하는 복합적 총체라고 설명하고 있다.

엘우드(C. A. Ellwood)는 문화의 정의를 인간이 자연과 자기 자신을 지배, 통제하기 위하여 습득한 모든 힘으로서의 물질적인 문명과 비물질적 또는 정신적인 문명의 모든 것을 포함한다고 하여 더욱 구체적이고 포괄적으로 정의내리고 있다.

미국의 문화인류학자인 로위(R. H. Lowie)는 "문화란 개인이 사회에서 획득한 전체를 말한다. 즉, 자기의 창조적 활동에 의해 되는 것이 아니라 형식적, 비형식적인 교육에 의해 전달되는 과거로부터의 유산인 신앙, 관습, 예술적 규범, 음식 습관, 기술과 같은 것이며, 사회적 전통의 전체이다."라고 정의하여 교육에 의해 전달되는 유산이요, 사회적 전통을 문화로 보고 있다.

린턴(R. Linton)은 문화란 생활양식이고 사회성원이 참여하는 관습, 관념, 태도가 조직된 것의 집합체라고 규정했고, 보애스(F. Boas)는 집단의 구성원인 개개인의 정신적, 육체적 반응 및 활동의 총체라고 보았다. 클러혼(C. Kluckhohn)은 인간에 의하여 창조된 인간환경의 모든 면을 문화라 칭하면서 문화는 인간집단의 생활양식인 생활설계로 파악한 다음 역사적으로 이루어진 삶의 지혜라고 정의했다.

소로킨(P. A. Sorokin)은 비물질문화를 이념적 문화와 구분한 후 문화는 이념적(iddeological), 행동적(behavioral), 물질적(material)인 세 입장에서 이해해야 될 문제이며, 물질문화의 외형적(externalized) 형태로 보았다. 시트럼탐(Sitramtam)은 어떤 지역에 사는 일단의 사람들이 학습된 총체라고 정의했으나 레빈(R. A. Levine)은 어떤 모집단 내의 개인들이 서로 의사소통하며, 그들 자신과 환경에 대하여 생각하고 환경 속의 대상에 대해 행동해야 하는 방법들에 대한 규약의 조직체를 문화라고 말한다.

이상으로 사회학과 문화인류학에 따라 다양하게 나타난 것은 문화의 특정 측면이나 양상을 더 강조한 데서 나타난 결과라고 할 수 있다.

2) 문화의 특성

문화란 특정한 사회의 성원들이 생활해가는 데 있어서의 제반 문제에 대처할 수 있도록 사회성원 간에 공유하고 있는 학습한 사회적으로 승인된 사물과 지식과 언어와 가치관과 규범 등을 말한다는 정의에 따라 문화의 특징을 살펴보고자 한다.

첫째, 문화란 본능의 소산이 아닌 학습의 결과라는 것이다. 즉 문화는 습득된 행동이다. 특히 사회화과정을 통하여 이러한 과정이 이루어진다. 인간의 문화는 과거 수천년에 걸쳐 형성, 발달 되어 왔다. 유인원(Hominoid)에서 유원인(Hominidea)을 거쳐 근대인(Homosapiens)으로 인간의 체형이 진화됨에 따라 인간의 두뇌 크기도 증대하였고, 그 결과로 인간은 상징적 행위를 할 능력과 지능도 증가하였다. 이와 같은 변화가 시사 하는 것은 석기류의 개발과 의사소통수단의 도입 및 인간의 집단과 지역공동체의 조직화이다. 이와 같은 조직적인 행위와 상징적 형태의 의사소통 및 사회성원 간에 공유하는 의미는 곧 인류문화의 요체이다.

인류의 진화역사는 곧 인간이 주어진 환경의 요구에 적응하고 발전한 문화의 발달사이다. 선천적으로 타고난 생리적 본성에 의하여 행위가 결정되는 다른 동물들과는 달리 인간은 그들의 문화를 통하여 주어진 환경에 어떻게 적응해야만 되는가를 배운다. 이념, 상징체계로서의 규범체계로서의 문화를 배우는 것이 매우 중요하다. 문화가 사물 자체라기보다는 사물과 발명품, 도구와 세계 등과 관련된 의미와 가치관이라고 정의할 때 이것들이 사회의 성원이 되는 과정에서 인간이 배워야 하는 것이다. 문화에서 무엇을 배울 수 있느냐가 인간의 사회행위의 한계를 설정한다. 이와 같은 관점에서 모든 사회성원은 광범위한 행위를 똑같이 배울 수도 있으나 무엇을 배워야 하는가 하는 것은 문화에 달려 있다.

문화는 사회화 과정을 통하여 학습하고 사회의 가치관과 신념과 규범, 규칙과 신념 등이 어린이의 인성의 부분이 되고 그의 행위를 형성하게 된다. 만약 사회화가 전적으로 실패한다면 곧 문화는 고사 될 것이다.

둘째, 문화란 사회나 집단성원 간에 공유되고 있다는 점이다. 물론 가치관과 신념 및 규범과 같은 것에 대한 사회나 집단성원의 완전합의란 기대할 수 없으나 어느 특정한 집단이나 사회의 생활양상으로서의 문화는 상기와 같은 제반사항에 관한 성원 간의 일반적인 합의에 기초를 두고 있다. 만약에 하나의 동일한 사물을 가은 사물로 볼 수 있는 똑같은 가설 혹은 전체를 공유하지 않는다고 한다면, 사회성원들은 서로 상반되는 형태의 행위가 적합한 것이라고 주장할 것이다. 상호 이해의 가능성은 세계의 물리적 거리가 좁아짐으로써 상이한 문화적 배경을 갖는 사람 들 간의 만남의 기회가 늘어남에 따라 더욱더 늘어날 추세에 있다.

사회성원 상호간에 인지되고 이해된 공통문화가 없다고 가정한다면 우리 사회는 정신착란증적인 악몽에 사로잡혀 모든 정신병원에 입원 중인 환자들과 같이 환청을 하고 상이한 현실을 경험하고, 문화가 가르친대로 행동하지 않고 그들 각자가 마음대로 행동하게 될 것이다.

셋째, 문화는 과거로부터 현재로, 그리고 현재에서 미래로 대대손손이 전승되어지고 이러한 과정을 통해서 축적, 변화 및 발전하는 것이다. 이러한 관점에서 어느 한 특정한 사회에서 학습되고 반복되어지는 것이 문화라고 정의한 인류학자 린턴(R. Linton)은 문화란 곧 사회성원들이 소유하고 있는 사회적 유산이라고 묘사하고 있다. 과거의 전통으로서의 문화란 곧 우리 선조들이 일상생활에서 되풀이되고 있는 특정한 문제들을 극복하기 위한 집합적 경험이라는 것을 시사하고 있다. 이와 같이 문화의 덕택으로 선대가 바뀌었다고 해서 처음부터 다시 시작할 필요가 없게 되었으며, 우리 인류는 새로운 상황에 처할 때마다 전적으로 개개인의 의지에 의존할 필요가 없어도 이에 슬기롭게 대처해 나갈 수 있게 되었다. 아인슈타인(Einstein)의 상대성원리도 뉴턴(Newton)의 이론에 뒷받침하고 있는가 하면 왓트의 증기기관의 발명이 없었더라면 오늘날 우리가 볼 수 있는 것과 같은 고도의 속도로 달릴 수 있는 자동차의 출현도 불가능하였을 것이고, 비행기에 근무하는 스튜어디스의 출현 역시 병원간호사의 직업을 모체로 하고 있다. 이와 같이 문화란 우리 선조들에 의해 창조, 발명되었지만, 시대의 흐름과 더불어 계속 변화를 거듭하고 있으며, 현대에 와서는 일대 변혁이 일어났으며 이러한 변화는 후세에도 계속되어 더욱더 큰 변화를 초래할 것이다.

넷째, 문화는 통합(integration)되었느냐 하는 것은 문화인류학자들의 장기간에 걸쳐 논의를 거듭해 온 문제이다. 문화는 전 지표에 산재되어 있는 광범위한 아이템 접합이라고 한 19세기 후반의 영국의 문화인류학자 타일러(E. B. Tylor)의 문화의 정의가 한때 문화인류계에 받아들여져 문화란 역사적인 우연성에 의하여 함께 모여진 어떠한 아이템으로나 구성되어졌다고 생각하는 것이 보편화한 때도 있었지만, 문화란 문화 전체의 기능을 촉진할 수 있는 방법으로 문화의 각 구성요소가 상호 보완할 수 있도록 질서정연하게 조직되어져 있다고 하는 영국의 인류학자 말리노브스키(B. Malinowski)가 제기한 이론을 문화통합이라고 일컫는다.

문화통합(culture integration)이란 문화를 구성하는 요소들이 화합되고 잘 밀착된 전체로 통합된 상태를 지적한다. 잘 통합된 문화에 있어서는 사회성원들의 행위 양상이 그들의 신념과 일치하며 상호 모순점이 적다고 볼 수 있다. 잘 통합된 문화는 안정되고 변화에 느리며 비교적 그 규모가 작은 단순한 미개사회에서나 볼 수 있다. 이와 반대로 현대 산업사회의 문화는 서로 상처 되는 요소를 많이 포함하고 있다고 볼 수 있다.

다섯째, 문화의 또 하나의 특징은 문화는 인간의 행위와 경험의 어느 특정한 국면을 선택하여 관조한다고 하는 사실이다. 문화인류학자 베네딕트(R. Benedict)는 언어와 제도를 예로 들어, 이러한 특징을 다음과 같이 설명하고 있다.

성대와 비강을 통하여 우리는 무한한 음성을 낼 수 있으나 각 언어는 그 중 한정된 수의 특정한 음만을 선택하여 언어를 구성, 사용함으로써 비록 외부인에게는 잘 이해가 되지 않는 고충을 참아야만 된다.

모든 인간사회나 인간집단은 어디서나 문화적 제도에 있어서 그와 같은 선택을 하였으니 타 문화적 제도라는 시각에서 보면, 각 문화적 제도는 타 문화를 근본적으로 무시하고 타 문화엔 부적당하다고 생각되는 것을 개발, 이용하고 있다. 어느 한 특정 문화는 금전적 가치관을 무시하기도 하며 다른 또 하나의 문화는 금전적 가치를 각 분야의 행위의 모태 되는 것으로 여기기도 한다.

어느 한 문화는 그들의 생존에 필수불가피하다고 보이는 생활영역에 있어서까지도 과학기술이 믿어지지 않을 정도로 무시되어지는 반면, 사회의 발전 단계적 측면에서 볼 때 아주 단순한 사회에 있어서도 기술적 성취는 비교적 복잡하고 놀라운 정도로 그 사회가 처한 상황에 적합한 경우도 있다. 인간은 문화라고 하는 거대한 상부구조를 청소년기, 죽음 및 사후 위에 구축한다.

여섯째, 문화는 여러 가지의 부분문화로서 구성되어 있다. 그러나 이러한 부분문화도 궁극적으로는 통합된다는 것이다.

일곱째, 문화는 동일성을 유지한다. 부분문화가 독립적으로 계속 지속되는 것은 아니다.

여덟째, 문화형태가 다르면 문화적인 행동도 달라진다. 즉 갓난아기는 처음태어날때는 본능에 따라 입술에 아무것이나 가져다 댄다. 그러나 자라나면서 문화적인 학습과정을 통하여 먹을 수 있는 것 먹을 수 없는 것, 먹는 시간, 먹는 장소, 시간, 방법을 달리한다.

아홉째, 문화는 이동한다. 동양문화에서 서양문화로, 서양문화에서 동양문화로, 낮은 문화에서 높은 문화등 다양하게 이동하고 있다.

열번째, Personality의 발달은 문화의 영향을 받는다. 이러한 문화는 기후적인 조건, 지형적인 조건, 정착문화냐 혹은 이동문화권이냐에 따라 문화형성에 영향을 미치고 이것은 이후에 Personality에도 영향을 주고 있다.

3) 문화의 유형과 기능

문화는 수많은 요소로 이루어져 있으며, 문화를 구성하는 여러 문화요소들을 영역별로 묶어 문화내용을 유형화하여 학자들에 따라 다양하게 분류되고 있는 실정이지만, 일반적으로 문화를 물질문화와 비물질문화(정신문화)로 구분하여 왔다.

이러한 구분에 대한 합일점으로 사회학자들은 일반적으로 다음과 같이 구분하고 있다.

첫째, 물질문화와 비물질문화로의 구분이다. 물질문화(material culture)란, 도구, 건물, 기계, 시설 등과 같이 물리적 대상과 이를 사용하는 방법에 관한 문화로서, 모든 구체적이고 가시적인 인간의 창조물(업적)이라고 한다면, 비물질문화(non-material culture)란, 신념, 관습, 관념, 이데올로기, 사회제도 등과 같이 비가시적인 것을 말한다.

이상과 같은 루색(J. Rouc)과 워렌(R. Warren)의 구분에 대해 오그번(W. F. Ogburn)은 물질문화, 정신문화, 적응문화로 분류했는데, 물질문화에는 가옥, 공장, 생산품, 사료품 등이 해당되며 정신문화에는 종교, 예술, 과학, 서적, 작품, 성서 속에 구현되어 있는 정신적 문화재를 포함시켰고, 습관, 사회제도는 물질적 조건에 의해 조절되고 적응하는 것이라고 하여 적응문화(adaptive culture)라고 했다.

그러나 경우에 따라서는 비물질문화를 정신문화(spiritual culture)와 행동문화(behavioral culture)로 구분하기도 하고, 소로킨(P. A. Sorokin)과 같이 이데올로기적 문화와 행동적 문화로 구분하는 예도 있다.

여기서의 정신문화는 학문, 종교, 예술과 같은 정신적 창조물의 총칭이며, 행동문화는 습관, 민속, 제도와 같은 행동방식이고, 소로킨의 이데올로기적 문화는 개인과 집단이 갖는 의미, 가치, 규범의 총합이며 행동적 문화는 이데올로기적 문화를 객관화하고 사회화하는 인간들의 적응 및 행동의 총체로 파악하고 있다.

둘째, 물질문화와 정신문화는 조화를 이루어 균형적 발전을 해야한다. 그러하지 않은경우에 문화지체 현상이 나타 날수도 있다.

셋째, 특히 현대사회에서는 문화의 정신적인 측면이 더욱 강조 되어야 한다.

2. 사회화

1) 사회화의 개념

사회화(Socialization)란 개념이 사용되기 시작한 것은 1890년대에 들어와서부터이다. G. Simmel이 1895년 '사회학의 문제(The problem of sociology)'란 그의 논문에서 "사회화란 집단의 형성과정 또는 관계형식(forms of socialization)이 형성되는 과정"의 뜻으로 사용되면서부터이다. 사회화란 인간의 사회적 성격이 형성되는 과정으로, Ross는 사회화란 "인간의 정서나 욕구를 집단적 필요에 적응시키는 과정이다."라고 하였다. 그러나 사회화에 관해 본격적인 연구가 시작된 것은 1920년대부터이다.

이러한 사회화는 거의 사회학적 측면에서 사용된 것이고, 이것을 교육학적으로 적응시켜 사용한 최초의 사람은 뒤르켐(Durkheim)으로서 1920년경 미국의 인류학, 심리학, 사회학에서도 연구되었으며 1960년 이후부터는 유럽에서 사회과학 영역에서도 사용되어왔다.

사회와의 정의는 그 내용과 경과와 관련하여 다음과 같이 구체적으로 내릴 수 있다.

① 사회화란 사회성원이 되는 과정으로 독특한 개성을 가진 인생이 사회문화적 조건 속에서 형성되는 것이다.
② 사회화란 사유하고 기억하며 언어를 구사하는 것과 같은 지적 능력, 인지적 기능을 계발, 습득하며 동시에 감정이나 정서의 계발과 같은 애정적인 발달을 의미한다.
③ 사회화란 사회생활에 있어서 다양한 상황 속에서 성원으로서의 역할 수행을 가능하게 하는 사회의 제반규범과 가치관을 내면화하는 가정이다.
④ 사회화는 사회성원 각자 하나의 독립된 경제인(homo economics)으로서 생존을 가능하게 하는 제반작업상의 기능을 학습하는 과정이다.

그래서 사회화는 여러 가지 측면에서 다양하게 의미를 찾을 수 있다.

첫째, S. Freud와 같은 정신분석학자들은 인간의 충동에 대한 통제능력을 형성하는 과정을 사회화라고 한다. 즉, 인간의 기본적 욕망을 조절하고 통제할 줄 아는 의지력을 계발해 주는 그것이 곧 사회화라는 것이다. → 심리학적 측면

둘째, M. Mead는 사회화를 문화적 측면에서 파악한다. 사회화란 문화를 동질화하는 과정이다. 즉, 문화화(enculturation)되어가는 과정이 사회화라고 한다. → 인류문화학적 측면

셋째, 사회적 동조성(social conformity)이 형성되어가는 과정이라고 말한다. → 사회학적 측면

이상에서 사회화의 개념을 통하여 볼 때 사회화란 곧 넓은 의미의 교육을 의미한다고 말할 수 있다. 인간이 점점 사회화되어간다는 것은 교육되어 간다고 말할

수 있다. 피교육자의 입장에서 보면 점점 학습되어 간다고 할 수 있다. 사회학적 학습과정이 곧 사회화라고 할 수 있다. 인간의 개성이 형성되어가고 발달해 간다는 사실은 교육이요, 학습인 것이다.

3. 사회계층과 교육

1) 사회계층

(1) 사회계층의 개념

인간사회는 다양한 형태의 집단에 소속되며, 그 집단 구성원에 의해 평가된 사회적 지위가 부여됨과 동시에 그 지위에 따른 고유의 역할을 수행해 나간다. 이러한 과정에서 상호 유사하다고 지각된 사회적 지위를 통해 구성원들은 하나의 사회계층을 형성하게 된다.

따라서 집단이나 사회에서는 이러한 여러 유형의 다양한 계층을 형성하게 되고 여기에 부수 하는 계층의 서열이 나타나게 된다.

인간사회에서는 사회적 차별과 서열이 강화(reinforcement)나 자기 보호에 대한 기제 및 분업과의 상호 관련성을 내재하기 때문에 사회 내에서 계층체제는 중요한 의미를 함유하게 된다. 사회에서는 사회적 업무나 지위가 그 중요성에 따라 분화되고 이에 따른 보수에도 차이가 생긴다면 사회적 불평등이 생기며, 이와 같이 사회적업무와 지위간의 불평등이 사회 전반에 받아들여져서 세도화될 때 사회계층제도(social stratification system)가 형성된다. 사회계층제도란 부귀(wealth), 위신(prestige), 권력 (power)처럼 사회에서 대단히 귀중하게 여겨지거나 매우 희귀한 것의 분배와 소유의 관련에서 발생하는 개인차를 지칭하며, 인류의 역사를 통해서 볼 때 과거에서 현재에 이르기까지 계층제도가 존재하지 않았던 사례는 별로 없으며, 가까운 미래에 계층제도가 철폐될 가능성은 전혀 보이지 않는다.

인간사회를 통해서 볼 때 보편적인 사회계층은 너무도 불공평하고 불평등하다고 말할 수 있다. 그런데도 한편으로는 우리 사회는 자유, 평등, 박애를 근본이념으로 생활하는 민주주의 사회요, 자유주의 사회 속에서 살고 있음에 틀림없다. 그럼에도 불구하고 민주주의가 발달한 사회일수록, 풍요한 사회일수록 이러한 불평등의 현상은 더욱더 심각하다 할 수 있다.

사회계층은 이러한 불평등한 사회현실을 근본으로 한 개념이다. 이러한 불평등에서 사회신분, 사회계급, 사회계층, 사회성층이 발생하게 된다. 사회계층과 사회계급, 사회신분, 그리고 사회성층은 어떻게 구별하는가? 먼저, 사회계급과 사회계층을 구별하면,

① 사회계급(social class)은 생산수단의 소유여하에 의해 분류된다. 즉 경제적인 지표가 계급의 준거가 되는 일원론적이고 단일성인데, 사회계층은 경제력 외에도 교육정도나 직업이나 명성 등 여러 요인에 의해서 분류된다. 그래서 사회계층의 준거는 다원론적이고 복합성을 갖고 있다.

② 사회계급은 역사적이고 철학적인 개념인데, 사회계층은 사회기능적인 개념이다. 사회계급은 객관적이고 절대적인 구분인데, 사회계층은 상대적이다. 사회계급은 이원적인데, 사회계층은 다원적이다.

③ 사회계급을 비연속적이고, 이질적인데, 사회계층은 연속적이다.

④ 사회계급은 근대적인 개념인데, 사회계층은 현대적인 개념이다.

둘째, 사회신분(social estate)과 사회계급을 구별하면,

사회신분은 출생과 더불어 운명 지워진 폐쇄적 계급이다. 그러므로 신분의 이동은 생각할 수 없고 직업도 세습적이다. 인도의 카스트제도나 중세 봉건시대의 노예제도, 귀족과 평민은 사회신분이다. 그래서 사회신분은 고대와 중세적인 의미가 강하다. 그러므로 사회계층보다 사회계급이, 사회계급보다는 사회신분이 더욱더 폐쇄적이고 고전적인 성격을 갖고 있다.

셋째, 사회계층(social class)은 살펴보면,

① 사회 계층은 개인적인데 사회성층은 사회적이다.

② 사회계층이 산업사회와 자본주위 사회에서 많이 사용하는 개념인데 사회성층은 후기산업사회 혹은 추기 자본주의 사회에서 사용하는 개념이다. 그러나 산업사회에서도 사회계층이 보다 사회적이고 집단적인 의미로 사용될 때는 사회성층을 사용한다. 그러나 넓은 의미로 사용할 적에는 사회계급과 사회계층은 동일하게 사용하며, 사회상층과 사회계층 역시 대세로 사회계층의 의미로 사용되는 것이 일반적인 경향이다.

따라서 사회계층은 사회성, 현대성, 동일성, 다양성, 결과성의 특성을 가지고 있기 때문에 넓은 범위로 사용하며 사회계층은 사회학, 교육학, 심리학, 역사학, 경제학, 정치학 등 여러 학문 분야에서 연구되고 있다.

(2) 사회계층의 발생이론

인간 불평등에 기원해서 사회계층의 생성을 탐구할 때 인간본능에 대한 여러 견해와도 접근되는 것이며, 사회의 성격에 대한 많은 학자들의 주장과도 관계된다. 즉 사회계층의 발생은 근본적인 인간본성의 능력의 차이와 선천적인 유전 인자의 차이가 사회불평등을 가져온다는 입장을 취할 때 이것은 인간본성의 생득설 혹은 유전설과 관련되며, 환경과 사회제도 및 교육과 경험차이가 사회불평등을 가져온다고 했을 때는 환경설, 획득설과 관련되는 것이다. 또한 사회의 성격을 규명할 적에 인간과 사회의 관계를 어떻게 보느냐에 의해서 사회불평등이 일어난다. 여기에서 몇몇의 입장을 중심으로 살펴보자.

① 자연주의적 사회계층

인간사회의 불평등은 하나의 자연적 현상이요 자연의 기후가 일정하지 않고 춥고 덮고 싸늘하고 온화하듯이, 봄, 여름, 가을, 겨울이 교차되듯이 인간사회의 불평등은 어떤 초자연적인 힘에 의해서 이루어지는 것이다. 이 같은 현상은 이성이나 과학적인 방법으로 증명할 수 없다. 신의 계시요. 초자연의 자연에의 명령이요. 법칙과 같은 것이다. 자연의 질서요. 자연의 섭리이다. 항상 날씨가 따뜻한 자연에의 순종이다.

② 사회주의적 이론 사회계층 이론

인간은 생득적으로 선하고 평등하다. 그러나 출생 이후의 사회와 사회제도의 차이에서 인간을 불평등하게 만들고 있다고 Rousseau는 주장한다. 그리고 K. Marx도여기에 해당한다.

③ 구조기능주의적 사회계층 이론

인간사회의 불평등과 사회계층의 순기능을 강조하고 그 존재에 대하여 긍정적으로 수용한다. 사회계층의 존재는 사회가 발전하고 진보해 나가는 과정에서 생성되는 현상이기 때문에 사회불균등 현상을 없앨 수 없으며, 있어야만 사회가 정상적으로 그 기능을 원만하게 수행해 갈 수 있다. Kingsleyu Davis, Wibert E. Moore, T. Parsons 등이 주장한다.

④ 갈등이론적 사회이론

인간사회에는 모든 사람의 욕구를 충족시킬 정도의 재화가 있는 것은 아니다. 그래서 개인과 개인 또는 집단과 집단 간에는 가능한 이러한 희소가치의 재화나 잉여 재화를 상대방보다 더 많이 소유하려고 경쟁하게 되고 대립과 갈등장면으로 들어간다.

여기에서 유리한 위치에 있는 사람과 불리한 위치에 있는 사람의 차등이 생긴다. 그래서 갈등이론은 앞의 구조기능주의 입장과는 달리 사회계층의 존재에 대하여 부정적이고 사회발전에 역기능적이라고 한다. 대표적인 사람은 K. Marx이다.

⑤ 절충주의적 사회계층 이론

구조기능주의와 갈등이론의 장단점을 취해서 상호보완적인 이론을 말한다. 즉 사회계층의 현상이 잉여자본의 분배가 권력을 가지느냐 못 가지느냐에 의해 결정된다고 보는 갈등이론의 입장을 취하고 있으나 그 갈등은 대립과 반목의 계층(계급)의 투쟁에서 나오는 것이 아니다. 합법적인 절차에서 온다는 구조기능주의적 입장을 취한다. 렌스키(Gerhard E. Lenski)와 오소프스키(Stanislaw Ossowski)가 여기에 해당한다.

이러한 사회계층 발생이론에서 특히 주목받고 있는 것은 구조기능주의와 갈등이론이다. 이 두 이론을 비교, 정리하면 다음과 같다.

구조기능주의자들은 미국은 모든 사람에게 같은 기회가 주어지는(Social mobility) 나라이기 때문에 개인의 노력과 재능에 의하여 상승적 사회계층을 할 수 있다고 주장하는데 대해, 갈등이론은 사회계층 이동에 있어서 개인의 재능이나 동기는 중요치 않으며 실로 중요한 것은 상류계층에 태어난다는 사실이라고 주장한다. 구조기능주의자는 제반사회제도가 국민전체의 복지를 위하여 봉사한다고 보는데 반해 갈등이론 제도는 종종 집권층을 위해 모든 사회제도를 도구화한다고 주장하고 있다.

(3) 사회계층 이동(Social mobility)

① 사회계층이동의 개념

사회계층이동(social mobility)은 사회계층의 변동을 의미한다. 인간사회의 계층구조는 변동하기 마련이다. 사회성원으로서 자기의 사회적 지위(social status)를 이동시키는 것을 사회계층 이동이라고 말한다. 예컨대 농민의 아들로서 사장이 되고 판사가 되고 검사가 되는 것은 사회계층 이동이다. 또 어떤 사람이 학교의 직원으로부터 출발해서 국회의원이 되고 시장이 되는 것도 사회계층이동이다. 그런데 전자의 이동을 세대간 이동(intergenerational mobility)이라고 하면 후자의 이동을 세대내 이동(intergenerational mobility)이라고 한다.

보통 사회계층 이동이라고 하면 수직적 이동을 생각할 수 있다. 이러한 수직적 이동(vertical mobility)은 한 계층에서 다른 계층으로 옮아가는 사회계층 이동으로 이 사회계층 이동은 낮은 계층에서 높은 계층으로 올라가는 상승이동(upward mobility)과 그 반대로 내려가는 하강이동(downward mobility)으로 구분한다. 또한 한 계층에서의 변동인 수평이동 (horizontal mcbility)이 있다. 예컨대 노동자의 아들이 사업가가 되는 경우에는 수직이동의 상승이동에 해당되고 사장으로 있었던 사람이 사업의 실패로 가산을 탕진하였을 때는 하강이동이라고 한다.

또한 산업구조의 변화나 사회구조의 변동으로 많은 관리직이 필요하고 숙련기술자가 필요해서 농촌에서 도시에도 몰려들고 농부에서 숙련기술자의 직업으로 전직이 되는 경우를 구조적 이동(structural mobility)이라고 하고, 경기변동으로 인하여 호경기에서 불경기로 순환됨으로써 많은 사회이동을 경험하게 되는데, 이때의 이동을 순환이동(circulation mobility)이라고 한다. 그리고 완전이동(perfect mobility)과 불완전 이동(unperfect mobility)이 있다.

이러한 사회계층 이동은 귀속적인 폐쇄사회(closed society)에서는 거의 없거나 아주 미약하게 일어나는데 반하여 성취중심의 개방사회(opened society)에서는 사회계층이 이동이 활발하게 일어날 수 있는 것이 특징이다. 이처럼 사회이동이 어느 정도 빈번하게 일어나느냐에 따라 그 사회가 개방적인 사회냐 혹은 폐쇄적인 사회이냐를 판가름할 만큼 사회이동의 정도는 바로 그 사회의 개방지수(index of openness)를 의미한다. 예컨대 호주에서는 아버지 대에 농업에 종사한 사람 중에서 41%가 자식의 대에도 역시 농업에 종사하였고, 이탈리아에서는 53%가 자식의 대에도 농업에 종사한 반면 미국은 22%만이 농업에 종사하고 있다는 것을 보면 국가의 개방의 정도를 짐작할 수 있다.

② 사회계층 이동의 원인

사회계층 이동을 유발하는 원인에는 여러 가지 요인이 작용한다. 즉 몇 가지 요인들이 복합되어 있느냐는 다변인적 현상이다. 그것을 요약하면 다음과 같다.

첫째, 산업구조의 변화이다. 1차산업 구조에서 2차산업, 3차산업 혹은 4차산업으로 산업의 구조가 변화하면 도시화 현상을 유발하고 도시화는 많은 인구가 도시로 이동한다. 흡입요인(pull factor)에 의해서 도시화가 형성된다. 그래서 직업이동이 나타나고 지역이동이 일어나며 사회계층이동의 현상이 증가한다. 예컨대 1920년에서 1950년 사이에 미국에서 세대 간의 수직적 사회이동이 사회계층이동

전체의 67%나 차지하였는데, 이러한 수직적 이동의 이상이 직업 구조의 변화에 기인한 것이라고 한다.

둘째, 인구구조의 변화이다. 구미 선진국에서는 일반적으로 인구가 감소되어 가는 추세이다. 특히 중상류 계층일수록 자녀의 수가 적고, 중상류계층일수록 인구가 많다. 그럼에도 불구하고 산업화의 발달에서 전문직이나, 숙련기술직의 직업이 증가하고 또 그러한 분야의 사람을 필요로 하는 데서 인구감소 이전에는 중상류 계층에서 차지하여 오던 직업이나 기능을 유지하기 위해서는 부득이 중상류 계층에서 인구가 흡수되어야 한다. 그러면 결과적으로 상승적 사회계층 이동이 일어나게 된다.

셋째, 경제구조의 변화이다. 마르크스주의(Marxism)에 의하면 경제적 체제 변화가 사회이동에 영향을 준다는 것이다. 즉 생산구조나 소비구조의 변화는 필연적으로 사회계층 이동을 촉진시킨다.

넷째, 교육구조의 변화이다. 교육은 사회계층 이동의 독립변수일 수 있고 혹은 종속변수일 수 있다. 고학력화는 사회계층 이동을 촉진시킬 수 있다. 즉 진보주의적 교육이냐, 전통주의적 교육이냐, 학생중심 교육이냐, 교사중심의 교육이냐 혹은 교육에서 자유를 더 중시하느냐, 권위를 더 중시하느냐에 따라서 사회계층 이동에 영향을 미친다.

다섯째, 정치구조의 변화이다. 정치적으로 안정되어 있느냐 혹은 불안정하느냐의 문제가 사회계층 이동과 밀접히 관련된다. 안정된 사회이면 사회이동은 촉진되나 불안정한 사회에서는 사회계층 이동을 기피한다.

여섯째, 개인의식구조의 변화이다. 사회성원의 성취동기가 강하느냐 혹은 약하느냐에 따라서 사회계층 이동에 영향을 미친다. 즉 성취동기(achievement motivation)가 강하면 사회계층 이동이 촉진될 것이고 성취동기가 약하면 사회계층 이동은 적어지게 된다.

일곱째, 가족구조의 변화이다. 가족구조가 확대가족(extended family)이면 사회계층 이동은 적어질 것이고 핵가족(nuclear family)이면 사회계층 이동은 활발해질 것이다.

③ 사회계층 이동에 따른 특성

사회계층 이동을 촉진시키는 요인에는 개인적 특성, 가정적 특성, 사회적 특성으로 나누어 볼 수 있다.

첫째, 개인적 특성이다. 지능이 우수한 사람이 우수하지 못한 사람보다는 사회계층이동에 긍정적이다. 특히 현대 산업사회와 다음에 올 후기 산업사회는 또한 지식산업의 시대라고 할 정도로 지식이 중요한 가치를 가지게 된다. 따라서 지능과 지적 성장에 지능의 요인은 큰 비중을 차지한다. 그 다음은 학업성취 즉 학력이다. 학력이 높은 사람이 낮은 사람보다는 사회계층 이동에 적극적이다. 그 다음은 성취동기 혹은 야망이다. 야망이 높거나 강한 성취동기를 가진 사람은 그렇지 못한 사람에 비해서 사회계층 이동에 긍정적이다. 또한 성취동기 요인과 부수해서 욕구충족의 연기(deferred gratification)를 말할 수 있다. 사회계층의 상승이동을 위해서는 즉시적이거나 현재적인 욕구를 지연시킴으로써 자기의 이상에 보다 접근할 수 있으나 그렇지 않으면 어려운 경우가 많다. 그러나 그 요인 역시 노력이 따르지 않으면 안 된다. 욕구충족의 연기를 함으로써 성실한 노력으로써 자기의 목표에 접근해 나가야할 것이다. 그 다음은 개인적인 성격(Personality)으로서 사회성, 지도성, 친절성이다. 대인관계의 장(場)인 집단 속에서 어떠한 사회적 관계를 형성해 나가느냐가 중요하다. 그다음은 여자에게서 특히 미모는 사회계층 이동에 배정적이다. 그리고 특기 혹은 어떠한 분야에서의 재능이 있는 사람이 그렇지 못한 사람보다는 효과적이다.

둘째, 가정적 정신적 직업 : 가정적 요인은 물론 부모의 사회경제적 지위가 높거나 지적이고 정신적 직업을 갖고 있거나 혹은 부모의 열망이 높거나 아버지 어머니의 부부관계가 사랑에 찬 경우에는 그렇지 못한 경우보다 자녀들의 사회계층이동에 보다 긍정적이다. 또한 부모의 교육정도 역시 중요한 영향을 미친다. 그리고 가정의 분위기가 자유롭고 허용적이냐, 엄격하고 거부적이냐가 중요하다. 이것은 부모의 자녀에 대한 교육태도와 관계가 있다. 가족 제도적인 측면에서 확대가족보다는 핵가족이, 전근대적 가족보다는 근대적 가족이, 대 가족보다는 소가족형태가 사회이동에 긍적적이다. 또한 결혼이 사회계층이동과 관계가 있다. 조혼이 다소 부정적이다. 더욱이 여자는 결혼과 사회계층이동은 관계가 깊다. 또한 출생순위도 영향을 미친다. 즉 장자 혹은 장녀이냐, 장자 혹은 차녀이냐 아니면 독자이냐 혹은 말자이냐에 따라서 부모의 생각이 달라질 수 있다.

셋째, 사회적 특성 : 사회구조가 업적 지향적이냐 귀속 지향적이냐에 따라서 영향을 받는다. 혹은 어느 정도 개방적이냐, 그리고 산업사회이냐 산업화 이전사회(pre-industrial society)이냐 후기산업사회(post-industrial society)이냐에 영향을 받는다. 그 다음은 사회적 안정도이다. 불안한 사회이면 사회이동을 기피하고, 안정된 사회이면 사회계층이동이 긍정적이다. 지역사회의 크기가 사회계층이동과 관계가 있다. 즉 지역사회가 클수록 사회계층이동의 기회가 많고 적을수록 기회가 적다. 부모나 친지, 또는 주위 친구들이 대학교육을 경험하였거나, 대학교육 자체에 높은 평가를 가하는 사람들이 주변에 있다면 이들은 자신의 진학의욕이 많이 고취될 것은 분명하다. 이러한 요인은 학자에 따라 달리 분류되고 있으나, 씨웰(Sewell)은 사회계층, 부모의 교육수준, 직업, 수입으로 Wolfe는 개인의 지적 능력, 부모의 경제적 능력, 본인의 의욕, 부친의 직업, 지리적 등을 들어 설명하고 있는 실정이다. Henderson도 대학교육을 받은 부모들의 지도와 격려를, 캠벨(E Campbell)과 알렉산더(C. Alexander)는 가까운 친구의 대학 진학 의욕이 주요 변인임을 강조하고 있다.

거주지역, 역시 대도시는 농촌과 소도시에 비해 대학진학에 대한 많은 자극체계를 갖고 있다. 그러나 이러한 환경이나 격려를 통해서도 현실적인 제약요소인 경제적인 능력이 항시 내재되어 있다. 그러나 높은 교육수준을 가진 부모들은 진학에 대한 격려나 기대로 정체되는 것은 아니며, 여기에 현실적인 경제적 능력도 많은 영향력을 부여한다. 이는 사회계층에 따른 우월심 조장이나 특권전이가 악순화되는 현상을 지속하게 된다.

④ 사회계층 이동의 유형과 교육

사회계층 이동의 형식은 일정한 사회를 지배하는 규범과 가치에 의해서 결정된다. 이러한 관점에서 터너(R. H. Tuner)에 의한 계층 상승 이동의 형식은 두 가지로 나누어진다. 하나는 경쟁적 이동(contest mobility)이고 다른 하나는 후원적 이동(sponsored mobility)이다.

• 경쟁적 이동(contest mobility)의 특징

– 개인이 독자적으로 모든 수단을 동원해서라도 엘리트의 지위를 쟁취하여 상승이동을 하는 것을 의미한다. 높은 지위를 차지할 수 있을 만한 자격이 있다는 것을 증명하는 신용장을 대중에게 보여야 한다. 계층상승 이동에 결정적인 역할을 부여받게 되었다. 이러한 여러 가지의 상황에서 현대사회의 교육수준은 직업수준을 결정하게 되고, 한편 직업수준은 경제적 정도를 결정하게 되어 교육수준은 사회적 지위의 결정적인 요인이 될 수 있다.

• 후원적 이동의 특징

– 경쟁방식을 피하고 통제된 선발 과정을 따르며, 기성 엘리트나 대리인이 미래의 엘리트를 선발하여 준비교육을 시킴으로서 지위를 상승 시킨다. 엘리트의 기준은 그들이 갖추어야 할 조건과 자질의 평가에 의해 결정된다.

칼(Kahl)은 미국사회의 학력과 직업의 관계분석에서 교육수준, 직업수준 및 수입의 밀접한 상관을 실증적으로 보고하고 있다. 현대 산업사회는 교육을 통해 계층이동이 가능하며, 높은 교육수준은 높은 사회적 지위를 획득할 수 있다. 이러한 관점에서 Olive Banks는 "출세를 하는 것은 돈을 조금 모으는 것보다는 학위나 수료증을 갖는데 있다"고 하였다. 이러한 과정을 통해 개인 능력과 가정의 지속적인 경제적 지원, 공개적이고 평등한 생의 기회가 제공되어야 함은 물론이다.

(4) 학교교육과 사회계층 이동(social mobility)

① 학교의 사회계층적 요인

사회계층은 인간의 유아기로부터 성장, 생활여건 및 개인수명에 이르기까지의 인생의 모든 국면에 영향을 미치며 교육과 깊은 관련성을 맺고 있다. 따라서 교육과 사회계층에 대한 많은 관심을 통해 여러 측면에서 연구를 진행해 왔으며, 사회계층의 교육적 의의를 탐구하게 되었다. 특히, 사회계층은 아동의 사고, 창의력, 성격, 태도, 지능, 학업성취, 진학기회 및 동료집단 등 교육에 미치는 영향은 실로 다양하며 크다.

이러한 연구에서 유추해 볼 때 학교가 사회계층 이동에 공헌한다는 사실은 보편화된 것이라고 하겠다. 그러나 우수한 학교에 누구나 진학하여 졸업한다고 볼 수 없다. 개인의 능력(지능, 학업 성취도)이 탁월하다고 해서 모든 여건이 보장되는 것은 아니다. 이러한 요소로서 경제적 재원이나 생활여건 등의 상태가 불완전하다면 진학의 기회가 제한되는 것이다. 이는 곧 학교가 현실적인 불평등을 영속화시키는 수단으로 제공되거나 사회계층 이동에 공헌하지 못하는 결과를 초래할 수도 있다고 하겠다.

이러한 주장은 학교가 사회계층이동(social mobility)과 연관은 되나, 개인이 학교에 접근되는 기회와 학교에서의 학업성적이 학부모의 경제적인 능력에 의하여 많은 영향을 받는다는 데서 오는 것이라 볼 수 있다.

경제적으로 빈곤하거나 농촌에서 출생한 사람은 부유하고, 도시에서 태어난 사람에 비교하여 볼 때 학교에 접근할 수 있는 기회가 폐쇄적이고, 취학한다 하더라도 상급학교에 진학할 수 있는 기회가 적다. 공사립학교의 차이, 인문 및 실업계 학교의 차이는 일생을 통한 성공할 수 있는 기회의 균등을 저해하는 요인이 된다. 최근 우리나라에 있어 초등학교 졸업생의 중학교 진학률은 지방이 90%를 조금 넘는 데 비해 서울은 약 99%를 상회하고 있다. 전국적으로 사립초등학교 졸업생의 중학교 진학률은 99.7%, 공립초등학교 졸업생의 중학교 진학률은 95.6%이다. 또 인문계 고등학교의 대학진학률은 35%에 가까우나 실업계 고등학교의 대학진학률은 11% 미만으로 이들은 상급지도자가 될 수 있는 기회가 제한된다.

또한 학교가 중류 사회중심의 성격을 띠고 있다는 점인데, 교사의 언어사용, 교과서의 중심내용, 혹은 교사의 출신 배경과 미래지향적 가치관 등이 중류사회의 특성을 내포하고 있다. 이러한 측면에서 교사의 학생에 대한 호감도 및 애정도 중류출신 교류가 활발할 것이라 하겠으며, 이러한 계층배경의 아동은 행동학습이나 가치관에서 하류출신 아동에 비해 강화되는 것이 안정되어진다. 이는 수정과 적응의 과정에서 개인적 갈등 야기를 초래하게 되는 것을 의미한다.

또한 학교장면에서의 지능지수나 학업성적은 부모의 사회계층적 요인과 밀접한 관계를 가지고 있다는 점이다. 가정에서의 일상언어, 생활습관, 신체의 발달, 가정의 격려, 압력, 성취동기, 풍부한 학습자료 등은 모두 높은 지능지수와 학업성적을 나타내는데 필요한 요인들이다. 그러므로 학업성적이나 지능지수에는 가정적 요인이 크게 작용한다. 즉, 사회는 출신학교와 학교의 학업성적에 의해서 개인의 능력을 평가하여 직장을 제공하지만 출신학교와 학업성적은 개인 자신의 능력보다는 부모의 사회경제적 능력과 계층에 의해 영향을 받기 때문에 상대적으로 낮은 사회계층이나 빈곤한 경제력을 지닌 개인에게는 학교가 상승이동에 조력하지 못하는 결과를 초래하며 오히려 학교는 역기능의 현상을 가진다. 학교는 고유의 목적과 역할 속에서 교육과정이 수행되며 이러한 교육과 정의평가는 학업성취를 매개하게 된다. 물론 학생들의 학업성취도는 요인은 복합적이며, 이러한 요인에는 학교 내외적 요인을 들 수 있는데, 교육조건, 교사기대, 학급편성, 학급규모 및 학교문화 등은 학교의 내적 요인에 속하고 지능, 학교주변 환경, 그리고 사회경제적 배경은 물론이고 지능, 그리고 사회 문화적 및 정치 경제적 환경의 학교 외적 환경은 많은 범위를 통해 사회계층의 영향을 받고 있다 하겠다.

② 교육제도, 교육정책과 사회계층 이동

교육을 통한 사회계층이동은 경쟁적 이동(contest mobility)과 후원적 이동(sponsored mobility)으로 분류되며, 전자는 기회의 균등화를 통해 최종적인 결정을 연장하는 경향을 나타내며, 반면 후자의 경우는 그 선발을 될 수 있는 대로 빠른 시기에 하려 한다. 이러한 두 가지 제도는 개인의 잠재력에 의존하기보다는 일정한 시기에 형성되는 성질에 의존하게 된다. 이러한 제도와 사회계층 이동과의 연관성을 실펴 보면, 학교교육이 학생의 교육적 경력에 대해 중요한 영향을 미치는 경우는 경쟁적 이동이 될 수 있고, 학교교육의 영향력이 학력에 있어 짧은 시기에 확고하게 결정이 되는 경우는 제도적으로 후원적 이동에 접근된다 하겠다. 그러나 일단 이 정규교육 과정을 통해서만 상승이동 (upward mobility)이 발생한다고 가정하면, 경제적· 신체적·정신적 사유로 인해 정규 교육을 받지 못한 우수한 학생은 상승이동이 불가능하다는 논리가 적용된다. 학교교육 중에서의 이러한 저해요인과 교육제도와의 관련을 통한 관계분석은 실로 유용하다 하겠다.

먼저 교육제도는 기본유형으로 단선형 제도(single−track school systern)와 복선형 제도(multi−track school system)가 있으며, 전자의 경우는 학교의 계통이 모든 국민을 위해서 단일의 계통, 또는 체제로 일원화되며 여러 종류의 학교가 존립한다 할지라도 동일의 단계에 있는 학교들 사이에 근본적인 차이가 없고, 교육연한도 동일하기 때문에 동일단계의 학교에서 보다 높은 단계로 진학할 수 있는 길이 열려 있는 체제로 정의된다.

한편, 복선형 제도는 사회의 계급구조를 반영한 것으로 귀족학교 개통과 서민학교계통과의 복합형태를 가진다. 이 제도는 또다시 부분복선형 제도와 완전복선형 세도로 구분되어 설명되는데, 전자는 초등학교에서 동일하게 출빌하여 중학교 수준에서 대학 진학자와 미진학자로 학교가 분리되는 제도이며, 후자는 초등학교 수준에서 계급 반영을 통한 분리제도를 지칭한다. 따라서 복선형 제도는 능력보다는 계급의 반영이 많은 영향을 미치며, 오늘날에는 완전 복선형 제도는 존재할 수가 있다. 우리나라의 경우 형식적인 형태로는 초등학교·중학교·고등학교·대학교의 6−3−3−4제의 단순형을 취하고 있지만, 내용상으로는 복선형적인 요소를 지니고 있다. 고등학교의 경우는 계열에 의한 구분(인문, 실업계고등학교)이 명확하기 때문에 이동이 거의 불가능하다. 종전의 실업계 학교 학생을 위한 동일계 진학제도가 거의 유명무실하고 그 범위도 한정적이었기 때문에 이러한 일련의 교육제도는 내용상으로 복선형적인 성격이 짙다(이위환, 2021).

4. 사회변동과 교육

1) 사회변동의 개념

인간생활이 끊임없이 변화하고 있는 것과 마찬가지로 사회도 강물과 같이 부단한 유동상태에 있다. 특히 오늘날 사람이 원하든 원치 않든 사회변동은 피할 수 없는 현상이다.

그러나 사회변화는 현대사회만의 고유한 현상이 아니다. 그 형태와 정도의 차이는 있지만, 어느 사회에 있어서도 사회변동은 있어 왔으며 이러한 의미에서 Moore는 사회변동을 인간의 보편적인 역사적 경험이라 하였다.

사회변동이란 말은 보편적으로 사용되고 있지만, 그 개념은 학자마다 차이를 보이고 있으며 이를 소개하면 다음과 같다.

오그번(Ogburn): 사회변동은 인간이 만든 생활조건의 변화, 인간의 태도 및 신앙의 변화, 인간의 손이 닿지 못한 곳에 있는 생물학적, 생리학적 성질의 변화에 대응하는 과정이다.

맥키버(R. M. Maciver): 사회변동은 문화적 또는 문명적 변화와는 다른 사회관계의 변동이다.

로즈와 로즈(A. M. Rose & C. B Rose): 사회변동이란 사회구조의 변동이다.

소로킨(P. Sorokin): 사회변동이란 사회문화적 변동이다.

이러한 개념규정에서는 사회변동, 사회변화, 사회진보, 문화변동 등은 유사한 말로서 때로는 같은 뜻으로 쓰이고 때로는 다른 뜻으로 쓰이고 있는 실정이다. 사회변화를 사회변동이라고도 하는데, 사회변동은 사회의 구조(social structure)와 사회관계(social relationship)가 변화해 가는 것을 말한다. 따라서 사회변동은 현존하는 사회의 질서, 체제, 관념, 가치의 내용 일부 또는 전체가 변하는 과정이요, 사회의 외모, 체제, 제도 등 외형적 변모뿐 아니라 사회구성원 개개인의 인성체제와 행동체제까지도 변화하는 것을 의미하게 된다. 이러한 사회관계 혹은 사회구조는 사회를 구성하고 있는 다수의 요인들이 결합하여 이룩된 계급구조, 권력구조, 경제구조, 가족구조 등으로 사회가 변화한다는 것은 결국 사회의 제 구조가 변화한다는 것이며, 이러한 사회변동의 모습들로는 출산율의 변화, 노사의 관계 변화, 핵가족의 출현에 따른 남편과 아내의 지위와 역할의 변모, 생활양식의 변화를 들 수 있다.

사회변동은 사회관계나 사회구조 등 외형적인 변동 이외에 철학, 종교, 과학, 예술, 가치관 및 규범 등의 문화적 요소가 변하는 것을 지칭하기도 하는데, 이는 새로운 언어의 창조, 도덕개념의 변화, 음악, 미술, 무용 및 성에 대한 태도의 변화 등이 이 범주에 포함된다. 그러므로 사회변화는 궁극적으로 사회생활의 내용으로서 어떠한 종합적 형태를 이루고 있는 사회적 형상 혹은 문화의 변화를 의미하는 것이며, 따라서 문화변동이라는 말과 동의어로 간주되어도 무방한 경우가 많다(이위환, 2021).

2) 사회변동의 과정

사회변동의 과정을 발견, 발명, 전파로 보는 견해에 따르면 첫째, 발견이란 인류의 확증된 지식의 누적이며 기존의 사실 또는 관계에 대한 인간의 인지작용이다. 이러한 발견에 의하여 새로운 지식이 새로운 기술을 발전시킬 때 거대한 변동이 따르게 된다. 둘째로, 발명이란 문화의 낡은 요소의 새로운 사용을 말한다. 이들 요소는 아무 것도 새로운 것이 아니다. 이 요소들의 연결된 사용이 새로운 것뿐이다. 셋째로, 전파란 집단에서 집단으로 문화 특성이 전파 또는 보급되어 나가는 현상의 이름이다. 이러한 문화전파는 한 사회 안에서만 진행되어 나가는 것이 아니라 사회 간의 접촉과정을 통해서도 이루어진다. 미국문화와 같이 복잡한 문화내용도 다른 사회로부터 전파된 것이 대부분이라고 할 수 있다. 문화전파는 몇 가지 특성을 가진다.

① 문화전파현상에서는 주고받는 두 가지의 과정을 겪게 되는 사실을 유럽인들에게서 찾아 볼 수 있다.
② 문화전파는 선택과정을 거치게 되는데 어떤 문화는 수용하고 어떤 문화는 거부하게 되는 것이다.
③ 전파문화는 일반적으로 차용한 요소에 어떤 수정을 가하는 작용을 내포하고 있다.

메릴(Merrill)은 사회변동의 순서를 다음 네 단계로 나누어서 설명하였다.

① 기술

기술은 공예 혹은 공예과학을 의미하는데 순수과학을 인간의 실제적 목적에 이용한 것이라고 한다. 따라서 그 말은 넓은 의미로 과학적 혹은 기술적인 뜻을 내포하고 있다. 기술은 우리가 살고 있는 물리적 환경을 변경시킴으로써 사회변동에 큰 영향을 미치게 된다.

② 경제기관

기술적 발명을 가장 직접적으로 응용한 분야가 산업방면이다. 따라서 기술이 발달함에 따라 그 영향을 제일 먼저 받게 되는 것이 경제기관이다. 경제기관은 상품과 서비스를 생산하고 분배하는 조직된 사회기관이다. 경제기관은 과학기술적 변동에 의존되면서 연쇄 반응적으로 사회기관의 변동을 일으키게 하는 둘째 요인이다.

③ 사회기관

사회기관은 경제변동에 의해서 많은 영향을 받게 된다. 사회기관이란 가족·학교·교회·정부 등을 가리키는 말이다. 사회기관의 변동은 기술적 변동보다 완만하게 진행된다.

④ 사회적 가치

사회진보의 기준은 가치척도에 달려 있다. 사회적 가치는 사회에 따라 다르고 고정되어 있지 않다.

과학적·기술적 변동과 거기에 따른 경제적·사회적 기관의 구조 변동이 비교적 빠르게 일어나는 데 반해서 사회적 가치의 변동이 지연되는 이유는 사회를 구성하고 있는 각 사람의 가치관이 서서히 변모하기 때문이다. 이 사실은 교육적으로 중요한 뜻을 가지고 있다.

오늘과 같은 계획된 사회변화를 Rogers의 Invention-Diffusion-Consequence의 이론과 교육의 과정의 비교를 다음과 같은 도식으로 표현해 본다.

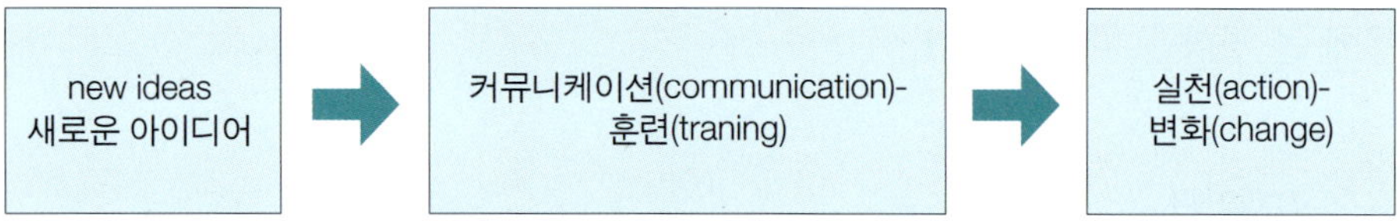

[그림 6-1] 사회변화의 과정

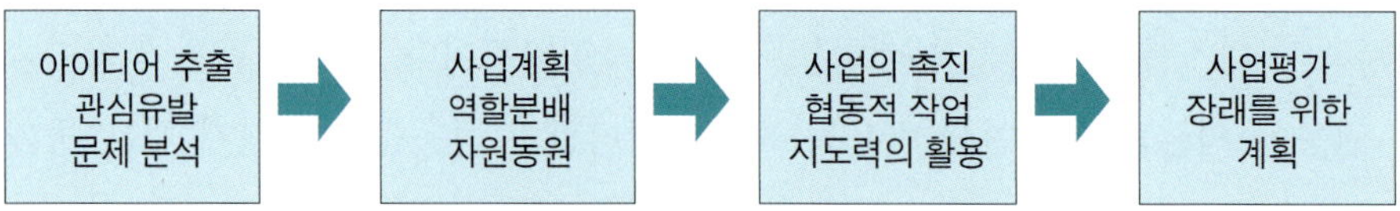

[그림 6-2] 교육의 과정

위와 같은 국가 계획적으로서의 사회변화는 그것이 비록 정부나 전문기관이나 학교에 의해서 선도된다 하더라도 그 전체 과정이 민주적이고 효과적이기 위해서는 그들의 새로운 아이디어와 방법이 해당 지역사회와 산업체 속에 용해되어 들어감으로써 그 변화가 발생하는 지역사회와 산업체가 그 변화의 주체가 되어야 한다는 것이다.

3) 사회변동의 특성

(1) 변동은 자연발생적이고 필연적이다.

물론 사회변동에 있어서 인간의 자유의지나 책임을 부인한다는 점에서 포퍼(Karl Popper)와 같은 역사주의의 입장을 반대하는 이론가도 있지만, Hegel이 인류의 정신사는 완벽을 지향한 흐름이라든가, 신학자들이 인류의 역사는 최후의 심판을 받을 날을 향하여 흐르고 있다고 하는 주장과 같이 사회가 일정한 방향으로 변동한다는 것은 역사적 필연성이라는 것이다.

(2) 변동은 연속적이며 대단히 역동적으로 이루어진다.

변화의 양상·법칙과 관련하여 변동, 즉 사회변동과정은 어느 한 특정한 시 기관에 있어서의 일정한 특징들이 다른 시 기관에 있어서의 특징들과의 차이를 보이는 단계로서 구성되어 있다는 것이다.

인류학자 몰간(Lewis Morgan)이 인류사회의 진화를 야만(savagery) → 미개(barbarian) → 문명(civilized)의 3단계론을, 경제학자 로스토우(Walter Rostow)가 전통사회 단계(traditional society) → 도약전 단계(the per conditioning for the take off stage) → 도약단계(take off stage) → 성숙단계(the drive to maturity) → 고도소비사회단계(the age of mass consumption) → 질의 추구단계(the search for quality)의 6단계론을 말한 바와 같이 일련의 변화단계로 구성된 변화과정을 거침으로써 저급상태에서 고급단계로 진화한다는 것이다.

(3) 현대사회는 어떤 계기를 기점으로 급격하게 변화하고 있다.

인쇄술의 발달로 소수 지배계층만이 소유하였던 지식의 대량생산·대량소비가 가능해 졌고, 이를 계기로 종교개혁과 시민혁명이 일어나게 되었던 역사가 있었다. 또한 오늘날 교통·통신의 발달은 공간과 시간의 한계를 극복하고 세계를 하나의 사회로 연결시키는 세계화 현상을 가져왔다. 이러한 특정 분야의, 짧은 시간에 일어난 변화는 변화가 일어나기 이전의 과거 수 백년의 역사가 이루지 못했던 인간의 의식 구조뿐만 아니라 사회구조, 경제구조, 정치구조 등에도 급격한 변화를 동반하게 되었다. 이렇듯 특정 기술의 발달, 문화활동, 전쟁, 전염병의 확산 등과 같은 사건은 놀라운 속도로 그 사회를 변화시키고, 또 그 변화의 영향력은 전 세계 다양한 분야로 파급되기까지 한다.

(4) 사회의 각 분야는 동일한 상태로 변동하지는 않는다.

어느 한 지역에 영향을 준 사건이나 사회의 변화는 모든 지역에 동일하게 순기능적으로, 혹은 역기능적으로만 나타나지는 않는다. 예컨대, 산업화의 여파로 도시가 발달하고 인구가 급증하는 경우도 있지만, 그 부작용으로 환경오염이나 범죄가 심해지거나 교통문제, 교육문제, 지역빈부 격차와 같은 사회문제가 발생하여 혼란을 발생시키기도 한다.

(5) 변동은 필요하다.

사회진보와 발전의 방법에 대하여는 종종 논란이 되고 있지만, 스펜서(Hervert Spenser)가 사회변동, 곧 "진보는 이득이 있는 필수품"이라고 표현한 것처럼, 사회변동의 진화는 보다 좋은 것, 보다 높은 것으로 변화라는 가치관을 내포하고 있어 인류의 역사는 곧 인류사회의 생활여건의 개선을 위한 노력의 연속이라는 신념에 입각한 인간발전과 사회진화의 목표에 대하여는 사회학의 창시 이래 사회학계의 하등의 이의가 제기되지 않고 있다. 콘드로체(Merquis de Condrocet)는 이와 같은 시각에서 인류의 역사를 인간정신 진보의 역사로 봄으로써 과거에 이루어진 진보가 곧 인류역사의 진보를 계속 추진하는 원동력이라고 보았으며, 봉건사회의 구체제에서의 탈피는 진보의 이념 구현을 위한 사회적 필수요건이라는 샘슨(R. Sampson)의 표현은 이와 같은 입장을 잘 대변하고 있다.

5. 교육평등과 사회평등

1) 교육의 평등

교육에서 평등의 의미는 누구나 교육적으로 공평하게 취급받는다는 것, 또는 차별받지 않는다는 의미이다(김신일, 2003). 다시 말해서 교육에서의 평등이란 개인에게 교육받을 기회를 균등하게 제공한다는 것이다. 그런데 교육의 기회균등은 매우 복잡한 것으로서 교육의 기회균등 실현은 많은 학자들의 관심거리이다. 그러나 기회균등의 실현 그 자체는 매우 추상적이고 정의하는 사람마다, 그리고 시대에 따라, 시각에 따라서 다양하게 정의할 수 있다. 차경수(1976)는 교육의 기회균등을 다음과 같이 정의하고 있다.

첫째, 사회계층이나 지역적 차이, 개성에 관계없이 교육기회가 평등하게 주어지는 것을 말한다.

둘째, 학교시설의 우열이나 인문·실업과 같은 교육과정, 그리고 공립·사립, 부모의 직업 등과 체계적 관계가 없는 상태를 말한다.

셋째, 학생의 학업 성적이 부모의 직업과 관계없는 상태를 말한다.

엘리트주의의 후퇴와 더불어 사회평등의식이 점차 발달·확산되면서 1960년대 후반 이후 '교육기회균등'이란 용어보다는 '교육평등'이라는 용어가 더 자주 사용되기 시작하였다. '교육기회가 균등하면 만족할 수 있다'는 생각에서 '교육이 평등해야 만족할 수 있다'는 의식으로 전환되었다(이종각,1997).

(1) 교육기회의 허용적 평등

평등은 근대사회의 개념이다. 그 전에는 평등보다는 신분이 더 중요한 개념이었다. 신분은 사람의 질적 차이를 전제로 성립했기 때문에 높은 신분의 사람들에게만 교육기회를 주는 것이 조금도 이상할 것이 없었다. 왕족이 평민보다 높은 교육을 받는 것은 지극히 당연한 일이었다. 그러나 신분제도가 무너지고 근대 시민사회가 형성되자 사람들은 어떤 종류의 차별도 인정하려 들지 않았다. 모든 사람은 하느님 아래 그리고 법 아래 평등하다고 믿기 시작한 것이다.

허용적 평등관은 모든 사람에게 동등한 기회가 주어져야 한다는 관점이다. 주어진 기회를 누릴 수 있느냐의 여부는 개인의 역량과 형편에 달린 것이고, 법이나 제도상으로 특정 집단에게만 기회가 주어지고 다른 집단에게는 금지되는 일은 철폐되어야 한다는 것이다. 교육받을 기회가 모든 사람에게 고르게 허용되어야 한다는 신념이다. 그렇다고 해서 모든 사람이 같은 수준의 교육을 받아야 한다고는 믿지 않았다. 사람은 각기 다른 수준의 능력과 다른 종류의 재능을 타고난다고 믿었기 때문이다. 다만 이제까지 신분, 성, 종교, 지역, 인종 등을 이유로 차별해오던 것을 철폐함으로써 누구나 원하고 또 능력이 미치는 데까지 교육을 받을 수 있도록 허용하자는 것이다.

(2) 교육기회의 보장적 평등

허용적 평등관은 제도적 차별을 철폐함으로써 모든 사람에게 교육받을 기회를 열어주는 데 기여하였다. 그러나 교육받을 기회를 허용하는 것만으로는 완전한 교육평등의 실현이 불가능하다는 것이 곧 드러났다. 학교에 다니도록 허용되었다 해도 경제적 능력이 없는 하류계층 자녀들은 교육을 포기할 수밖에 없었다. 깊은 산골이나 외딴 섬에 사는 어린이들은 그곳에 학교가 없기 때문에 다닐 수가 없었다. 그러므로 교육평등을 실현하기 위하여는 취학을 가로막는 경제적, 지리적, 사회적 제반 장애를 제거해 주어야 가난한 집의 수재나 산골의 어린이들도 학교에 다닐 수 있음이 드러났다. 즉, 취학을 보장해 주는 대책이 필요하다는 것이다.

(3) 교육조건의 평등

교육조건의 평등에 관하여는 콜맨(Coleman,1966)이 적절히 표현한 바가 있다. 교육기회의 평등은 단지 취학의 평등만이 아니라 평등하게 효과적인 학교에의 취학을 의미하는 것이다. 다 같이 중학교에 다니게 된 것만으로는 평등이 아니라는 것이다. 학교의 시설, 교사의 자질, 교육과정 등에 있어서 학교간의 차이가 없어야 평등이라는 것이다. 왜냐하면 학교간의 차이는 그 자체도 문제이려니와, 상급학교 진학에 큰 차이를 가져오기 때문에 결국 상급 학교교육의 기회분배에 차이를 가져온다. 그러므로 학교의 교육 여건과 교육이 진행되는 모든 과정이 평등하게 되지 않으면, 교육평등은 아직 실현되지 않은 것이다.

실제로, 초등교육과 중등교육 취학이 보편화되자 학교간의 차이가 문제로 등장하였다. 학교에 따라 교사의 질적 수준이 다르고, 시설이 다르고, 주변 환경이 다른 것을 학부모들이 문제삼기 시작한 것이다. 그러한 학교 차가 교육결과에 차이를 가져온다고 생각하였기 때문이다. 실제로 학교간에 학생들의 성적 차가 나타났다. 학교간의 성적 차가 새로 생겨난 것은 아니고 이전부터 있어온 것이지만, 교육기회분배의 평등화가 성취되자 새삼스럽게 문제로 인식되기 시작한 것이다. 성적 차뿐만 아니라 비인지적(non-cognitive)특성, 예컨대 행동방식, 태도, 성격 등의 차이도 눈에 띄었다. 이러한 교육결과의 차이를 해소하기 위하여 학교 차를 없애야 한다는 주장은 그 나름으로 당연한 요구이다.

우리나라의 고교평준화 정책은 개념상으로는 교육조건의 평등관과 같다. 고등학교간의 학교 차를 없애는 말 그대로 평준화하자는 정책이기 때문이다. 그러나 이 정책은 처음부터 입시제도의 일환으로 입안된 것이기 때문에 교육조건의 평등화보다는 학생의 학교간 균등배정에 근본 목적이 있었다. 교육조건의 평등화는 학생의 균등배정에 대한 보완책으로 포함된 것뿐이다. 그렇기 때문에 평준화 정책은 학생의 균등배정을 강제로 실시하는 일에 중점을 두어 왔고, 교육조건의 평등화에는 노력을 하지 않은 것은 아니나 교육 재정의 궁핍 등을 이유로 제대로 시행하지 못하였다. 더욱이, 평준화 정책의 근본 목적이 교육조건의 평등화에 있었다면, 상대적으로 교육조건이 양호한 대도시보다는 농촌과 벽지의 학교에서부터 실시했어야 옳으나 실제의 정책시행은 거꾸로 이루어졌다.

2) 교육불평등의 원인

교육의 불평등 원인을 설명하는 데 있어서는 주로 학생의 타고난 능력이나 지능, 성취동기 등의 개인적 요인과 교육불평등의 원인을 사회의 구조적 차원에서 찾는 경우가 있다. 송준수(2001) 등은 교육불평등의 원인을 능력주의론적 관점, 문화환경론적 관점, 사회구조론적 관점 등으로 구분하여 다음과 같이 설명하고 있다.

(1) 능력주의론적 관점

개방사회는 사회적 지위가 세습되는 것이 아니라 획득된다는 이념을 근간으로 한다. 지위의 획득이란 곧 개인의 능력에 따라 사회적 지위가 결정된다는 말이다. 이러한 이념에 맞춰 개방사회는 누구나 경쟁에 참여할 수 있도록 학교교육의 기회를 평등하게 하려고 한다. 빈곤한 학생들에게도 학교교육이 개방됨으로써 높은 지위를 차지할 수 있는 통로를 개방하고 있으며, 계층간의 사회이동은 개인의 능력과 노력 여하에 따라 충분히 이루어지도록 제도화되어 있다. 따라서 능력주의라는 입장에서 보면 교육불평등의 원인은 주로 지능이나 적성 등 학생의 타고난 능력이나 성취동기에 기인하는 것으로 간주된다.

능력주의 사회(meritocratic society)라 불리는 현대사회에서의 사회이동은 혈연, 지연, 학연 등의 배경에 의해서 결정되는 것이 아니라 개인의 재능과 능력에 달려있다고 볼 수 있다. 따라서 부모의 사회·경제적 지위가 학교에서의 성취에 전혀 영향을 미치지 않는 것은 아니지만, 아무리 중·상류층의 아동일지라도 본인의 능력이 부족할 경우에는 하류층의 자녀보다 경쟁에서 떨어질 수밖에 없다고 능력주의적 관점에서는 파악하고 있는 것이다. 이런 관점에서는 기회의 평등관에 집착하게 된다.

(2) 계층간 교육불평등 문제

사회계층이 교육기회의 격차를 초래한다는 연구들은 이미 많이 제기되고 있다. 선진국에서는 이러한 계층간 교육 격차를 복지제도를 통하여 해결하고 있으나, 우리나라에서는 아직까지 그 해결책을 구체적으로 제시하지 못하고 있다. 교육의 기회는 개방되어 있지만, 개방된 교육기회를 활용하지 못하는 사람이나 문화적으로 실조를 겪는 아동들을 효과적으로 조력해 줄 수 있는 방안이 수립되지 못한 실정이다(송준수, 2001). 특히 맞벌이 가정의 증가는 취학 전 교육과 초등학교 방과 후 교육에서 새로운 대안을 요구하고 있다. 상당수의 취업여성들이 자녀들의 양육 및 교육 때문에 직장을 그만두게 되는 경우가 있다.

우리나라의 경우에 있어서는 교육정책의 일환으로 취학 전 교육을 강조하면서도, 저소득층 유아를 위한 교육시설은 그 수에 있어서나 시설 면에서 절대적으로 부족하고 빈약하기 짝이 없다. 유치원의 경우만 보더라도 세입 총액의 83%를, 더욱이 사립 유치원은 96%를 학부모가 부담해야 하므로 취학 전부터 교육기회의 제약을 받고 있다는 것이다(권이종, 1986).

(3) 남녀간 교육불평등 문제

해방 이후 우리나라의 교육은 지속적인 양적 성장과 아울러 여성의 교육기회 확대에도 많은 영향을 미쳤다. 그러나 교육분야에서의 남녀간의 불평등 현상은 여전히 문제점으로 인식되고 있다. 여성의 교육기회 확대에도 불구하고 교육에 있어 성불평등 문제가 끊임없이 제기되고 있는 이유는 불평등한 교육기회의 접근 때문이라고 할 수 있다(송준수, 2001). 특히 한국사회에 강하게 남아있는 남아선호사상은 남자에게 더 많은 교육기회를 부여해왔으며, 이러한 현상은 학교수준이 높아질수록 더욱 심화되는 경향이 있다. 취학률, 진학률, 평균 교육연수 등 대부분의 교육지표에서 여성이 남성에 비해 불이익을 받고 있음을 볼 수 있다.

제7장 교육의 행정학적 이해

1. 교육행정의 이해
2. 교육행정의 주요 이론
3. 교육제도와 학교조직
4. 우리나라의 교육행정조직
5. 학교경영
6. 학급경영

1. 교육행정의 이해

1) 교육행정의 개념

교육행정의 개념은 교육과 행정의 관계에서 우선시 되는 가치에 따라 달리 구분된다. 교육행정을 정의하기 전에 먼저 행정(administration)의 의미를 살펴보면, 행정이란 영어로 'administration'으로 'ad(to, ~를 위하여)'와 'minister(장관, 성직자, 다스리다, 봉사하다)'가 합성된 단어로 이는 국가를 위하여, 성직자의 자세로 봉사한다는 뜻을 담고 있다. 이는 과거 서양의 중세시대에 성직자들이 국가경영에 참여했던 전통에서 유래하였으나 정치와 종교가 엄연히 분리된 오늘날에도 여전히 같은 용어를 사용하는 것은 그 개념이 담고 있는 근본적인 목적은 변함이 없음을 알 수 있다.

학교의 핵심 과업은 수업(instruction)으로, 행정의 조직과 과정은 이 과업을 달성하기 위한 수단이다. 즉 행정은 근본적으로 교육의 기본목표를 보다 능률적으로 달성하도록 하기 위한 일련의 봉사활동이며 작용임을 알 수 있다. 이러한 행정의 의미를 교육에 적용시키면 교육행정이란 "교육목표를 설정하고, 목표를 달성하기 위한 교육과정과 프로그램을 개발하는 한편, 이를 운영하기 위한 인적·물적 자원을 지원하고, 이 과정에서 지도력을 발휘하는 지원적 봉사활동이다." 즉, 행정은 그 목적이 공공의 이익을 중시하며, 독점적이라서 경쟁력이 낮고 정치권력에 기반하여 강제성을 띄나 이와 유사한 개념을 가진 경영의 목적은 이윤의 극대화를 추구하며 정치권력이 없다. 그러나 자유로운 시장경제 시스템에서 생존하기 위해 자체적으로 능률을 중시하고, 고객에 대한 봉사를 중시하게 된다.

이렇듯 업무를 처리하는 방식은 유사한 듯 하나 그 목적이나 성격이 상반된 개념을 갖고 있는 경영의 개념들이 교육현장에 들어온 이유는 무엇일까? 교육현장 역시 경쟁 우위를 차지하려는 노력과 수월성의 제고, 다양성을 요구하는 시대적 변화 속에서 사회의 요구를 반영하고 생존능력을 확보해야 된다는 차원에서 행정과 경영의 경계가 약화되고 교육(학교)에서 경영 논리를 강조할 수 밖에 없는 당위성에서 출발하였다고 볼 수 있다.

2) 교육행정의 필요성

교육이 제대로 이루어지도록 하기 위해서는 많은 준비와 조건들이 필요하다. 특히 현대사회에서는 학교를 짓고 교실을 만들어 자격을 갖춘 교원을 배치하고 적절한 교재와 교구를 제공하면서 정해진 목표, 속도, 단계에 따라 교육이 이루어지도록 조건을 조성하는 것이 필요하다. 이처럼 교육활동의 조건을 만들고 준비하는 역할을 하는 것이 교육행정이다. 즉 교육이 잘 되도록 돕는 조건들을 적절하게 준비하고 마련하여 교육이 제대로 이루어질 수 있도록 하는 활동이 바로 교육행정인 것이다. 교육철학이나 교육사 분야가 교육이 나아가야 할 방향과 길러내야 할 인간상에 관하여 탐구한다면 그것을 달성하기 위한 구체적 활동, 즉 기술적 핵심수단(technical core)에 초점을 맞추는 것이 교수-학습 활동분야이다. 그리고 이러한 교수-학습 활동이 교육목표의 달성을 향해 원활히 진행될 수 있도록 지원하고 제반 조건을 마련하는 서비스 활동이 바로 교육행정이라고 할 수 있다. 한마디로 교육의 목적과 목표를 교수-학습 활동을 통해 잘 달성할 수 있도록 다양한 방법으로 조건을 마련하고 지원하는 교육행정의 중요성은 교육활동의 성패를 좌우한다는 점에서 중요하다(성태제 외, 2007)

3) 교육행정의 성격

교육행정은 공공부문에 적용되는 개념인 일반행정과 공통적인 성격도 있고, 교육행정만이 가진 특수한 성격이 있다. 여기서는 교육행정의 일반적인 성격과 특수한 성격을 살펴보기로 한다.

첫째, 지원적·봉사적 성격이다. 교육행정은 교육목적을 달성하는데 필요한 인적 자원과 물적 자원을 확보하여 각 요소가 필요한 곳에 적절하게 지원하는 역할을 수행한다. 교육행정가는 교육활동을 원활히 하기 위해 지원해야 할 일들의 목록을 만들고 교사의 복지와 학습자의 수월한 학습을 위해 학교의 예산을 관리한다.

둘째, 민주적·중립적 성격이다. 우리나라 헌법 제34조에는 교육의 자주성·전문성·정치적 중립성 및 대학의 자율성은 법률이 정하는 바에 의하여 보장된다고 명시되어 있다. 이에 관한 교육기본법 제5조에도 국가 및 지방자치단체는 교육의 자주성 및 전문성을 보장하여야 하며, 지역의 실정에 맞는 교육의 실시를 위한 정책을 수립·실시하여야 한다고 밝히고 있다. 따라서 교육이 올바른 민주시민을 길러내려는 것이므로 교육제도, 교육내용, 교육조직 등이 민주적인 방법으로 운영되어야 한다. 또한 교육행정은 본래의 목적에 충실하기 위해 일반행정으로부터 분리 독립되어야 하고, 특히 정당이나 정파로부터의 정치적 중립성 확보가 필요하다.

셋째, 전문적인 성격이다. 최근 인공지능 등으로 대표되는 4차 산업 혁명기술, 인구의 고령화에 따른 평생학습사회로써의 교육의 기능은 매우 복잡해지고 있다. 따라서 교육행정가나 교육지도자로 하여금 끊임없이 노력하지 않으면 시대변화에 적응하기 어렵게 하고 있다.

넷째, 교육행정의 특수한 성격이다. 교육의 효과는 장기간이 지나야 나타나는 것이므로 교육행정은 전과정에서 장기적인 안목을 필요로 한다. 또한 교육성과를 평가하기가 곤란하다는 것이다. 교육의 성과라고 할 수 있는 학업성취의 인지적 영역은 측정이 가능하지만 정의적 영역을 포함하여 인간다운 인간을 길러냈는지는 측정이 어려운 측면이 있다. 마지막으로 재정투입의 비긴급성이다. 일반적으로 다리가 무너져 교량을 건설하거나, 도로를 건설하는 등은 긴급하게 재정투입이 이루어져야 하는 것으로 여겨지지만, 학교신설과 학급 증설, 교원의 처우개선 등을 위한 재정 투입은 긴요하거나 긴급한 것으로 간주되지 않는 경향이 있다. 따라서 교육을 지원하는 교육행정의 역할은 교육의 특수한 측면을 고려하여 운영되어야 한다는 것이다.

4) 교육행정의 영역

교육행정은 다학문적인 접근이 필요한 분야인 만큼 포괄하는 하위영역이 넓고 다양하다. 우리나라 교육행정에서는 조직, 인사행정, 재정 등이 전통적으로 주요 영역을 차지하여 왔으나 최근 서구 국가에서는 학교경영, 학급경영 영역에 대한 관심이 높아지고 있다. 우리나라 교육행정은 다음과 같은 영역에 관심을 가지고 있다.

(1) 교육조직론

교육행정이 전통적으로 관심을 가져온 분야이다. 중앙·지방 단위학교의 교육행정 조직구조의 구안과 그 안에 있는 구성원들의 동기유발을 촉진할 수 있는 체제에 관심을 갖는다. 우리나라에서는 이전부터 학교제도에 대한 사회적 관심이 컸고 현재도 교육행정이 가장 많은 노력을 기울이고 있는 분야이다. 지속적으로 관심의 대상이 되고 있는 지방교육자치제도, 학교운영위원회 제도 등은 조직론적 시각에서 접근할 수 있는 사안들이다.

(2) 교육인사행정

교육인사행정은 교육활동이 주체가 되는 교원과 이들이 교육활동에 전념할 수 있도록 지원·감독하고 제반 행정업무를 수행할 수 있는 유능한 교육 전문직과 일반직을 확보하고, 그들의 자질을 향상시키며 근무의욕을 높여 주는 일련의 행정지원 활동이라고 할 수 있다. 인사행정의 목표는 조직의 목표를 보다 효과적으로 달성하게 하고 구성원 개개인으로 하여금 자신들에게 기대되는 과업을 성취하게 하고, 이들이 설정한 최고의 지위에 도달하도록 도와주고, 그리고 개인의 목표와 교육조직의 목표 간에 조화를 이루도록 하는 데 있다는 것이다.

'교육의 질은 교사의 질을 능가할 수 없다'는 말에서 보는 바와 같이 교원은 교육활동의 핵심적 주체이다. 교원을 어떻게 양성하고 자격을 부여하며 임용하는

가, 전문성 신장을 위한 연수와 승진체제를 어떻게 갖추어야 하는가 등이 관심사다. 교육인사행정에는 교직특성, 교원단체, 단체교섭 등에 대한 논의도 포함된다.

(3) 장학론

장학은 교원의 전문성 신장을 위한 지도·조언 활동을 말하는 것으로 교육인사행정과 밀접한 관련을 가지고 있다. 장학이란 "교수-학습의 효율화를 목적으로 교사의 전문성 신장, 교육과정 운영 및 학교경영의 합리화를 위해 제공되는 지도, 조언, 정보 제공, 자원봉사 등 일련의 전문적·기술적 활동"이라고 할 수 있다. 우리나라의 중앙과 지방 교육행정 기관에는 '장학사,' '장학관'이라는 직위가 있고 이들이 전문적으로 하는 일이 장학이다.

(4) 교육재정

교육조직의 목적을 달성하기 위해서는 무엇보다도 필요한 재원을 확보하고 이를 적절하게 배분하는 일이 중요하다. 교육재정은 국가나 지방공공단체가 교육기관의 교육활동에 필요한 경비를 확보하며, 조달하고, 이를 관리하여 지출하는 일련의 활동을 의미한다. 구체적으로 보면, 교육재정은 교육부를 포함한 그 소속기관이 수행하는 중앙정부 재정과 시·도교육청, 시·군·구교육청 및 그 소속 기관과 시·도 교육위원회가 수행하는 지방교육재정을 포함한 것으로 파악된다.

교육재정의 성격은 국가와 공공단체(주체)가 교육의 목표달성을 위하여 국·공립학교의 교육활동, 사립학교의 교육활동, 사회교육활동(지원범위 혹은 대상)을 대상으로 교육재원을 학보, 배분, 지출, 평가하는 일련의 활동(영역)을 말하며, 수단성과 공공성을 지니고 있다(성격). 교육재정은 민간경제와 비교할 때 공권력에 의한 조세 징수의 강제성이 있고, 국민 전체의 복지를 도모하는 공공성과 양출제입의 회계원칙, 수지 균형의 원칙에 입각하고, 존속기간의 영속성이라는 특징을 지니고 있다.

(5) 교육정책

교육정책은 교육행정의 기본 목표와 방향을 제시하는 것으로서 교육행정에서 차지하는 의미와 중요성이 매우 크다. 근래에는 정책의 형성과정이나 집행뿐만 아니라 정책분석, 정책평가에 대한 관심도 증대되고 있다.

교육정책이란 공공정책으로서 교육활동을 위해 국가나 공공단체가 국민 또는 교육관련 집단 및 수혜집단을 대상으로 전개하는 교육의 지침으로 정의되고 있다. 이러한 교육정책의 영역은 교육정책 및 집행기관이 담당하고 있는 업무별로 유아교육, 초등교육, 중등교육, 고등교육, 교원교육, 실업교육, 특수교육, 사회교육 정책 등으로 구분한다. 쟁점에 따라 의무교육, 고교평준화 정책, 사학정책, 입시정책 등으로 구분하여 정책의 배경, 추진경과, 현황과 문제 및 주요 쟁점별로 기술하고 개선방안을 제시하기도 한다.

(6) 학교경영

학교경영은 교육조직에 대한 이론적· 실제적 영역으로서 학교경영은 일반적으로 학교장을 중심으로 학교를 운영·관리하며, 변화하는 환경 여건 속에서 학교를 유지·발전시켜 나가는 활동을 말한다. 또한 학교경영이란 일선 초·중등학교에서 교육목표를 설정하고 이를 달성하기 위하여 프로그램 및 인적·물적, 기타 지원 조건을 정비, 확립하고, 계획, 집행, 평가과정을 통하여 학교의 교육활동이 효과적으로 수행하도록 지원하는 일련의 활동이라고 할 수 있다. 아울러 학교경영은 학교조직에서 조직 구성원의 집단적 행동을 통하여 목표를 달성하는 것을 본질로 한다.

(7) 학급경영

교육활동이 이루어지는 최종 단위인 학급은 학생의 입장에서는 지적·정의적·행동적 경험을 통한 자신의 세계를 형성해 가는 장소로서, 교사의 입장에서는 교육 실천의 장으로서, 삶의 실제 현장으로서, 그리고 교육적 창작의 산실로서 기능이 이루어지는 곳이라고 할 수 있다. 따라서 학급은 교수-학습의 장, 사회집단의 장, 학생의 삶의 장으로서, 그리고 경영대상으로서 학급은 목표, 구조, 과업, 구성원, 프로그램, 기술, 환경 등이 된다. 학교경영의 주체가 학교장인데 비해 단위학급에서 이루어지는 학급경영은 교사가 주체가 되며, 이는 학급이 추구해야 할 목표를 공동으로 달성하기 위하여 계획하고, 상호 인간관계를 조정, 협력, 통제, 평가하는 창의적이고 주체적인 조직행위로 이해할 수 있다.

학급활동은 교수-학습을 위조로 하는 활동과 경영을 위주로 하는 활동으로 구분되는바, 교수-학습을 제외한 학급 내외 모든 활동을 경영하는 과정을 학급경영이라고 할 수 있다.

2. 교육행정의 주요 이론

교육행정이론은 시대적 배경과 학문적인 성숙도에 따라 다양한 발전을 거듭해 왔다. 이 이론들은 현대학교제도와 교육행정의 기틀을 다지도록 하는 계기가 되었다.

교육행정학의 이론적 흐름을 살펴보면, 1910년대의 조직의 능률과 합리성을 강조하는 과학적 관리론으로부터 시작하여 이후 1930년대의 인간의 심리적·사회적 속성을 강조하는 인간관계론, 1950년대의 인간의 행동을 과학적으로 탐구하려는 행동과학론, 1960년대의 조직과 조직구성원, 환경의 역동적인 상호작용을 강조한 체제이론으로 나누어 살펴볼 것이다.

1) 과학적 관리론(1910~1930)

과학적 관리론은 1900년대 초 미국의 산업화에 따른 기업운영의 합리화, 과학화, 효율화 운동으로 시작되었다. 과학적 관리론의 주창자인 테일러(Frederick W. Taylor)는 인간을 과학적으로 잘 조직하고 관리하면 기계처럼 효율적으로 통제할 수 있다고 믿고 과학적 관리법의 원리를 정립하였다.

테일러(Taylor)가 제시한 과학적 관리 원리의 주 내용은 다음과 같다(주삼환 외, 2015).

첫째, 시간 및 동작 연구를 통하여 작업수행에 필요한 표준 시간과 표준 동작을 제시한다. 숙련된 작업자들이 기본 동작을 수행하는 데 드는 시간을 분석하여 이를 기준으로 표준시간과 표준동작을 설정한다.

둘째, 표준화된 작업 조건과 작업 방법을 설정하여 노동자들이 가장 빠르고 편하게 일할 수 있는 표주화된 작업환경을 조정하고 따르게 한다.

셋째, 1일 표준 생산량을 제시한다. 시간 및 동작 연구를 통하여 모든 노동자에게 명확하게 규정한 하루 작업량을 정하고, 이를 기준으로 임금을 책정하거나 상여금을 지급한다.

넷째, 차별적 성과급 제도를 도입한다. 직무에 대한 동기를 부여하기 위해 표준작업량을 정해 놓고, 표준의 도달 및 초과에 따라 성과급을 지급하는 제도를 적용한다.

다섯째, 관리와 수행을 분리한다. 공장에서 전체적인 기획과 설계를 담당하는 사람과 실제 생산을 담당하는 사람을 분리한다.

여섯째, 기능적 관리제의 도입으로 실무지식과 숙련도를 기준으로 각 부서의 현장 책임자를 두어 공장안에서 작업원을 관리하며, 시범을 보이고 구체적이고 능률적인 작업 방법을 제시한다.

이러한 과학적 관리의 원리를 보비트(Franklin Bobbitt)는 교육행정에 직접 적용하여, 가능한 모든 시간에 교육시설을 활용하고, 교직원의 작업능률을 최대한 끌어올려 교직원 수를 최소로 감축하였다. 또한 학교의 비효율과 낭비를 제거하고, 교원과 행정가의 역할을 분리하여 관리의 효율의 극대화를 꾀했다는 점에서 교육행정에 크게 기여하였음에도 불구하고, 인간을 단순히 기계적·합리적·비인간적 도구로 취급함으로써 자발적인 생산성을 저하시키고, 인간의 심리·정서적 요인을 무시한 채 작업과정에서 노동자에 대한 관리자의 통제에 초점을 두어 '노동자의 착취 이론'이라는 비판을 받기도 했다.

2) 인간관계론(1930~1950)

[그림 7-1] 메이요(Mayo)의 웨스턴 전기회사의 호손공장에서 실시된 호손실험

출처: https://blog.naver.com/leito/10088819992

과학적 관리론은 조직 관리와 행정의 과학화 및 능률화를 가져왔지만 인간의 행동이 경제적·물질적 동기에 의해서만 촉발되는 것으로 전제하고, 기계적 효율성만을 강조하여 인간의 사회적·정서적·심리적 측면을 간과함으로써, 인간을 기계 시 하는 경영철학에 한계를 드러냈다. 1930년대 세계적인 경제공황이 심화되면서 과학적 관리론에 한계를 느껴 폴릿(Follet), 메이요(G. E. Mayo), 르윈(Lewin) 등이 주축이 되어 인간관계의 중요성과 민주행정의 필요성을 강조하면서 태동시킨 이론이 인간관계론이다. 인간관계론은 인간의 정서와 감정적 요인을 중시하는 이론으로, 인간은 금전적 보상보다도 인정과 존중과 같은 심리적 욕구가 더 중요하며, 자신의 가치를 인정받고, 조직 내에서 서로 협력하며, 안정된 동료적 관계를 가질 때 작업능률이 상승한다고 보았다(김정한 외, 2006)

한편, 메이요(Mayo)와 뢰스리스버거(Roethlisberger)는 서부전기회사의 호손공장에서 8년에 걸쳐 실시한 호손 실험을 통하여 조직 내에서 인간관계의 변인이 실제 생산성을 증가시킨다는 것을 밝혔다. 즉, 작업 수행에서 작업자들은 공식적인 직무명세나 역할규정을 따르지 않으며, 공식적 조직 못지 않게 비공식적 조직이 생산성에 영향을 미치고, 종업원들의 행동은 집단적 감정을 따르고 있음을 발

견했다.

이러한 인간관계론은 교육과 교육행정에 커다란 영향을 미쳤다. 구체적으로는 ① 학교 내 비공식조직에 대한 관심 갖게 되었고, ② 교사들의 참여 확대로 민주적 지도성이 중시되었으며, ③ 조직 구성원들의 의사소통 원활 등 민주적 원리를 정착시키는 데 기여하였다. 과학적 관리론이 조직 운영에서 합리적·이성적 측면을 강조하였던 것에 비하여 인간관계론은 조직운영에서 인간의 정서적·심리적 측면을 강조함으로써 조직 구성원의 소속감, 응집력, 사기 등을 높여 주는 데 기여하였다.

3) 행동과학론(1950~1970)

행동과학론은 과학적 관리론과 인간관계론이 공통적으로 갖고 있는 한계, 즉 인간을 조직의 목적 달성을 위해 수단으로 취급함으로써, 인간과 조직을 동시에 조화롭게 파악하지 못하였다는 비판에서 출발하였다. 과학적 관리론은 경제적 유인가를 통해 노동자를 매혹시켰지만, 인간관계론은 인간에 대한 관심과 배려를 통해 노동자들을 조직목적의 달성에 헌신하도록 하였다. 행동과학론은 이러한 과학적 관리론과 인간관계론의 장점을 통합하고 단점을 극복하고자 하였다. 이러한 점에서 행동과학적 접근은 인간의 행동과 조직의 관계를 정립하여 조직의 생산성을 향상시키려는 이론이며 또한 조직 내 인간행동을 연구하여 행정이나 경영에 효율성을 높이려는 이론이다. 따라서 조직 내의 인간 변인 중 객관적으로 관찰가능한 행동을 탐색하여 이를 조직에 효율적으로 활용함으로써 생산성을 향상시키고 원활한 경영을 도모하고자 한 것이다.

행동과학론을 행정에 처음으로 적용한 학자는 버나드(C. I. Barnard)이다. 그는 조직을 사회적 협력체로 보고, 조직의 요소로서의 의사소통, 협동, 공동의 목적과 함께 조직 내의 비공식적 조직의 중요성을 강조하였다. 한편, 사이몬(Simon)은 버나드(Barnard)의 평등한 인간관계, 의사결정 기법, 의사소통, 권력과 권위 등의 개념을 이어받아 이를 확대·발전시켰다. 그는 조직과 관리의 중심은 합리적 의사결정 과정에 있다고 보고 조직 구성원들 간에 합리적 의사결정이 어떻게 이루어지는가에 관심을 두었다.

따라서 합리적 의사결정 과정이 곧 행정이라고 보고, 행정가는 합리적 결정을 위해 정보를 수집·처리하고 대안을 찾는 능력에 한정되어 있기 때문에 특정상황에서 최선의 선택에 만족해야 한다고 생각하였다. 그는 조직은 의사결정에서 최적의 합리성만을 추구하는 경제적 인간과 만족스러운 범위 내에서 제한된 합리성을 추구하는 행정적 인간으로 구분하고, 보다 객관적이고 효과적인 의사결정을 위해서는 제한된 합리성을 토대로 결정하는 행정적 인간형이 필요하다고 주장하였다(주삼환 외, 2015).

행동과학론은 경험 위주의 행정에서 학문중심의 연구로 전환시켰으며, 이론의 중요성을 인정하게 되어 교육행정 분야에서 새로운 이론이 정립되었고, 이러한 이론들은 행정의 현상을 파악하는 데 공헌하였으나, 논리성과 이론적인 면을 강조함으로써 이론과 실제가 분리되어 형식논리에 빠지기 쉽다는 비판이 있다(조규판 외, 2018).

4) 체제론(1960~)

교육행정이론의 기반이 되었던 1920년대의 과학적 관리론은 조직의 능률만을 중시하여 인간을 기계적 존재로 보았고, 1930년대의 인간관계론은 외부 환경보다는 인간의 심리적 측면을 강조하여 조직의 생산성을 이해하려 하였다. 이후 행동과학론은 조직의 현상을 논리성과 이론적인 면을 강조하여 조직 내의 다양한 요소들과의 상호관련성을 밝히기에는 역부족이었다. 이러한 한계성을 보완하고자 1960년대부터 등장한 이론이 체제론이다. 체제론은 학교조직을 이해하기 위한 방법으로 계량적, 분석적 도구와 기법의 활용을 통해 학교교육의 혁신을 모색하였다. 현재는 교육조직의 관리와 운영을 계획하고 실천하는 데 광범위하게 활용되고 있다.

체제(systemata)는 '조직의 공동 목적을 달성하기 위하여 체제를 이루는 요소들이 유기체적으로 작용하는 것'을 말한다. 체제이론(systems theory)은 학교 환경을 사회적 상호작용적 체제로 보고 어떻게 사회와 상호작용하는 지를 설명하는 이론이다. 체체로서의 학교는 상호 독립된 부분들, 명확히 한정된 인구, 학교 주변의 환경과의 구별, 복잡한 사회적 상호작용의 망 등으로 특징지어진다. 그러므로 학교의 원활한 운영과 관리를 위한 교육행정은 체제적으로 상호 보완된 관계 속에 이루어져야 한다.

오웬스(Owens)는 학교를 개방체제로 보고, 환경과의 투입–산출의 상호관계를 가지고 끊임없는 순환적 상호작용을 하고 있는 것으로 보았다. 이런 체제적 사고가 인간조직을 너무 엄격하고 기계적인 관점으로 본다는 부정적인 측면도 있으나, 조직 주변의 많은 현상을 하나의 체제로 일반화시켜 볼 수 있도록 우리의 사고 체계도 넓혀 주고, 교육과 교육행정의 이론과 실제에 체제적 개념의 형성으로 많은 발전을 가져왔다는 점에서 행정사항의 한 흐름으로 계속 지속되고 있다.

체제는 주위환경과 구분이 되는 경계가 있고, 그 경계 밖을 환경이라 한다. 그 경계 밖의 환경과 비교적 자유로운 상호작용을 하는 체제를 '개방체제'라 하고 그 반대로 상호작용을 하지 않는 체제를 '폐쇄체제'라 라며, 그 체제 밖에 존재하는 환경을 '상위체제'라 하고, 해당 체제 속에 형성되어 있는 체제를 '하위체제'라고 한다. 학교사회는 국가 사회의 정치, 경제, 사회, 문화 등 다른 체제와 긴밀한 관계 속에서 활동이 이루어지기 때문에 교육행정조직을 개방체제로 간주한다.

개방체제의 특징은 ① 환경과 상호작용하여 투입과 산출이 있다. ② 재투입, 환류의 과정이 있다. ③ 환경과 체제 간에 균형을 유지하려는 경향이 있다. ④ 자기통제력을 가지고 있다. 즉, 자기에게 영향을 미치는 모든 힘을 조절하고 통제할 수 있다. ⑤ 규모가 확장되면 새로운 기능적 하위체제들을 계층적으로 만들어 나간다. 이를 발전적 분화라고 한다. ⑥ 발전적 단순화를 한다. 즉, 체제는 스스로를 효율화하기 위해 그 과정과 절차들을 단순화하기도 한다. ⑦ 하위체제 간의 역동적인 기능적 상호작용을 통해 자신을 유지한다. ⑧ 최종 결과를 동일하게 하려는 경향(equifinality)을 가지고 있다. 즉 상이한 조건하에서도 다른 과정을 밟아 동일한 결과를 달성하는 능력을 가지고 있다.

요약하면, 체제는 그 환경으로부터 에너지와 정보가 투입되고 전환과정을 거쳐 산출을 하며 이를 다시 환류시켜 재투입을 하는 순환과정을 거치게 된다. 이 과정은 다음과 같이 도식화 할 수 있다.

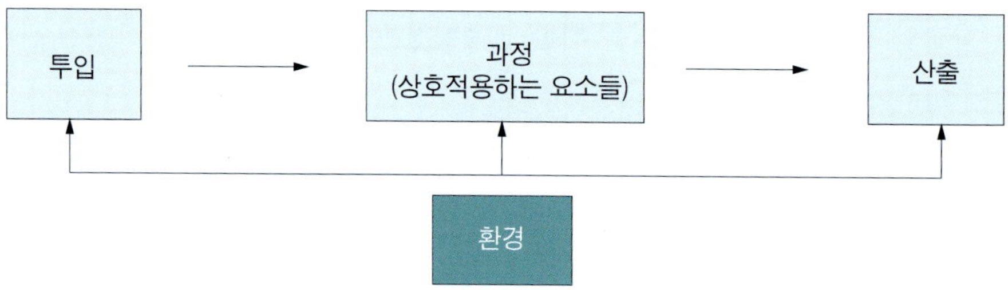

[그림 7-2] 체제이론의 기본 모형(출처: 윤정일, 교육행정학원론 5판, 2008, p.62)

체제 내의 각 단계의 역할을 학교조직에 적용하면 다음과 같이 설명할 수 있다.

① 투입: 상호작용하는 요소들이 체제의 목적을 달성할 수 있도록 체제의 밖에서 안으로 들어가는 모든 요소를 말한다. 학교교육활동을 위해 투입되는 요소는 매년 입학하는 신입생과 재학생, 그리고 교사를 비롯한 여러 인적·물적 자원 등이 새학기와 함께 투입되는 것을 말한다.

② 과정: 목적달성을 위해 여러 자원과 정보를 활용하여 산출로 만들고 가치를 창조하는 과정이다. 학교는 교육과정에 따라 정해진 시간 안에 지식적으로, 인성적으로 학생들을 성장시켜서 진학시키거나 사회인으로 만들어가는 과정을 거친다. 이러한 과정에는 수업활동, 각종 체험활동, 교내외 대회, 행사 등 다양한 교육적인 경험들이 포함된다.

③ 산출: 체제가 환경이나 인접한 체제로 내보내는 자원과 정보로서 체제가 의도적이나 무의적으로 생산해 내는 모든 것을 말한다. 학교는 일정기간 동안 다양한 교육활동을 통하여 사회가 필요로 하는 인재를 배출한다.

④ 환경: 체제와 일정한 접촉을 유지하고 그것에 일정한 접촉을 주는 경계 밖의 주변 조건이나 상태를 말한다. 오늘날의 교육활동은 학교 내에 일어나는

활동에만 국한되지 않고 학교 안팎의 지역사회와 국가 등 다양하고 폭 넓은 학교를 둘러싼 환경으로부터 협력과 지원을 통해 교육활동이 완성되는 체제로 유지되고 완성되어 간다.

이상과 같이 교육행정학이론이 교육현장에 적용하는 양상은 시대적 상황에 따라 조금씩 변화·발전되어왔다. 그 과정에서 이론은 그 외연을 넓히며 현실의 요구를 좀 더 신속하고 정확하게 부응하려는 방식으로 발전되어 왔고, 앞으로도 더 인간과 조직을 적합한 방식으로 이해하고 교육현장의 성과를 제고하는 통합적인 방식으로 발전되어가리라 본다.

3. 교육제도와 학교조직

1) 교육제도

학제는 국가의 교육이념을 실현하기 위한 제도적 장치이다. 학제는 학교 교육을 단계별로 구분하고, 각 단계의 교육목적과 교육기간, 교육내용을 설정한다. 학제는 수직적으로는 교육단계 간의 접속관계, 수평적으로는 학교교육과 학교 외 교육 간의 연결관계를 규정함으로써 국가의 교육운영을 제도적으로 규정한다. 우리나라의 현행학제는 1950년대에 6-3-3-4의 골격을 정립한 이후 지난 50여 년 동안 기본 구조에 큰 변화 없이 유지되어 왔다. 현행 학제는 크게 기본학제와 특별학제로 구분되며, 여기에 학교 외 교육제도로서 각종 사회 및 평생교육제도가 있다. 기본학제와 특별학제에 소속된 각 학교 및 기능은 다음과 같다.

기본학제는 유치원, 초등학교, 중학교, 고등학교, 대학교 및 대학원 등의 정규 학교 교육에 대한 제도를 의미한다. 즉, 취학 전 교육기관으로 만 3세부터 초등학교 취학 전까지의 유아를 대상으로 하는 유치원, 초등학교, 전기중등교육기관인 중학교와 후기중등교육기관인 고등학교, 기본학제의 최상위단계인 고등교육기관으로서의 대학, 대학원, 전문대학 등으로 이루어져 있다. 특별학제는 기본학제의 보완적 기능을 수행하거나 사회교육의 성격을 가지고 정규학교의 교육과정에 준하는 교육을 실시하기 위한 학교제도이다. 고등학교과정으로는 방송통신고등학교, 근로청소년을 위한 특별학급 또는 산업체부설특별학교가 있으며, 고등교육기관으로는 산업대학과 방송통신대학 및 기술대학, 각종학교 등이 포함된다.

2) 학교조직

(1) 학교조직의 구조

우리나라에서 학교는 법적 근거를 가지고 유아교육·초등교육·중등교육 및 고등 교육을 하기 위하여 설립되었으며, 학생교육, 학술 및 문화적 전통의 유지·발전, 주민의 평생교육을 목표로 하고 있다(「교육기본법」 제9조(학교교육). 즉, 학교조직은 "교직원과 학생을 조직 구성원으로 하는 의도적으로 구성된 집합체로서, 공공성을 가진 교육이라는 특정한 목표를 서로 공유하고 있는 사회체제"로 정의할 수 있다. 그러나 교육대상의 특성에 따라 서로 공유하는 특정한 목표는 달라질 수 있으며, 학교가 속한 환경 등에 따라 조직 구성원의 규모 또한 달라질 수 있다. 또 학교마다 투입되는 자원, 소속한 환경, 조직 구성원의 특성 등에 따라 고유의 사회체제를 가질 수 있다.

단위학교는 실제 교육이 이루어지는 현장으로서 엄격한 의미에서 교육행정조직은 아니지만, 각급 학교별 행정업무가 이루어지고 있다. 학교장을 중심으로 교육과정, 인사, 재정에 대한 일부 자율권을 가지고 학교경영이 이루어지고 있으며, 학교운영위원회를 두어 단위학교의 운영에 대한 의결, 심의, 자문을 받고 있다.

학교조직은 그 형태면에서 목적 달성을 위해 의도적으로 설계된 공식조직(formal organization)이면서 공식조직 내에서 구성원들이 개인의 욕구충족을 위해 자연발생적으로 이루어진 비공식 조직(informal organization)이 형태를 갖고 있다. 따라서 권위의 위계가 있고, 분업, 형식화, 몰인정성, 공식적 리더십이란 특징을 갖고 있으면서 동시에 비공식 규범, 개인적 관계, 비공식적 의사소통, 비공식적 리더십 등의 특성을 지니고 있다. 이와 같은 공식 조직과 비공식 조직의 특성이 하나의 조직하에서 병행하여 나타난다(Hoy & Miskel, 2013).

또한 공식 조직인 학교는 크게 계선조직, 참모조직, 보조조직으로 구성되어 있다. 계선조직(line organization)은 행정의 목적수행에 직접적으로 기여하는 일차적 조직으로 행정조직의 장으로부터 국장·과장·계장·계원에 이르는 지휘와 명령 계통에 따라 업무를 집행하는 조직형태이다. 조직도의 수직적인 라인에 있는 부서로, 상하 위계 속에서 학교의 교무 분장 조직 등으로 업무의 통일성, 능률성, 책임성을 중시한다. 계선 조직으로서 학교는 지시, 명령, 집행, 결정 등이 이루어지고 결과에 대한 책임을 직접적으로 진다.

이에 반해, 참모조직(staff organization)은 계선조직이 의사결정이나 업무를 원활하게 수행할 수 있도록 전문적인 자문이나 권고, 협의, 정보의 수집과 판단, 기획, 통제, 인사, 회계, 조달, 조사, 연구 등의 기능을 수행하는 기관을 말한다. 또 조직의 목적을 직접적으로 수행하는 계선의 기능을 원활히 수행하도록 지원·보조하는 부차적 조직이므로 명령·집행·결정을 행할 수 있는 독자적인 권한이 없다. 보조 조직(auxiliary organization)은 계선 조직과 참모 조직 이외에 어느 정도 독립성을 지닌 지원조직으로 주로 대규모의 조직에서 나타난다. 이는 조직의 내부나 외곽에 설치되며, 계선 조직의 기능을 부분적으로 심화, 보조하기 위한 역할을 수행한다. 조직 부설로 된 연구소나 실험실 등이 있다(윤정일 외, 2015; 신현석 외, 2015)

학교 안에는 공식 조직 외에도 효과적 의사소통을 위한 도구가 되기도 하고, 조직 응집력 개발의 수단의 기능을 가지며 개인의 진실성을 보호하는 장치 역할을 하는(Hoy & Miskel, 2013) 비공식 조직도 공존하고 있다. 비공식조직은 공식적 조직에 융통성을 부여하고 대인관계에서 오는 개방적 풍토 조성에 기여함으로써 유기적인 상호의존관계 등을 가능하게 하여 업무의 능률을 높이는 순기능이 있는가 하면, 자칫 파벌을 조성하여 조직의 목표달성을 저해하고, 공식 조직의 의사소통을 차단하거나 왜곡하여 비합리적 의사결정이나 편파적 행정행위를 초래해 조직의 혼란을 가중시킬 수 있다. 또한 비공식조직 간에 적대감정이나 왜곡된 정보 및 구설(gossip) 등에 의해 사기를 저하시킬 우려가 있다는 역기능 또한 갖고 있다. 이러한 학교의 공식적 요소와 비공식적 요소는 잘 혼합되고 활용될 때 학교행정이 더 효과적일 수 있다.

(2) 학교조직의 특성

공식기관으로서 학교는 크게 관료제, 조직화된 무정부, 이완결합체, 이중조직이라는 특성을 갖고 있는 전문적 조직이며, 규범적·봉사조직이다. 각 특성을 자세히 살펴보면 다음과 같다.

① 관료제

관료제(bureaucracy)는 원래 정부조직을 뜻하는 용어인데, 학교는 정부조직과 같은 방식으로 조직·운영된다는 점에서 관료적 성격을 갖고 있다고 볼 수 있다. 이는 학교 규모가 대형화되면서 학교의 조직과 기능이 복잡해지고 행정업무가 계속적으로 증가하며, 학부모와 지역사회집단이 학교정책의 수립과 학교의 책무성에 대한 평가에 깊이 참여하는 경향 등에서 오는 현상이라 볼 수 있다.

관료제에 관한 이론을 최초로 소개한 학자인 막스 베버(Max Weber)는 관료제가 갖고 있는 특징으로 분업과 전문화, 몰인정성, 권위의 위계, 규칙과 규정, 경력지향성을 들고 있다. 학교를 관료제로서만 이해하기는 어려운 한계가 있으나, 여기에서는 학교조직을 이해하는 기본 이론으로서 관료제의 특성을 살펴본다.

- 분업과 전문화(division of labor and specialization)는 조직의 과업을 보다 효율적으로 수행하기 위하여 구성원들이 각자 맡을 업무를 적정하게 배분함으로써 맡은 분야에 대한 전문성이 생기게 된다는 것이다. 대부분의 조직에서 업무가 복잡해지면 분업화가 일어나고 분업은 교직원들의 전문성 향상과 조직의 효율성을 향상시킨다. 예를 들어, 학교에서 분업은 학교급(초등학교, 중등학교), 과목별(국어, 수학 등)으로 업무를 분장함으로서 나타날 수 있다. 그러나 분업은 맡은 일만 반복적으로 계속하다 보면 업무의 단조로움으로 인해 일에 흥미를 상실하여 권태감이 생기는 역기능을 초래

할 수도 있다.

- 몰인정성(impersonality)은 개인적인 감정이나 편견에 치우치지 않고 주어진 원칙에 따라 조직을 운영하는 원리이다. 관료제하에서 피고용인은 감정이 아닌 사실에 근거한 결정을 내리도록 기대된다. 학교행정가와 교사에게 몰인정성은 공평한 대우를 보장하고 합리성을 강화시킨다. 그러나 몰인정성은 구성원들이 비인간적으로 상호작용하는 다소 삭막한 분위기를 만들어 낼 수 있으며, 이는 사기저하로 이어질 수 있고, 결과적으로 조직 효율성을 악화시킬 수가 있다.
- 권위의 위계(hierarchy of authority)는 관료제하에서 각 직책들은 수직적으로 배열되고, 하위 직책은 상위 직책의 통제와 감독하에 있게 되면서 생겨난다. 학교에서는 교장, 교사, 학생과 같은 조직 구조도에서 분명하게 나타난다. 권위의 위계가 강조되면 지휘계통과 보고체계가 확립되어 업무의 원활한 조정을 향상시킨다. 그러나 지나치게 위계질서가 강조되면 의사소통의 왜곡과 단절의 문제가 나타나게 된다. 하급자는 상사에게 나쁜 인상을 줄 수 있는 것에 관해 의사소통을 꺼리며, 실제로 자신에게 유리한 것 또는 상급자들이 듣기 원하는 것만을 전하는 경향이 있다.
- 규칙과 규정(rules and regulations)은 모든 관료조직은 조직의 목적 달성을 위해 구성원의 권리와 의무를 포괄하는 규칙과 규정을 갖는 것을 말한다. 이것은 과업수행의 계속성과 일관성을 유지하도록 하고, 구성원들의 행동에 통일성과 안정성이 확보되도록 한다. 그러나 규칙과 규정에 지나치게 얽매이게 되면 융통성이 없어 조직 운영이 경직되거나 목적 전도 현상(goal displacement)을 가져오게 된다. 피고용인이 지나치게 규칙과 규정에 치우치면 추구해야 할 목적은 잊어버리고 규율과 규정 자체를 목적으로 삼게 된다.
- 경력지향성(career orientation)은 조직 구성원들의 직무경력을 중요하게 여기는 것이다. 경력지향성은 조직 구성원들의 조직에 대한 충성심을 이끌어내고 이들의 노력을 극대화할 수 있도록 동기화하여 한 조직에 오랫동안 남게 하는 유인책으로 작용하는 장점이 있으나 조직 효과성을 고려할 때

실적을 소홀히 다룰 수도 있다는 문제점도 있다.

② 조직화된 무정부 (organized anarchies)

조직화된 무정부란 '조직화'와 '무정부'란 상반된 의미가 조합된 용어로 학교 조직이 갖고 있는 양면성을 나타내는 말이다. 여기서 '무정부' 란 조직화는 되어 있으나 덜 구조화되어 있고, 합리적, 과학적, 논리적으로 파악되기 어려운 측면이 있으며, 목표나 기술 또는 구성원의 관계가 기능적이지 못한 측면이 있음을 강조하는 것이다. 학교는 분업과 전문화에 기초한 역할 분담, 권한과 책임의 위계구조, 교육목적과 실현을 위한 전문지식과 기술의 적용 등 공식구조로서의 외형을 갖추고 있지만, 실제에서는 그 관계가 명확하지 못하고 매우 모호하고 혼란스러운 양상을 띤다(신현석 외, 2015)

학교조직은 목표의 모호성, 불분명한 과학적 기법 적용, 유동적 참여를 특징으로 한다는 점에서 조직화된 무질서 상태의 성격을 띤 조직이다. 즉, 학교교육이 추구하는 목표가 추상적이고 모호하여 목표달성을 확인하기가 어렵고, 그 목표에 도달하기 위해 어떤 방법과 자료를 활용해야 할지, 학습자에게 어떤 영향을 미칠지에 대해서는 분명하게 밝혀내기가 어렵다는 점이다. 또한 학생들은 입학한 후 일정 기간이 지나면 졸업하고, 교사와 행정가도 때때로 이동하며, 학부모와 지역사회 관계자도 필요시에만 참여하기 때문에 교육조직에서 구성원들의 참여가 유동적이라서 중요한 의사결정에 대해 일관성을 유지하기도 어렵다는 점에서 학교조직이 갖고 있는 양면성이 있다는 것이다.

③ 이완결합체

위크(Karl E. Weick)는 학교조직의 특성을 '이완결합체(loosely coupled system)'로 제시하고, 학교조직은 직제상 연결되어 있지만, 상호작용이 미비하고, 조직의 하위체제와 그 체제들이 수행한 활동이 상호관련이 있다 할지라도 그 각각은 정체성과 물리적 또는 논리적으로 독립성을 갖고 있는 것으로 학교의 모습을 비유적으로 표현한다. 예를 들어, 학교에서 교장과 상담실, 상담실과 급식실은 느슨하게 연결, 결합되어 있으나 동시에 각자 정체성과 독립성을 보유하고 있다. 이들의 연결은 제한적이며, 상호 영향력은 약하고 덜 중요한 것이 이완결합의 상태를 보여주는 예라 할 수 있다.

학교조직은 공식구조와 각 부서별 상하위계적 지위 관계를 가지고 있지만, 군대나 기업 등과는 달리 학교조직 구성원들은 상당한 자율성과 개별성을 유지하는 특성이 있다. 즉, 학교조직의 내적 구조는 서로 연결은 되어 있으나 각자가 독자성을 유지하면서 어느 정도 분리되어 있는 모습이 있다는 것이다. 실제 학교에서 교사들은 교실에서 혼자 일하고, 동료나 행정가들에 의해 비교적 잘 관찰되지 않으며, 학생들에게는 상당한 자율권을 행사하고 있다. 또한 교육평가와 교육과정, 교수방법, 교육권 등에서 교육행정가는 교사를 통제할 위치에 있지 못하기 때문에 학교는 이완조직의 측면에서 신뢰의 논리에 의해 운영되어야 한다는 것이다.

④ 이중조직(전문적 관료제)

학교는 두 가지 기본적인 조직 영역, 즉 기관적·운영적 기능 등과 관련한 관료적 영역과 실제 교수-학습 과정에 관련된 전문적 영역이 있다. 일반적으로 학교조직은 교장-교감-부장교사-교사라는 계층구조를 이루면서 직무수준을 달리하여 학교행정명령과 복종관계로 긴밀하게 연결되어 있고 응집력 있는 구조를 가지므로 관료제적 성격에 의해 업무가 수행된다고 할 수 있다. 그러나 교사는 수업에 대해서는 전문직으로서의 자율성을 가지므로 좀 더 이완적으로 구조화되어 있다. 이와 같이 학교조직은 관료적 영역과 전문적 영역이 공존하기 때문에 전문가로서의 가치와 관료적 기대 간의 기본적인 갈등이 발생할 수 있다(Hoy & Miskel, 2013). 수업의 경우를 보면 교장과 교사가 느슨하게 결합된 관계를 보이지만, 수업시간 운영과 학습집단 구성, 인적·물적 자원의 활용 등은 대체로 엄격히 통제하고 있다.

4. 우리나라의 교육행정조직

우리나라의 교육행정조직은 중앙교육행정조직, 지방교육행정조직, 단위학교 조직으로 나눌 수 있다. 중앙교육 행정조직은 통제력과 지휘·감독이나 행정적 결정권 등 권한과 책임이 중앙에 집중되어 있는 조직과 구조를 말한다. 지방교육 행정조직은 지방의 교육행정을 위한 전반적인 조직과 구조를 의미한다.

1) 중앙교육행정조직

(1) 중앙교육행정조직의 개념

중앙교육행정조직은 한 나라의 교육을 그 나라가 의도하는 방향으로 이끌어 가고, 교육효과를 극대화하기 위한 교육기획·연구·조정·정책결정업무를 주로 관장한다. 따라서 고도의 전문성이 요청되며 교육행정이 갖는 특수성에 따라 정치적 중립성과 자주성, 그리고 지원·조장적 기능이 강조된다.

중앙의 교육행정조직은 흔히 협의로 중앙정부의 교육부의 조직에 국한시키기 쉬우나, 대통령·국무총리·교육부 장관 그리고 국무회의를 포함하는 것으로 넓게 이해할 필요가 있다(이찬교·김재웅, 2005; 김창걸, 1994; 김종철, 1985). 교육부는 최고교육행정기관으로서 교육행정의 법률주의 원칙에 따라 헌법을 정점으로 하여 정부조직법, 대통령령인 교육부 및 그 소속기관 직제 등에 규정된 바에 따라 교육정책을 입안하고 집행한다. 대통령과 국무회의 및 국무총리도 주요 교육정책을 결정하는 정책결정기관이라고 할 수 있다.

교육부는 인적자원개발정책, 학교교육·평생교육, 학술에 관한 사무를 관장하는 중앙행정기관이다. 주요 업무는 교육에 관한 중장기 발전계획의 수립, 초·중등학교 교육제도 및 입학제도의 개선, 고등교육 기본정책의 수립 및 시행, 공교육 정상화 정책의 수립 및 시행, 지방교육자치제도 기본정책의 수립 및 제도 개선, 인재개발 정책의 기획 및 총괄 등을 비롯한 학교교육과 평생교육, 인적자원 개발정책 및 학술에 관한 사무를 관장하는 것이다. 교육부는 정부수립 이후 정권이 바뀜에 따라 그 정권이 지향하는 교육시책과 그것을 가장 효과적으로 구현할 수 있는 방향으로 조직편제가 조금씩 변하여 왔다.

① 대통령

대통령은 행정부의 수반으로서 중앙교육행정조직의 정점을 이루며 중앙교육행정조직의 최고책임자, 최고조직권자, 국무회의 의장으로서의 권한을 가지고 있다. 교육행정에 관한 대통령의 권한은 교육에 관한 대통령령의 반포, 중앙교육행정기관에 대한 지휘·감독, 주요 교육공무원의 임면, 국무회의 의장으로 교육정책 수립에 대한 영향력 행사 등을 들 수 있다.

② 국무회의

국무회의는 대통령, 국무총리와 15인 이상 30인 이하의 국무위원으로 구성되는 행정에 관한 최고심의기관이다. 대통령이 국무회의의 의장이 되고, 국무총리가 부의장이 되며, 국무회의는 교육예산, 교육부의 중요한 교육정책의 수립과 조정, 국립대학교의 총장의 임명 등의 심의에 참여함으로써 그 의사결정에 참여한다.

③ 교육부 장관

교육부 장관은 국무위원으로 국무회의의 구성원임과 동시에 교육부의 장으로서 중앙교육행정조직의 사실상의 핵심이며, 중앙교육행정사무를 관리하고 집행하는 최고 책임자이다. 교육부 장관은 교육정책의 수립과 제반 시책에 관하여 실질적인 의사결정의 책임을 가지고 있으며, 교육행정 전반에 관하여 최고의 조정과 통제를 한다.

(2) 현행 중앙교육행정조직

우리나라의 현재 중앙교육행정기관인 교육부의 직제는 다음과 같다.

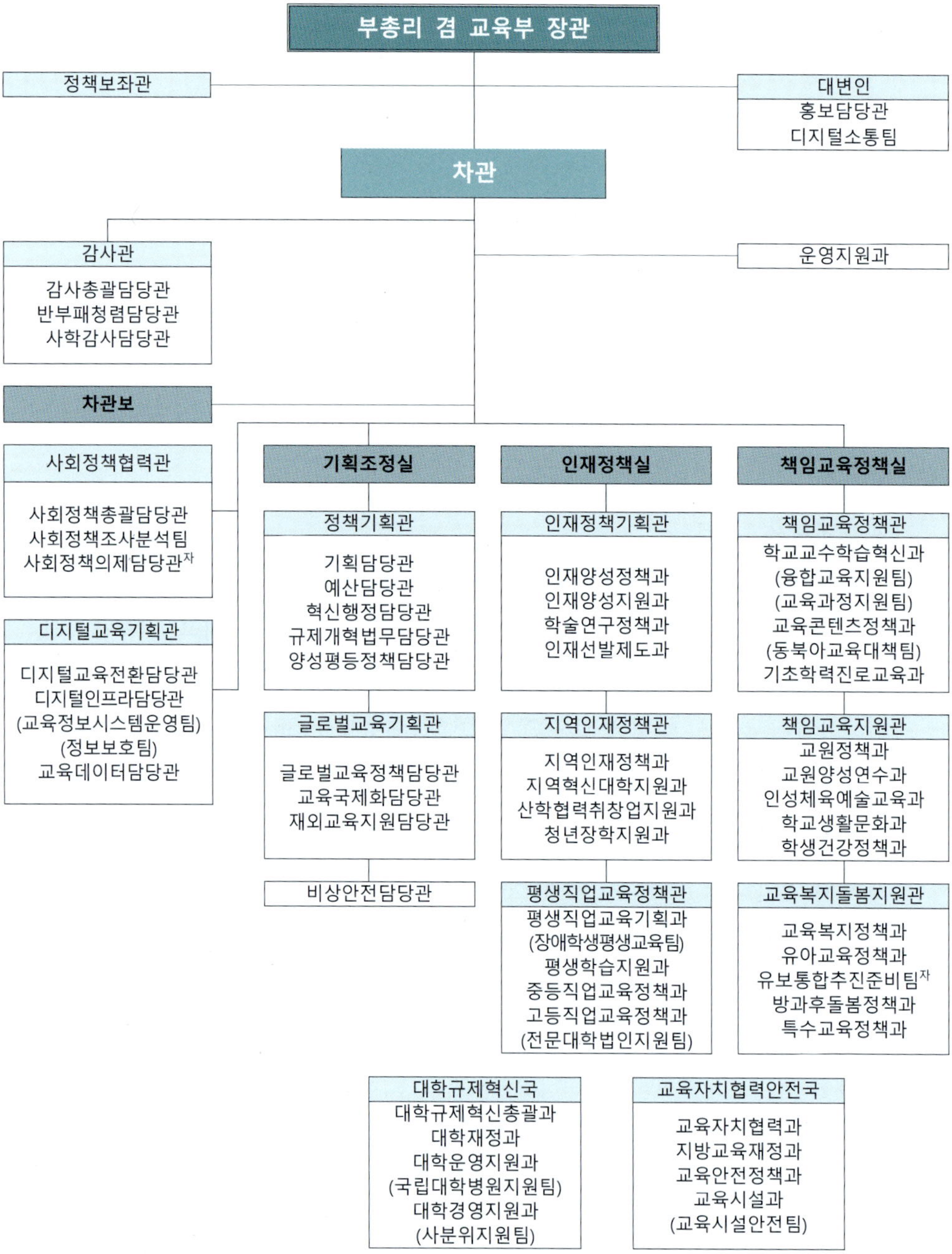

[그림 7-3] 교육부의 조직도(2023. 10. 18 기준)

2) 지방교육행정조직

(1) 지방자치제도의 개념

우리나라의 지방교육행정조직은 광역자치기관인 특별시·광역시·도의 교육청과 그 하부 조직인 시·군·구 교육지원청을 중심으로 하는 교육자치제도를 채택하고 있다.

교육자치제란 교육행정에 있어서 지방분권주의를 기본 원칙으로 하고, 교육행정을 일반행정으로부터 분리·독립시켜 교육의 자주성, 정치적 중립성과 주민의 참여를 통해 지역의 특수성을 살리고, 그 운영에 있어서 의결기관으로서의 교육위원회와 집행기관으로서의 교육감제를 두어 교육행정의 전문성을 보장하려는 제도이다. 구체적으로 보면, 지방교육제도는 다음의 네 가지 원리로 설명되고 있다.

① 지방분권의 원리

교육정책의 결정과 중요시책의 집행에 있어 중앙집권을 지양하고 지방으로의 권한 분산과 이양을 지향하는 것으로, 이것은 곧 교육행정의 특수성을 살리고 자율과 자치의 정신을 함양하려는 데 의의가 있다.

② 주민자치의 원리

주민자치의 원리를 구현하는 것이 곧 교육위원회 제도이며, 그것은 교육에 관한 기본정책을 민의에 의해 결정하고 운영하여야 한다는 것으로, 교육위원회(지방주민대표로 구성)에 지방교육의 정책결정권이 귀속되어야 함을 의미한다. 지방분권의 원리와 주민자치의 원리는 다같이 민주성의 원리라고 할 수 있으며, 교육행정의 민주화를 위하여 필수적인 조건이라고 할 수 있다.

③ 일반행정으로부터 분리독립의 원리

교육활동의 특수성에 비추어 그 자주성과 전문성을 보장하기 위하여 교육행정을 일반행정에서 분리· 독립하여 운영해 나가는 것을 의미한다. 교육행정의 기구를 일반행정의 기구와 구분하여 조직하고 인사, 재정, 장학 등을 일반행정과 분리하여 자주적으로 운영한다는 데 의의가 있다.

④ 전문적 관리의 원리

전문적 관리란 교육의 본질과 특수성에 대한 인식을 가지고 교육행정에 대한 교양과 훈련을 받은 전문적인 인사들로 하여금 교육행정을 운영하게 하려는 것이다. 구체적으로는 지방교육행정조직에 있어서 교육감을 비롯한 중요한 행정적 인사에 있어 교육 또는 교육행정의 전문성이 보장되어야 함을 의미한다.

이러한 지방자치제도의 원리를 기반으로 운영되는 지방교육행정기관의 역할과 구조를 살펴보자. 먼저, 시·도교육청은 [그림 7-4]와 같이, 교육감을 정점으로 부교육감, 국장, 과장, 계장으로 이어지며, 국가 행정 사무 중 시도에 위임된 교육·학예에 관한 업무를 집행하며, 1개 또는 2개 이상의 시·군·구를 관할 구역으로 하는 교육지원청을 두고 있다. 교육지원청은 시·도 교육청의 하급 교육행정 기관으로, 교육장[3급 상당]의 감독 아래 관할 구역 내 공립·사립의 초등학교·중학교·기술학교·유치원 등의 운영·관리에 관한 지도와 감독 업무를 담당한다. 시·도교육청의 하급행정기관이었던 지역교육청이 2010년 교육지원청으로 변경되면서 교육지원청의 기능이 지도·감독에서 지원으로 변화된 이후 교육지원청의 기능은 [그림 7-5]와 같이 '학생 지원', '학부모·주민지원', '교사·학교지원'으로 구분할 수 있다(박수정, 최영출, 2010). 교육지원청의 기능을 구체적으로 제시하면 〈표 7-1〉과 같다.

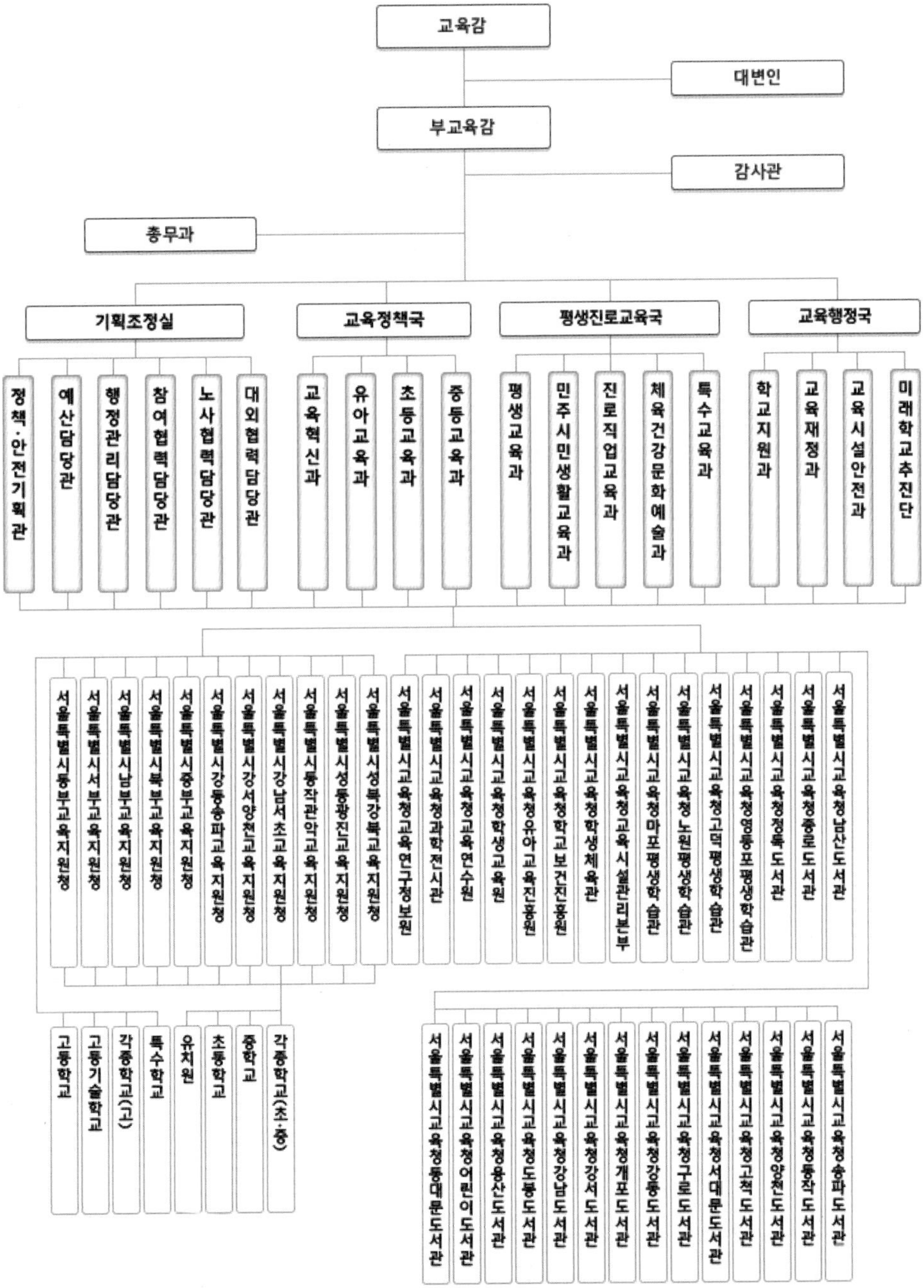

[그림 7-4] 서울시 교육청 조직도(2023년)

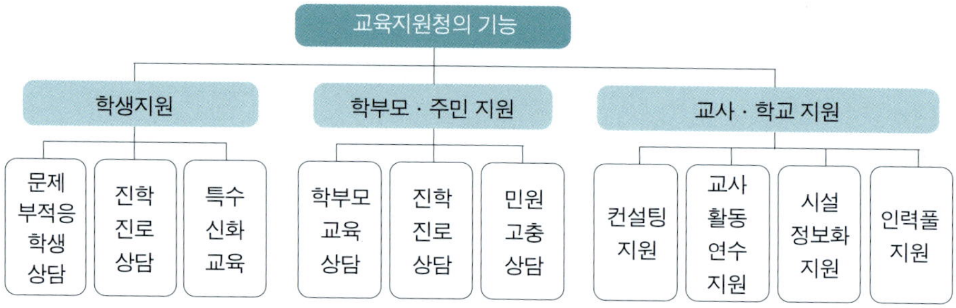

[그림 7-5] 교육지원청의 기능(출처: 교육학개론, 강소연 외 9인, 2019, p.230)

〈표 7-1〉 교육지원청의 기능 및 지원 범위

기능영역	명칭	지원범위
학생 지원	문제 · 부적응학생 상담	교육지원청이 관내 문제 · 부적응학생(위기, 왕따, 폭력 등)을 직접 상담하거나 상담 및 교육을 지원함
	진로 · 진학상담	교육지원청이 관내 학교의 학생을 대상으로 진학 · 진로에 대하여 상담하거나 상담 및 교육을 지원함
	특수 · 심화교육	교육지원청이 관내 학교의 학생들 대상으로 특수교육과 심화교육을 직접 실시하거나 지원함
학부모 · 주민 지원	학부모교육	교육지원청이 관내 학부모에게 자녀교육법, 교육정책정보, 학교참여활동 등을 직접 교육하거나 정보를 제공함
	진로 · 진학상담	교육지원청이 관내의 학부모에게 자녀의 진학 · 진로에 대하여 상담하거나 상담 및 교육을 지원함
	민원 · 고충상담	교육지원청이 관내의 학부모 및 주민에게 학교와 관련된 각종 민원과 고충을 상담함
교사 · 학교 지원	컨설팅 지원	교육지원청이 관내의 교사와 학교를 대상으로 교과지도, 생활지도, 학교경영 등에 관한 컨설팅을 지원함
	교사활동 · 연수지원	교육지원청이 관내의 교사커뮤니티(팀)활동을 지원하고, 교사에게 연수를 직접 실시하거나 지원함
	시설 · 정보화 지원	교육지원청이 학교의 시설관리, NEIS, 에듀파인, 정보공시 운영 등에 필요한 지원을 제공함
	인력 풀 지원	난위학교 차원에서 확보하기 어려운 교 · 강사나 보조교사의 인력풀을 지역교육청에서 확보하여 필요한 학교에 지원함

자료: 박수정 · 최영출(2010). 교육지원청 기능의 우선순위에 대한 AHP 분석. 교육행정연구, 28(4), 281~300.

5. 학교경영

1) 학교경영의 개념

학교는 교육행정이 실천되는 기본 단위기관이다. 경영이란 일반적으로 기업이나 사업을 관리하고 운영함을 뜻하는 말로 쓰여져 왔으나 최근에는 교육기관에 시장경제원리가 도입되면서 기업경영과 같은 논리로 접근하려는 데서 붙여진 이름이라 볼 수 있다. 이를 조합하면, 학교경영이란 단위학교에서의 교육활동을 지원하기 위한 활동이며, 학교교육의 목적 달성에 필요한 자원을 확보하고, 이를 효과적으로 배분·활용하는 활동이다.

2) 학교경영의 원리

학교경영의 원리는 학교경영이 추구하는 가치를 실현할 수 있도록 적용하는 원리 말한다. 다음과 같이 7가지의 원리를 제시할 수 있다.

(1) 타당성의 원리

이것은 바람직한 학교교육 목표를 설정하고 거기에 부합되는 경영활동을 전개해야 한다는 것을 말한다. 학교경영은 학교교육목표를 효율적으로 달성하기 위해 필요한 조건을 정비해 주는 봉사활동이며 수단이다. 이를테면, 학생과 교육내용과 교사가 만나는 교수·학습의 장을 잘 지원하고 유도하는 데 그 본질이 있다.

(2) 합법성의 원리

이것은 학교경영이 법에 의거하고 법이 정하는 범위 내에서 이루어져야 함을 의미한다. 학교경영은 헌법 제31조의 규정을 비롯하여 교육 기본법과 초중등 교육법 등 교육관계의 법률과 명령, 조례, 규칙 등에 의거하여 집행되어야 한다는 것이다. 이는 국민의 교육권을 보장하고 국가예산을 효율적으로 집행하며 부당한 직무수행과 행정재량권의 남용을 방지하기 위해서이다.

(3) 민주성의 원리

학교교육의 목표설정과 경영계획수립, 실천, 평가 등 학교경영의 제반과정과 영역에 교직원과 학생, 그리고 학부모의 광범위한 참여를 통하여 공정한 의사를 반영하게 하며, 특히 실천과정에 있어서 권한의 이양을 통하여 독단과 전횡을 막기 위해서이다. 이는 각종 위원회 등을 통하여 여러 사람의 중지를 모아 학교경영에 이를 반영하고 활용하자는 것이다.

(4) 자율성의 원리

학교경영의 자율성이란 단위 교육기관인 학교조직체가 효율적인 교육활동을 위하여 상부나 외부조직의 지시나 간섭 없이 자주적으로 의사결정을 하고 조직을 운영하는 것을 말한다. 학교의 관리운영에 관한 필요한 기준을 설정하고 집행하며 학교발전의 제반 정책결정을 자주적으로 할 수 있는 것을 말한다.

(5) 능률성의 원리

학교교육 활동을 최소한의 경비와 노력을 통하여 최대한의 성과를 거두자는 것이다. 즉, 최소한의 인적·물적자원과 시간정보 등을 투입하여 교육목표 달성의 극대화를 거둘 수 있도록 하는 것이다. 여기서 학교경영에서 능률이란 장기적으로 평가했을 때 능률적이어야 하고, 구성원의 만족 내지 욕구충족을 높이는 사회적 능률을 높이는 것이어야 한다.

(6) 과학성의 원리

과학성의 원리란 학교경영이 합리적인 계획과 체계적인 운영 및 과학적인 평가가 실현되어야 함을 의미한다. 이를테면 학교교육 현장의 실태에 관한 정확한 진단과 전망을 기초로 학교경영계획이 수립되고, 이를 차질 없이 실천하여 객관적이고 공정하게 평가되며, 그 결과가 피드백되어야 한다는 것이다.

(7) 지역성의 원리

학교가 위치하고 있는 지역사회의 특성에 맞추어서 학교를 경영하는 것을 말하며, 그렇게 함으로써 교육의 생활화, 학교의 사회화의 원리가 실현될 수 있도록 하자는 것이다. 이것은 사회인사와의 유대강화, 교육자원의 획득, 사회 개선에의 봉사 등의 방법을 통해 실현될 수 있다.

3) 학교경영의 영역

학교경영이 교수와 학습을 조장하는 것이라면, 그러한 목적을 달성하는 데 필요한 주요 과업이 검토되어야 한다. 학교경영의 영역은 학교경영의 과업 또는 활동내용, 대상, 범위, 한계 등을 포괄적으로 말하지만 학교경영을 위한 여러 가지 활동은 상호 간에 긴밀하게 관련되어 있어서 그 경계를 명확히 구분하기가 어렵다. 그러나 경영계획의 수립, 권한과 업무의 분담, 또는 문제의 소재 파악을 위해서는 학교경영 활동의 내용을 영역별로 구분하는 것이 필요하다. 학교경영의 영역은 대체로 다음과 같이 제시할 수 있다(최종진 외, 2016).

(1) 교육목표의 설정이다. 법규적 요인과 교육부의 방침 등 행정요건을 기준으로 학교가 위치하고 있는 지역사회의 특성을 고려하여 학생의 발달단계에 따라 합당한 교육목표를 설정해야 한다.
(2) 교육과정의 운영이다. 교육목표를 달성하기 위한 운영에 관한 사항으로 교육기간, 방법, 내용, 시간편성 등에 관한 내용이다.
(3) 학생의 관리이다. 입학과 퇴학, 재학, 의무취학을 위한 모든 문제, 생활지도, 학생복지 등의 학생 관리 영역이다.
(4) 교직원의 인사관리이다. 규정에 의한 교직원의 채용, 능력개발, 사기앙양 문제 등 교직원과 관련된 영역이다.

(5) 경영조직의 편성이다. 합리적으로 학교를 운영하기 위하여 직원회, 교무분장, 기획위원회 등의 조직을 구성하여 각 조직 간의 원활한 소통이 되도록 조정한다.

(6) 시설 및 재정의 관리이다. 학교 내 교사, 교지, 운동장 등의 시설이나 교재·교구의 정비를 실제교육상황에 맞도록 정비하고, 학교 운영에 필요한 재정을 확보하고 배분하고 회계하는 교육재정에 관한 일을 한다.

(7) 교내장학이다. 교사의 교수기술 향상과 개선, 학급 및 학년 경영의 합리화를 위한 전문적 보조적 활동으로 임상장학, 컨설팅 장학, 자체연수 등이 이루어진다.

(8) 사무관리이다. 학교경영 활동을 수행하는 과정에서 다루어지는 행정사항의 기록과 장부의 작성, 보관, 공문서의 처리이다.

(9) 학교와 지역사회와의 관계이다. 학교와 지역사회와의 관계가 원만히 이루어지도록 하는 활동이다.

4) 학교경영의 과정

학교경영의 과정은 교육목표를 합리적으로 달성하기 위하여 어떤 절차에 따라 수행되는가를 의미하는 것으로 계획, 조직, 지시, 조정, 평가의 활동 과정이 순환적으로 전개된다고 할 수 있다(주삼환, 2015; 최종진 외, 2016).

(1) 계획

계획은 학교교육활동에서 가장 중요하게 다루어져야 할 과정으로 교육목표의 설정, 학교경영 목표 및 방침 설정, 활동계획 수립 등이 주요 내용이 된다.

(2) 조직

조직은 교육의 목표를 효율적으로 달성하기 위하여 관리 조직을 구성하고 자원을 배정하는 것이다. 교육조직에는 교과 담임제, 학급 담임제, 팀티칭, 특별활동 조직, 생활 지도 조직 등이 있고, 운영조직에는 직원회, 기획위원회, 사무분장, 동학년회 등이 있다. 조직의 핵심은 자원을 적재적소에 배치하는 일이다.

(3) 지시

지시는 교사들로 하여금 교육목표를 달성하기 위하여 교수-학습지도, 학급경영, 생활지도 등의 제 업무에 자발적으로 노력하도록 하는 것이다.

(4) 조정

조정은 교직원의 역할과 노력, 각 부서의 활동과 자원을 학교교육목표달성에 이바지하도록 조화롭게 통합하는 것이다. 즉 조정활동은 교육목표를 달성시키기 위해 업무수행에 있어서 낭비요소를 줄이고, 학교조직원들의 역할 갈등을 최소화하여 사기를 진작시키고 조직의 목표와 개인의 목표를 조화롭게 하여 조직의 업무수행 능률을 향상시키는 활동이다.

(5) 평가

평가는 설정된 교육목표와 비교하여 학교경영 업무의 수행과정 및 그 결과를 분석하고 검토하여 과정의 합리성과 결과의 효율성을 알아보는 활동이다. 궁극적으로는 학교경영의 성과를 높이는 것이 목표이다. 시기적으로는 업무 및 경영과정 요소별로 수시로 할 수도 있고, 매월 말, 매 분기 말, 매 학기말, 매 학년 말에 정기적으로 할 수도 있다.

6. 학급경영

1) 학급경영의 개념과 영역

학급은 교육의 최일선이며 단위학교에서 교육의 목표를 달성하는 가장 기본적인 단위이다. 학생에게는 교수-학습 과정을 통하여 인격형성과 지식습득의 기본이 되는 현장이며, 교사에게는 학생들을 상대로 교육이 이루어지는 교육실천의 현장인 만큼 학급경영은 학교교육의 성과와 질이 결정되는 중요한 경영활동이다. 이러한 학급의 성격을 기반으로 학급경영의 정의를 살펴보면 다음과 같다(박세훈 외, 2008; 손영환·신수균, 2011).

첫째, 질서유지로서의 학급경영으로 학급의 질서를 유지하기 위해 교사가 학급에서 행하는 모든 활동을 학급경영으로 보는 관점이다. 즉 문제행동을 예방하기 위한 훈육이나 선도활동 등 생활지도와 관련된 수행활동, 그리고 학급상황에 따라 요구되는 행동을 수행하도록 하는 일 등이 여기에 속한다.

둘째, 조건 정보로서의 학급경영으로 학생들이 교육목적을 달성하기 위해 학급담임이 인적·환경적 요소들을 조직하고 정비하여 수업환경을 조성하는 제반 활동을 말한다.

셋째, 교육경영으로서의 학급경영으로 학급조직이 다른 조직을 경영하는 방식과 유사한 경영기능을 수행한다고 보는 관점이다. 다만 학급은 교육조직이므로 교육조직의 특성이 경영에 반영되어야 한다.

이와 같은 학급경영의 정의를 정리하면, 학급경영은 담임교사가 교육과정에 기반하여 교육목표를 효과적으로 달성하기 위해 행하는 모든 업무와 활동이라 할 수 있다. 이는 계획, 조직, 실행이라는 교육활동으로 세분화할 수 있고, 교수-학습과 생활지도가 효율적으로 일어날 수 있도록 돕는 교육지원활동이라 할 수 있다. 구체적인 학급경영의 영역과 주요 활동은 다음과 같다(주삼환 외, 2015).

(1) 교수·학습 영역: 교과지도, 특수아동지도, 가정학습지도
(2) 특별활동 영역: 학급활동, 클럽활동, 단체 활동, 학교행사조직
(3) 생활지도 영역: 인성지도, 교우관계지도, 진로상담지도, 출·결석지도
(4) 교실환경 영역: 교실환경 게시, 학급시설 및 비품의 유지관리, 청소지도
(5) 학급사무 영역: 학생부 기록, 각종 장부 관리, 가정통신문 관리, 성적관리
(6) 대외관계 영역: 학부모 면담, 가정방문, 지역사회자원활용, 봉사활동

2) 학급경영의 과정

학급경영은 일반적으로 계획, 실행, 평가의 3단계의 과정을 걸쳐 실시될 수 있다(조규판 외, 2018).

(1) 계획단계

계획단계에서는 학급활동에 대해 앞으로 무엇을 어떻게 추진해 나갈 것인가에 대한 설계이다. 대체적으로 기초조사, 학급교육목표의 설정, 학급경영목표의 설정, 학급경영방침의 설정, 학급활동계획의 설정, 학급경영평가계획의 설정, 학급경영안의 작성 등이 있다.

(2) 실행단계

실행단계에서는 경영계획을 실천에 옮기는 활동으로 수업지도, 특별활동 지도, 생활지도, 환경관리, 사무관리, 지역사회 관리가 있다.

(3) 평가단계

평가단계에서는 경영활동이 학급목표 및 경영목표에 어느 정도 도달되었는지, 그 결과는 어떠한지를 판단하는 활동이다.

제8장
생활지도와 상담

1. 생활지도
2. 학교상담
3. 상담이론

1. 생활지도

격변하는 사회 속에서 육체와 정신이 성인으로 성장해 가는 과정에 있는 청소년들이 겪는 혼란은 지대하다. 인간의 궁극적인 목표는 지·덕·체의 조화로운 성장에 있는 만큼 지식교육과 더불어 육체와 정서의 균형 있는 성숙을 이루기 위해서뿐만 아니라 흉포화되어 가는 폭력으로부터 학생들을 지키기 위한 체계적이고 효과적인 생활지도는 절대적으로 필요하다고 할 수 있다. 과거와 같이 관습이나 예의범절을 강조하는 사회적 분위기는 점차 약화되어 가고, 인권에 대한 강조와 더불어 체벌금지정책은 양날의 칼처럼 그 자체로서는 바람직하다할 수 있으나 혼란과 유혹이 난무하는 이 사회에서 진정으로 학생을 보호하고 유린된 인권을 찾는 기능을 하기에는 역부족 현상을 빚고 있다. 오히려 책임과 의무를 져버리고 인권만 강조하는 교육은 인성교육의 방치현상까지 초래할 수가 있다. 진정으로 자신의 인권을 보장받기 위해서는 타인을 존중하고 사회를 유지하는 사회·심리적인 질서를 지킴에서 온다는 것을 바로 이해하고 있어야 하며 자신의 언행에 대한 책임감이 전제되어야 함을 깨닫는 데서 시작한다는 것을 자각하는 것은 매우 중요한 일이다. 따라서 생활지도 방법 역시 시대정서에 적합하고 오늘날의 청소년의 사회·심리적 정서에 맞는 실효성있는 지도가 되어야 한다.

1) 생활지도의 개념

학교교육은 크게 교과목에 대한 지도와 생활지도로 구분해 볼 수 있다. 교과목에 대한 지도가 특정 교과에 따른 해당 전문 지식과 기능을 가르치는 것이라면, 생활지도는 학생들이 학교생활에서 당면하는 여러 가지 부적응을 도와 현실적인 적응능력을 기를 수 있도록 하는 교육활동이다. 교육의 궁극적인 목적이 전인교육에 있다면, 현실의 한국 교육은 지식교육의 가시적인 성과에 치우쳐서 올바른 생활습관을 형성하고 더불어 사는 사회인으로서의 역량을 키우기에는 충분치 않은 사태에 직면해 있다.

오늘날 사회적 흐름은 다원주의, 개성, 인권을 중시하지만 아직 그들의 개성을 키워줄 사회적 여건은 풍부하고 다양하게 발달되어 있지 못하기 때문에 학교환경에 적응하지 못하는 학생들은 비행이나 일탈행위로 그들의 심리적 출구를 삼고 있는 한편 좌절감과 소외감으로 정신적·정서적·육체적인 발달이 저해되는 시기를 보내게 된다. 이에 동반되는 '학교폭력과 집단 따돌림', '청소년 우울과 자살' 등 심각한 부적응 문제는 학교에서의 생활지도가 절실하다는 신호이다.

생활지도(guidance)의 사전적 의미는 '안내,' '지도,' '교도' 등의 뜻으로 '학생들을 안내하고 이끈다'는 어원적 의미를 지니고 있다. 그러므로 생활지도의 본래의 의미는 개인으로 하여금 자신의 지적·정의적·신체적 특성과 잠재 가능성을 바르게 이해하도록 도와, 개인이 교육적으로나 사회적·직업적으로 또는 심리·정서적으로 최대한 자아실현을 할 수 있도록 돕는 교육활동이라고 볼 수 있다. 생활지도의 목적이 전인교육을 지향하고 있다는 점에서 생활지도는 문제 학생뿐만 아니라 모든 학생을 대상으로 한다. 또한 그러한 문제와 위기들이 발생하지 않도록 예방하는 적극적인 활동을 포함해야 한다.

생활지도는 어느 한 교과에만 국한된 활동이 아닐뿐만 아니라 전문상담교사만의 의무도 아니다. 생활지도가 필요한 상황은 일반 교과수업 중에 발생하거나 학교 교내외의 모든 장소에서 발생하기 때문에 모든 교과의 교사들과 학급 담임교사들이 생활지도 활동을 분담해야 한다. 즉, 교과를 지도하는 교사는 본인이 담당하는 교과지식만 가르침으로써 그 의무를 다하는 것이 아니라 그 교과를 지도받는 학생들의 수업태도 및 학업발달 등의 부분까지 지도 영역에 포함시켜야 할 것이다. 생활지도는 전문상담교사, 담임교사, 교과교사 등의 모든 교사와 교장, 교감 등 학교행정가가 공동으로 담당하는 활동이라고 볼 수 있다.

생활지도의 활동은 미국 사회사업가 파슨스(Frank Parsons)가 미국의 경제공황과 실업에 대처하지 못하는 청년들을 도우며 직업지도 운동에서 사용했던 여러 가지 방법이나 기술을 학생들의 학업지도나 진로지도와 관련한 문제에 적용하면서부터 활발하게 전개되었다. 오늘날 학교현장에서의 생활지도는 학생들이 발달과정에서 직면하는 모든 삶의 문제와 심리·정서적 적응에 관한 문제, 사회적 대인

관계 문제, 진로적성 및 학업과 관련된 실제적이고 구체적인 내용들이 포함된다.

2) 생활지도의 필요성

인간은 본능적으로 다른 사람과의 사회적 관계를 가지며 산다. 삶을 지속시키기 위해 이 인간관계를 유지하기 위한 질서와 규율이 있다. 그리고 그 규율과 질서, 도덕과 윤리는 그 사회가 갖는 여러 가지 여건과 특색에 따라 그에 걸맞는 덕목을 필요로 하게 된다. 사회·심리적 환경에서 생활지도가 필요한 이유를 제시해보면, 첫째, 우리나라의 입시위주의 학교교육을 들 수 있다. 오늘날 우리나라의 아이들은 태어나면서부터 상급학교 진학을 위한 경쟁을 시작한다고 해도 과언이 아니다. 학교교육은 그 본래 목적인 전인교육을 위한 기능을 담당하지 못하고 있고, 그로 인한 청소년의 부적응 현상이 증가되고 있다. 따라서 인간교육의 기초가 되는 인성교육과 함께 자율성, 협동심, 적응능력을 육성하는 생활지도에 힘을 기울여야 한다.

둘째, 증가하는 청소년 문제로 인해 생활지도가 필요하다. 청소년기는 신체적·심리적 성숙이 급격하게 일어나기 때문에 신체적으로나 정서적으로 매우 불안정한 시기이다. 이러한 시기에 과열된 입시경쟁이나 스트레스, 정체감의 혼란은 청소년 비행으로 연결되기 싶고 정신건강을 위협하는 원인이 될 수 있다. 최근 우리나라 청소년의 비행이나 범죄는 양적으로 증가하고 있을 뿐만 아니라 질적으로도 흉포화되고 있으며, 범행 시작 연령이 낮아지고 있는 추세에 있다. 또한 많은 청소년들이 우울증과 자살충동과 같은 정신건강문제, 인터넷·스마트폰·게임 중독, 괴롭힘과 따돌림 같은 학교 폭력 문제 등 학생들의 건강한 발달과 성장을 위협하는 요인들에 노출되어 있다. 교사들은 이러한 어려움을 겪는 학생들을 조기에 발견하여 적절한 조치를 취할 뿐 아니라 보다 심각한 부적응 문제로 이어지지 않도록 예방할 수 있는 생활지도를 실시하여야 한다.

셋째, 오늘날과 같이 급변하고 다원화된 사회 속에서 우리의 아동·청소년들이 현실에 적응하고 당면문제를 해결하는 능력을 기르기 위하여 생활지도가 필요하다. 사회적인 측면으로는 정보화와 지식기반사회, 국제화 및 다문화 사회에서 요구하는 유능한 인재의 육성이 시급하고, 개인적인 측면으로는 풍부한 경험을 축적함으로써 시대에 부응하는 창의적·적응적·자율적이며 책임감 있는 전인적 인격체를 육성할 필요가 있는 것이다.

마지막으로, 인간을 이해하는 심리학의 발달적 관점에서 학생을 하나의 완전한 인격체로 만들어가기 위해 생활지도가 필요하다. 아동·청소년기는 아직 사회인으로서 기능하기에는 미성숙하기 때문에 그들이 활동하는 미래사회에서 민주시민으로 살아갈 수 있는 자질과 태도를 길러주며 스스로 판단하고 결정할 수 있는 원숙한 성인으로 기능할 수 있도록 생활지도를 할 필요가 있다.

3) 생활지도의 원리

생활지도를 통하여 학생들의 전인적 성장을 가져오기 위해 기본적으로 준수해야 할 생활지도의 원리는 다음과 같다(성태제 외, 2015; 조규판 외, 2018).

① 생활지도는 모든 학생들을 대상으로 한다. 생활지도 대상은 문제 학생에 국한되지 않으며, 학생들이 겪는 문제는 고정적이거나 영구적이지 않기 때문에 모든 학생을 그 대상으로 해야 하며 그들의 잠재력 계발이 최대의 목적이다.

② 생활지도는 학교교육의 통합된 일부이고, 학교교육의 필수영역이므로 학생의 지·덕·체의 조화를 이루는 전인적 성장에 기여해야 한다. 오늘날 학교현장의 교육은 지식교육에 많이 치중하고 있지만 전인적 발달과 자아실현의 도모 또한 이에 못지 않게 중요하다. 특히 개인으로서, 그리고 사회의 구성원으로서 시민교육, 인성교육, 세계화 교육과 더불어 직업분야의 발달을 촉진하기 위한 활동이 되어야 한다.

③ 입학으로부터 졸업 후의 추수지도(follow-up service)에 이르기까지 모든 과정에서 지도가 연속적으로 이루어져야 한다.

④ 생활지도는 정확한 자료와 객관적이고 과학적인 근거를 바탕으로 행해져야 한다. 학생에 대한 객관적인 자료의 수집은 공정하고 편견이 없는 교사의 태도에서 나오기 때문이다. 따라서 통계학적·심리적 교양을 바탕으로 한 과학적인 조언과 지도가 이루어져야 한다.

⑤ 생활지도는 이미 발생한 문제를 치료하고 해결하는 소극적 차원을 넘어서 문제가 발생하기 전 혹은 심각해지기 전에 예방을 시도하는 '예방적' 차원의 활동을 반드시 수반해야 한다(강진령·유형근, 2004). 생활지도를 통한 예방이 상담보다 더 중요한 이유는 일차적 예방은 문제의 원인 자체를 차단하는 것이며, 이차적 예방은 문제가 이미 발생했지만 다른 사람들에게 퍼지거나 문제가 강화되는 것을 막는 역할을 하기 때문이다.

⑥ 생활지도 시 강요보다는 협조를, 처벌보다는 지도를 통해 건전한 성장을 돕도록 한다. 생활지도는 학생의 건전한 성장을 돕고자 하는 것이므로 문제가 발생했을 때 처벌하기 전에 먼저 지도를 해야 한다. 또한 담임교사나 상담교사만의 지도가 아니라 타 교직원은 물론, 가정의 부모, 형제, 지역사회인사, 의사, 심리학자, 교육학자의 도움이 필요하다.

4) 생활지도의 영역

생활지도는 모든 학생을 대상으로 예방을 목적으로 실시하고 있다. 그러므로 생활지도는 학생 개인의 전인적인 발달을 지향하고 있고, 학교에서 수행하는 교육활동 전반에 관심을 가지는 만큼 그 범위는 매우 광범위하다. 생활지도의 각 영역은 서로 유기적인 관련을 가지고 있기 때문에 각 영역을 분리해서 생각하기는 어렵지만 일반적으로 다음과 같은 6가지 영역으로 분류할 수 있다.

(1) 학업지도

학업지도(educational guidance)는 학교를 선택하고 학업에 적응하도록 돕는 모든 지도를 포함한다. 신입생을 위한 오리엔테이션, 학업부진아의 효과적인 학습

방법 및 학습습관 지도, 학습동기유발 방법, 상급학교 진학과 학교생활 적응 문제지도가 이 영역에 해당된다.

(2) 진로지도

진로지도(vocational guidance)는 한 개인이 직업을 준비하고 선택하여 직업에 종사하고 발전하도록 돕는 활동이다. 그러므로 진로지도에서는 상급학교 진학에 대한 관련 정보와 다양한 직업세계에 대한 정보제공, 진학 및 취업 상담, 직업적성 진단, 추수 지도 등의 활동이 여기에 속한다.

(3) 인성지도

인성지도(personality guidance)는 학생 개인의 심리적·정서적 문제를 다루어 각 개인의 원활한 학교생활 적응을 돕고자 하는 영역으로 흔히 인격지도라고도 한다. 인격지도에는 각 개인의 심리적 불안과 욕구불만, 열등감, 소외감 등의 정서적 문제와 친구이성관계 및 사회적 활동과 같은 사회적 문제, 부모·형제관계에 따른 가족문제, 각 개인의 삶의 태도와 습관, 도덕성 등의 가치관 문제가 포함된다. 그러므로 인성지도의 목적은 각 개인의 인격형성에 방해가 되는 부적응적인 요소들을 제거하여 줌으로써 원만하고 조화로운 삶을 영위할 수 있도록 하는 데 있다.

(4) 사회성 지도

인간은 사회적 존재이므로 각 개인은 학교, 가정, 이웃의 집단에 소속해서 집단생활에 적합한 태도와 행동양식을 갖추어야 한다. 사회성 지도(social guidance)에는 학생 개인이 집단생활에 적응하는 데 필수적인 교양과 도덕성 함양, 인간존중의 가치관 확립, 합리적 의사소통과 원만한 인간관계 형성, 사회에 대한 봉사정신 지도 등을 포함한다. 특히 민주시민으로서 갖추어야 할 자질과 의무, 권한과 책임을 잘 이해하고 민주적인 태도·기능·습관·협동정신을 함양하도록 도와야 할 것이다.

(5) 건강지도

건강한 신체와 건전한 정신을 가진 인간 육성은 예나 지금이나 중요한 교육목적이다. 그러므로 건강지도(health guidance)에서는 학생 각 개인이 자신의 건강에 관한 중요성을 인식하고 자신의 건강을 위한 적절한 대책을 세울 수 있도록 지도한다. 건강지도에는 학생의 건강한 신체 유지를 위한 보건 및 건강교육, 각종 질병 예방법, 사고 예방을 위한 안전지도 및 교육 등이 포함된다. 최근에는 각종 스트레스에 대처하는 방법과 영양관리 및 비만 예방 대책, 흡연·음주, 약물 복용에 관한 지도가 강화되고 있다.

(6) 여가지도

여가지도(leisure-time guidance)는 학생이 학교 수업과 자기 공부 외에 기타의 시간을 어떻게 보낼 수 있도록 도울 것인가 하는 문제로 최근에 관심이 높아지고 있는 영역이다. 따라서 여가지도에서는 각 학생의 욕구나 흥미, 능력, 소질에 따라서 다양한 과외 활동을 할 수 있도록 지도·조언함으로써 개인의 자기발견을 촉진하고 성장을 이끈다. 여기에는 여러 가지 스포츠 활동, 취미활동, 독서, 음악 및 미술 감상, 사회봉사 활동 등이 포함된다. 여가지도의 주된 기능은 개인의 휴식, 즐거움 그리고 개인적인 발달에 있으므로 학교에서는 개인이 자유로운 시간을 유용하게 활용할 수 있도록 지도·조언하여야 한다.

(7) 성교육

성교육(sex education)은 여성과 남성의 심리적·신체적인 특성 및 역할에 대한 이해를 바탕으로 건전한 이성 관계를 형성·유지·발전시켜 나가도록 지도하는 활동이다. 성교육 내용은 다음과 같다(조규판 외, 2018)

첫째, 성과 성적 현상 및 문화에 대한 건전한 태도를 형성하도록 지도한다.

둘째, 남녀 간의 예의범절을 포함한 올바른 성 역할 행동의 실천에 대해 지도한다.

셋째, 자신의 몸과 성에 대한 올바른 지식과 태도를 습득하도록 지도한다.

이러한 성교육은 '성'에 대해 좀 더 건전하고 넓은 시각을 갖도록 교육시키며, 성폭력이나 성 피해 방지뿐만 아니라 개인의 인격이 존중되고 안전한 삶을 영위할 수 있는 더 나은 사회를 만들기 위해 가르치는 내용과 방식을 신중히 고려하여 지도해야 할 것이다.

5) 생활지도 활동

생활지도는 학생들의 전인적인 발달을 위하여 교사나 학부모들이 합력하여 도움을 제공해야 하는 활동이다. 이상에서 살펴보았던 생활지도의 각 영역에 대한 지도를 위해 여러 가지 방식으로 전개되는 구체적인 활동들이 있다. 각 활동들은 최대의 효과를 낼 수 있도록 일정한 절차에 따라 이루어지는 것이 바람직하다.

[그림 8-1] 생활지도의 절차

(1) 조사활동

학생 조사활동(Inventory Service)은 학생 개인을 이해하기 위한 기초 자료를 수집하는 활동으로 체계적이고 객관적인 학생 실태 파악을 그 목적으로 한다. 그러므로 효과적인 생활지도 계획운영을 위해서는 학생 개인의 가정환경과 성장배경, 능력, 성격, 적성, 흥미, 욕구 등에 관한 정확하고 종합적인 각종 자료수집이 이루어져야 한다. 이를 위해서 지능검사, 적성검사, 학력검사, 흥미검사, 성격검사, 진로검사 및 관찰, 면접, 사례 연구들을 통해 자료를 수집하고 개별정보를 파악하게 된다.

이렇게 학생조사 활동을 통해 얻어진 자료는 생활지도의 전체적인 운영이나 교육활동 수립에 활용되어야 하므로 객관적이고 타당하며 신뢰성이 있어야 한다. 또한 학생조사 활동 결과를 가치 있는 자료로 활용하기 위해서는 실제 적용이 가능한 형태로 기록, 정리, 보관되어야 한다.

(2) 정보제공활동

정보제공활동(Information Service)은 학생들이 현실적으로 당면한 여러 가지 문제들에 대해 의사결정을 내릴 때 필요한 각종 정보를 조사하고 수집하여 제공해 줌으로써, 학생들의 합리적인 의사결정과 효과적인 적응을 돕는 활동이다. 따라서 정보제공 활동에는 학생들이 진학 및 학업생활을 해 나가는 데 필요한 교육정보와 직업 또는 취업과 관련한 직업정보, 개인과 인간관계에 작용하는 인적·물적 환경에 대한 개인적·사회적 정보 등이 포함된다.

첫째, 교육정보(Educational information)란 현재 및 장래에 있을 수 있는 여러 가지 교육기회와 필요한 준비물에 관한 모든 형태의 타당하고도 유용한 자료를 말하며, 여기에는 정규 교육과정과 이에 병행하는 교육과정, 입학조건 및 학생생활의 제 조건과 문제들이 포함된다.

둘째, 직업정보(Vocational information)란 직장·직종에 관한 타당하고도 유용한 정보를 말하며 입사 조건, 작업 조건, 보수·승진·노동자의 수요와 공급 등이 포함된다.

셋째, 개인적·사회적 정보(Personal−social information)란 대인관계에 영향을 주는 인적·물적 환경에 관한 타당하고도 유용한 정보를 말하며, 개인적 정보는 학생으로 하여금 자기 자신을 보다 잘 이해하고, 다른 사람과의 관계를 개선하는 데 도움이 되는 정보이다.

이러한 정보는 학교에서 자체적으로 조사하거나 각종 전문서적이나 간행물 또는 지역사회를 통해 수집·정리·보관하며 개인이나 집단활동을 위하여 제공하게 된다. 수집되는 정보는 그 정확성과 참신성이 중요하므로 가능하면 최신의 징보를 정확하게 수집·제공하여야 하며, 정보활동은 그 자체가 교육적 과정이라는 사실을 유념하여 학생들의 성취도나 요구 및 흥미에 맞추어 교육적 목적으로 제공되어야 한다.

(3) 상담활동

상담활동(Counseling Service)은 생활지도의 가장 중심적인 활동과 기능이라고 할 수 있다. 상담은 도움을 필요로 하는 학생(내담자)에게 전문적인 상담훈련을 받은 상담자(교사)가 일 대 일의 대면관계를 통해 학생의 심리·정서적 문제해결을 돕고, 정신건강을 증진시켜 능동적으로 자신의 환경에 적응해 나갈 수 있도록 돕는 활동이다.

상담활동은 전문 상담교사에 의해 이루어지는 것이 이상적이나 학급경영차원에서 생활지도를 하는 것이 목적이라면 학생과 친밀한 인간관계에 있는 교사가 상담자의 역할을 담당하는 것이 효과적이라 할 수 있다. 학교에서 수행되는 상담활동은 보편적으로 개인상담의 형태를 취하는 경우가 많으며, 학생들의 행동변화 촉진, 학교 적응능력 향상, 합리적인 의사결정 능력 배양, 대인관계 기술 증진, 학생 개인의 잠재능력 개발에 그 목적을 두고 있다.

(4) 정치활동

정치(定置)활동(Placement Service)이란 각 학생이 자신의 능력·흥미·적성을 정확하게 이해하고, 거기에 맞는 자신의 위치를 선정할 수 있도록 돕는 활동을 말한다. 그러므로 정치활동은 학생의 전공계열이나 과목선택, 특별 활동반 선택, 진학 및 취업지도에 관련되는 일에 이르기까지 매우 광범위하다.

정치활동은 크게 구분하면, 교육적 정치와 직업적 정치로 나누어진다. 교육적 정치활동은 학급편성과 학생의 능력과 적성에 따른 특별활동의 부서 선택, 선택과목 결정, 진급, 진학 등에 관한 것이다. 직업적 정치활동은 학생들의 아르바이트 알선이나 장래희망과 직업에 관한 것, 졸업생들의 취업 및 적응과 관련된 사항들이다. 오늘날과 같이 다양성과 개성을 존중하는 사회적 분위기에서는 학교생활 중에 합리적인 선택과 의사결정이 계속 요구되기 때문에, 학교에서의 정치활동이 더욱 더 중요해지고 있다.

(5) 추수지도활동

추수지도활동(Follow-up Service)은 생활지도를 받은 학생이 이후에 얼마나 현실적으로 잘 적응하고 있는가를 관찰하거나 조사하여 도움이 더 필요한 학생을 계속적으로 도와줌으로써 지속적인 성장과 발달을 이룰 수 있도록 돕는 활동이다. 상담활동의 결과, 잘못된 습관이 단기간 내에 고쳐지기 어려운 경우가 많고, 방치될 경우 이전 상태로 돌아갈 수 있기 때문에 상담활동 이후의 행동의 추이를 꾸준히 관찰하여 추가적으로 필요한 도움을 제공할 수 있다. 추수활동의 구체적인 방법은 확인전화, 면접, 관찰, 질문지, 체크리스트 등을 사용하여 주기적·지속적으로 추적관찰을 할 수 있다.

추수지도의 구체적인 내용은 학교를 이미 떠난 졸업생이나 취업한 학생에게 계속해서 그와 관련한 상황에 대한 정보를 제공하거나, 이전에 지도하였던 학생이 그 후에 얼마나 적응된 생활을 하고 있는지를 점검하여 보는 일이다. 그리고 학교 생활지도 결과에 대한 정보들을 수집·분석하여 앞으로의 생활지도 프로그램 개선에 도움을 주는 일 또한 추수활동에 속한다. 추수지도의 대상은 재학생과 졸업생뿐만 아니라 휴학생, 전학생 및 중도탈락 학생까지 포함된다.

2. 학교상담

학교에서 '상담을 받는다'라고 하면 자신이 '문제아'인 것으로 동일시될까봐 꺼리는 분위기로 인해 상담이 갖는 진정한 효과를 얻기도 전에 상담을 회피하는 경향이 있다. 상담은 한 사람의 정서를 위로해 주기도 하며, 위기에서 구해주기도 하고, 진로를 찾아가는 통로가 되기도 하는 등으로 한 사람의 인생을 바꾸어줄 만큼 중요한 과정을 포함하는 활동이다. 따라서 어떠한 발달과정상의 부적응 문제, 학업, 진로, 폭력 등으로부터 도움을 받기위해서는 필수적으로 제공되어야 하는 것이 상담활동이다.

1) 학교상담의 개념

학교상담은 학교를 기반으로 이루어지는 상담이다. 그래서 학교상담은 상담의 일반적인 특성과 더불어 학교라는 환경과 학생을 대상으로 하는 특성을 동시에 갖게 된다. 이장호(1989)에 따르면, 상담은 '도움을 필요로 하는 사람(내담자, 학생)이 전문적으로 훈련을 받은 사람(상담자, 교사)와의 대면관계에서 생활과제의 해결과 사고·감정·행동 측면의 인간적 성장·발달을 추구하는 학습과정으로 정의한다. 또 렌(Wrenn)은 상담이란 상호 이해를 통해서 젊은이들에게 자기문제를 자신이 결정하도록 돕는 두 사람 간의 역동적·유목적적 관계라고 하였다. 이처럼 상담활동은 하나의 인간관계이고, 과정이며, 협력적인 활동을 통해서 내담자의 행동 변화, 정신건강의 증진, 문제해결, 개인적 효율성의 향상, 의사결정 등을 돕는 데 목적을 두고 있다.

학교상담(school counseling)은 자주 생활지도와 혼용되어 사용되기도 하는데, 학교상담은 '학교에서 이루어지는 상담', 즉 초·중등학교라는 장소를 기준으로 붙여진 용어로, '전문적으로 훈련받은 상담자가 학교에서 행하는 모든 전문적 직무와 광범위한 서비스 및 프로그램'을 지칭하는 포괄적인 용어로 단순히 '장소'에만 초점을 두어 학교에서 상담자(교사)가 내담자(학생)를 돕는 1대 1의 관계만을 의미하는 좁은 '상담'의 개념에서 벗어나, 학교체제를 구성하고 있는 구성원 모두의 요구와 필요를 반영하여 학생, 부모, 교사들을 돕는 광범위한 서비스를 지칭하는 용어로 보아야 한다. 또한 학교상담은 문제를 가지고 있는 학생만을 대상으로 하는 전문적 활동에 국한되지 않고, 학교의 모든 학생들과 그들의 부모, 교사 등을 대상으로 문제의 예방과 발달적 관점에서 서비스를 제공한다는 면에서 일반상담과 차이가 있다.

2) 학교상담의 목표와 특성

일반적인 상담의 목표는 행동변화 촉진, 적응기술 증진, 의사결정 기술의 함양, 인간관계 개선, 잠재능력 개발, 자아정체감의 확립, 긍정적 자아개념 형성, 건전한 가치관 확립 등이다(김계현 외, 2001). 학교상담은 이러한 일반적인 상담의 원리나 방법, 목표 등을 그대로 수용하면서, 학교라는 물리적·사회적·제도적 공간 속에서 학생들이 가지고 있는 생활이나 발달상의 문제들을 다룬다고 볼 수 있다.

이러한 맥락에서 학교상담의 목표는 학생들의 행동변화 촉진, 적응기술 증진, 의사결정 기술의 함양, 인간관계 개선, 잠재능력 개발, 자아정체감의 확립, 긍정적 자아개념 형성, 건전한 가치관 확립 등을 돕는 것이 된다.

한편, 일반상담과 구별되는 학교상담의 특성은 학교라는 특정 공간을 배경으로 하고, '상담자–내담자' 관계와 동시에 '교사–학생'의 이중적 관계가 발생한다는 점이다. 또한 상담관계 형성 이전에 이미 상담자와 내담자가 서로에 대해 상당한 정보와 신뢰감을 가지고 있고 학생 내담자 주변에 학부모와 담임교사 등이 관련되어 있으며, 대체로 단기상담 또는 단회상담으로 이루어지고 학교관리자 및 상부 기관의 감독을 받는다는 점 등이다(김규태 외, 2013).

학교상담의 이런 특성은 학교상담 활동을 제한하기도 하지만 학교상담에 긍정적으로 작용하기도 한다. 학교상담자는 이런 특성에 유의하면서도 그것을 자원으로 활용할 수 있어야 한다.

상담과 비슷한 뜻으로 쓰이는 말 중에 생활지도, 심리치료가 있다. 생활지도(guidance)는 주로 학교에서 학교내·외에서 당면하는 적응문제, 발달상의 문제해결을 돕기 위해 제공되는 교육적·직업적·사회적·인성적 영역의 계획적 지도활동이다. 그러므로 생활지도의 대상은 전체 학생이며, 생활지도에 관여하는 인적자원은 교직원 전체가 된다. 그러나 상담(counseling)은 상담자로서 자격을 갖춘 사람이 학생 개개인이나 집단을 대상으로 역동적인 상호작용적 인간관계를 통해 학생(내담자)의 감정을 수용해 주고 명료화시킴으로써, 내담자가 자기 자신과 주변 환경을 보다 잘 이해하여 받아들이고 보다 나은 성장을 이룰 수 있도록 이끌어 주는 활동이다. 그리고 심리치료(psychotherapy)는 주로 병원에서 성격장애 및 정신장애에 관련된 치료적 목적의 활동을 지칭한다. 즉, 증상을 제거, 수정, 완화하기 위한 목적이 우선된다. 따라서 상담이 정상인을 대상으로 하는 반면 심리치료는 환자를 대상으로 한다. 또한 상담이 '예방'을 목표로 하는 반면 심리치료는 '치료'를 목적으로 한다. 이들을 구분하기 위해 생활지도, 상담 및 심리치료의 관계를 그림으로 표시하면 다음과 같다.

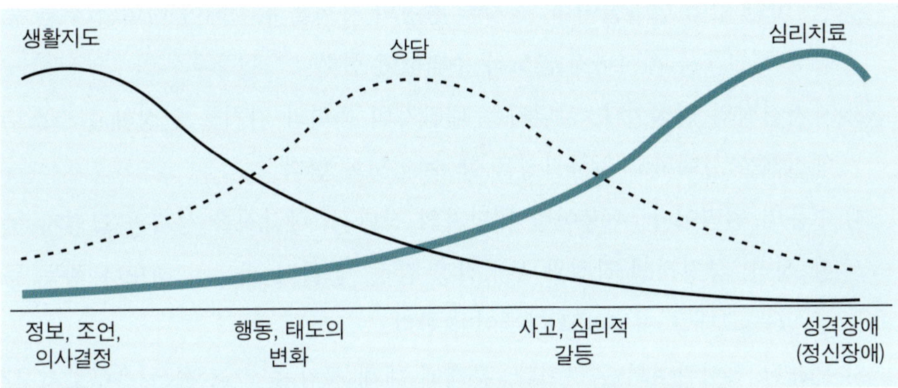

[그림 8-2] 생활지도, 상담, 심리치료의 영역 비교(이장호, 1998)

3) 상담의 원리

상담은 전문적인 소양을 갖춘 상담자가 내담자를 돕는 과정이므로 상담을 전개할 때에는 기본적인 원리에 바탕을 두고 시작하게 된다. 이때 상담자가 지녀야 할 기본적 태도는 인간가치의 존중, 인간의 가능성에 대한 신념, 개인의 선택과 자유와 책임을 인정하는 것 등이 중요하다. 상담이 성공적으로 이루어지기 위해서는 다음과 같은 몇 가지 원리가 지켜져야 한다(김계현 외, 2009; 장혁표, 1993).

(1) 개별화의 원리이다. 이것은 내담자 개개인의 독특한 자질을 이해하는 것으로 상담시 내담자의 차별화된 특성에 따라 상이한 원리나 방법을 적용해야 한다. 인간은 개인차가 있으므로 상담자는 개인의 개성과 욕구를 존중하는

가운데 상담이 전개되어야 한다. 이 원리를 지키기 위하여 상담자는 편견이나 선입견에서 탈피하여야 하며 내담자의 말을 경청하고 내담자의 성격, 정서, 감정 변화를 민감하게 포착할 수 있어야 한다.

(2) 의도적 감정 표현의 원리이다. 내담자가 자신의 감정, 특히 부정적 감정을 인정받고 싶은 욕구를 알아차리고 내담자가 자신의 감정을 솔직하고 떳떳하게 표현할 수 있도록 허용적이고 자유로운 분위기와 관계를 조성해 주어야 한다. 따라서 상담자는 내담자의 부정적이거나 반항적 감정표현들을 비난, 비판 없이 받아들이며, 진지한 경청의 자세를 유지해야 하며 섣부른 충고나 해결책을 제시하지 않도록 주의해야 한다.

(3) 자기결정의 원리이다. 상담자는 내담자의 능력과 가치를 인정하고 스스로 해결책을 선택하고 의사결정을 할 수 있도록 한다.

(4) 수용의 원리이다. 수용이란 내담자의 장단점, 바람직한 성격과 그렇지 못한 성격, 긍정적인 감정과 부정적인 감정, 건설적·파괴적 태도나 행동 등을 있는 그대로 이해하고 다루어야 한다.

(5) 통제된 정서관여의 원리이다. 문제에 대해 공감을 얻고 싶은 욕구로서 상담자는 내담자의 감정에 호응하기 위해 내담자의 정서표현에 민감하게 반응하고 적극적인 자세의 유지가 필요한데 완전한 관여가 아닌 통제된 정서를 유지하면서 관여해야 한다.

(6) 비심판적 태도의 원리이다. 내담자는 자기의 잘못이나 문제에 대해서 타인이 나무라거나 책임을 추궁하는 것을 두려워한다. 그들은 죄책감, 열등감, 불만감, 고독감을 가지고 있기 때문에 타인의 비판에 예민하여 그들 자신을 방어하고 안전을 취하려고 한다. 따라서 상담자는 객관적으로 내담자의 행동, 태도, 가치관을 평가해야 하며 어떤 문제에 대하여 질책하는 것은 좋지 않다.

(7) 비밀 보장의 원리이다. 상담자는 상담과정에서 얻은 상담자 관련 정보, 상담 내용, 상담신행 관련사항 등의 정보를 내담자의 성장과 발달을 위한 목적으로 사용되는 경우를 제외하고 다른 용도로 사용하거나 공개해서는 안

된다. 이는 상담자의 윤리적 의무이며 법적 의무이다.

4) 상담자의 자질

상담은 무엇보다도 학생과 대면하여 대화로서 문제를 파악하고 해결해나가는 과정을 거치기 때문에 상담자로서의 교사에게 갖추어야 할 능력들을 다음과 같이 제시한다.

(1) 전문적 자질

상담에서 필요한 전문적인 지식은 상담이론에 대한 정확한 이해를 통해 학생들이 경험하는 부적응 혹은 일상적 문제들이 어떠한 과정을 통해 발생하게 되는지를 이해할 수 있음을 의미한다. 상담에서의 전문적 자질은 반드시 상담실습과 훈련을 통해 증진될 수 있다. 청소년을 대상으로 하는 학교상담시 청소년 상담과 관련된 전문적 자질이 필요하다.

① 지식은 청소년의 신체발달, 개인·사회성 발달, 인지발달 등의 발달심리학적 지식을 포함하며, 개인의 발달적 개인차가 어떻게 영향을 미치고 있는지에 대해서 파악할 수 있어야 한다.

② 청소년을 둘러싼 환경에 대한 지식을 갖추어야 한다. 청소년 유해환경, 직업세계, 청소년 문화에 대한 지식은 필수이다.

③ 청소년 문제에 대한 지식이 필요하다. 청소년 문제의 유형과 종류, 진로문제, 학습문제, 친구관계 등의 청소년 고민과 흡연, 가출, 음주, 비행 등 청소년 문제행동에 대한 전문적 지식이 필요하다.

④ 상담과 관련된 실무지식이 필요하다: 상담의 기록관리, 예약과 접수, 회기보고 등 행정 절차뿐만 아니라 청소년이나 학교와 관련된 법 지식, 비밀보장과 예외조항, 이중관계 등과 같은 개인상담자에게 필요한 윤리강령에 대한 지식을 포함한다.

(2) 인간적 자질

로저스(Roger, 1961)는 상담의 효과는 상담자의 이론적 접근이나 기법보다는 내담자의 변화를 촉진시킬 수 있는 상담자의 태도에 따라 달라질 수 있다는 것을 강조하였다. 그는 인간중심이론에서 상담자가 내담자와의 관계에서 가식이 없는 진솔성, 내담자에 대한 무조건적 긍정적 존중, 내담자문제에 대한 공감적 태도를 필수요소로 제시하였다.

한편, 구본용 등(2010)은 상담자는 다음과 같은 인간적 자질을 갖추어야 한다고 제시하였다. 첫째는 학생에 대한 무조건적 믿음과 신뢰가 있어야 한다. 학생에 대한 믿음은 문제행동을 보이는 학생이라도 주변 사람들에게 존중받기를 원하는 기본적 욕구를 가지고 있으며 그럴 가능성이 있음을 믿는 것이다. 둘째, 교사 자신의 '청소년 자아'를 활성화시킬 수 있는 자질을 갖추어야 한다는 것이다. 교사 자신이 청소년 시절의 위험을 감수하고 도전해보려는 용기, 새로운 행동에 대한 실험, 유쾌하게 즐기는 창조적인 유희성, 보다 자유로움을 추구하는 개인의 특성들을 자신의 내부에서 발견하고 이를 상담관계에서 활성화하는 것이 필요하다. 셋째는 청소년과의 관계를 발전시킬 수 있는 공감과 정서적 개방이 필요하다. 학생상담을 효과적으로 수행하기 위해서는 개방적이고 모험적이며, 온정적인 인간적 자질이 필요하다.

5) 상담의 과정

상담의 과정은 각각의 상담이론에 따라 다소 다를 수는 있으나, 일반적으로 상담의 진행과정을 초기, 중기, 종결 단계로 구분하지만 각 단계의 경계를 분명하게 나누기는 어렵다. 각 단계에서 이루어지는 상담자와 내담자의 상호작용이 반드시 그 단계에서만 나타나는 것은 아니며, 상담의 과정이 직선적으로 나아가기보다는 상담자의 개입, 언급되는 주제 등이 반복되면서 나선형으로 발전해 나아가기 때문이다. 각 단계마다 상담자가 고려해야 할 상담의 공통적인 사항들이 있는데 이를 알고 있으면 보다 효율적으로 상담을 이끌 수 있고, 좋은 상담성과를 거둘 수 있다.

상담의 진행은 내담자가 가지고 온 문제 특성과 내담자의 준비도, 상담자의 상담 경험, 심리학적 지식 정도 등에 따라 여러 방식으로 이루어질 수 있으나 상담이 이루어지는 과정에서 행해지는 공통적인 요소들을 기초로 상담 단계를 설정하고 그 단계에 따른 특성을 기술함으로써 상담이라는 과정을 좀 더 체계적으로 이해할 수 있다. 또한 상담 단계에 대한 지식은 상담이 진행되는 동안 자신이 상담 과정 중의 어느 단계에 있는지 파악하도록 하므로 앞으로 상담 과정에서 나타나는 현상과 경험하게 될 일들을 미리 대비할 수 있을 것이다. 상담은 심리적 문제의 유형이나 목표, 접근방법 등에 따라 보통 5~6회에서 20회 이상까지 진행될 수 있으나 학교 상담은 단회 상담, 또는 5회기 이하의 단기상담이 많다.

이어서 상담의 각 과정, 즉 초기, 중기, 종결의 각 단계에서 이루어지는 일들을 구체적으로 살펴보도록 한다.

(1) 상담초기

상담의 초기단계는 상담자와 내담자의 첫 면담에서부터 문제해결단계(중기)로 들어가기 전 몇 번의 면담을 가리킨다. 초기단계에서 상담자는 내담자에게 자신을 소개하고, 내담자와 신뢰롭고 촉진적인 상담관계를 형성한다. 그리고 내담자가 상담을 통해 얻고자 하는 것이 무엇인지 파악하고, 상담을 구조화하여 전체적인 상담의 진행에 대한 안내와 설명을 한다.

이때 상담의 효과를 높이기 위해 학생에 대한 정보를 사전에 수집하여 둔다든지, 학생의 말을 적극적으로 경청·공감·지지하거나, 학생을 호출한 이유를 설명해 줌으로써 학생을 좀 더 깊이 있게 이해하고, 학생의 마음을 열게 하며, 신뢰감을 형성하는데 도움이 될 수 있다.

(2) 상담중기

상담의 중기단계는 내담자의 주 호소 문제를 이해하고, 설정한 상담목표를 달성하기 위한 구체적인 작업을 하는 상담의 핵심적인 단계이다. 이 단계에서는 내담자의 문제를 깊이 있게 탐색하고 탐색이 더해 감에 따라 내담자 입장에서는 자신의 문제에 대한 통찰이 이루어지고, 상담자가 지닌 상담전략이나 상담절차, 상담기법들이 적극적으로 활용되는 시기이다.

이때 상담자는 내담자 편에서 그를 지지하고, 그가 어떤 부분에서 좌절감을 느끼고 있는지를 파악하고 자신의 불만과 괴로움 등을 표출하도록 유도하여, 긍정적인 동기를 찾도록 도움을 주는 것이 필요하다, 아울러 공부의 필요성을 인식하게 하거나, 부정적 사고나 신념을 수정하게 하는 등의 도움을 주어야 할 때이다.

중기단계에서 주의할 것은 내담자가 상담으로 인해 일어나는 변화에 대한 심리적 부담, 즉 저항을 일으킬 수 있다는 것이다. 지금껏 지녀 왔던 사고, 감정 및 행동패턴을 상담을 통해 변화시키려는 데 대한 저항이 일어나면 상담을 회피하거나 그만두려고 할 수도 있다. 이러한 저항을 극복해야만 상담의 목표를 달성할 수 있다.

(3) 상담의 종결

상담의 종결은 내담자가 호소한 문제가 어느 정도 해결되고 상담 초기와 중기에 세운 상담목표가 달성되어 내담자가 혼자서도 일상생활에서 새로운 행동을 할 수 있다고 판단될 때 이루어진다. 종결을 할 때는 상담자와 내담자가 논의를 통해 합의하는 것이 좋으며, 협의 후에 바로 종결하는 것이 아니라 간격을 띄워 점진적으로 종결하는 것이 좋다. 그리고 종결 후에 상담자는 내담자가 실생활에서 잘 적응하며 지내는지, 상담했던 문제가 다시 발생하지는 않았는지 등을 확인하는 추수상담을 통해 자신의 상담 효과를 평가할 수 있다.

그러나 이상에서 언급한 상담의 초기, 중기, 종결단계는 실제 상담과정에서 그 구분이 명확하지 않을 수 있고 서로 중첩되어 나타날 수 있음을 인지하고 있는 것이 좋다.

6) 상담의 기법

상담의 기법은 각 상담이론이 강조하는 요소에 따라 다양하다. 여기서는 어느 이론을 막론하고 상담자들이 기본적으로 사용하는 대표적인 기법을 제시한다(강소연 외, 2019).

(1) 적극적 수용과 경청

상담의 기본은 경청이다. 그런데 상담자의 경청은 내담자의 말을 단순히 듣기만 하는 것이 아니다. 상담자의 경청은 이른바 '적극적 경청'이라고 하는데, 이는 내담자가 진술하는 말 이면에 숨어 있는 의도, 감정, 입장까지 생각하면서 듣는 것을 의미한다. 그렇게 해야만 상담자는 내담자를 더 잘 이해하고 공감(empathy)할 수가 있다.

(2) 주의집중

상담자는 내담자에게 온전하게 주의를 집중해야 한다. 주의집중은 적극적인 경청을 위해서 필요한 조건이지만 경우에 따라서는 그 자체가 상당한 상담 효과를 발생시킨다. 자신에게 최선을 다해서 집중해 주는 상담자와의 면담경험은 내담자에게 큰 정서적 지지와 위안을 제공하기 때문이다.

(3) 재진술

내담자가 한 말 중에서 일부를 상담자가 반복해 주는 기법이다. 재진술은 대화의 흐름을 조절해서 내담자가 상담내용의 초점을 유지하도록 도와주고 상담자와 내담자 간의 의사소통을 명료하게 해 주는 기능을 한다. 즉, 상담자가 재진술해 준 내용에 상담의 초점이 맞추어지기 때문에 상담 대화는 효율성을 유지할 수가 있다.

(4) 반영

반영(reflecting)은 거울에 비치듯이 내담자의 감정상태를 되돌려 준다는 의미에서 붙여진 용어이다. 상담자는 적극적 경청에 의해서 파악한 내담자의 감정상태를 공감할 뿐만 아니라 그 공감내용을 내담자에게 되비쳐 준다. 반영하는 구체적 기술은 언어(말)뿐만 아니라 표정이나 목소리 등의 비언어적 요소까지 기술적으로 활용되어야 한다.

(5) 질문

일반 대화에서도 자주 사용되는 어법이지만 상담에서의 질문은 일반 대화의 경우와 차이가 있다. 상담에서의 질문은 정보수집이라는 기본 기능 외에도 내담자가 자신의 내면을 탐색하도록 자극하거나 유도하는 기능을 한다. 왜냐하면 구체적인 자기 탐색을 기반으로 문제해결을 위한 통찰과 대안들을 발견할 수 있기 때문이다.

(6) 명료화

명료화란 내담자의 말의 의미가 모호하거나 이해가 잘 되지 않을 때 내담자에게 명확하게 말해달라고 요청하는 반응이다. 내담자들은 자신들이 고민하는 문제에 몰입한 나머지 그 문제에 대한 진술내용에 신경 쓰지 못하고 모호하거나 분명치 않게 전달하는 경우도 많다(강진령·연문희, 2009). 명료화는 내담자로 하여금 보다 구체적으로 말하도록 돕고, 내담자가 말한 내용을 정확하게 들었는지 확인할 수 있다. 또한 모호하거나 혼란스러운 내용에 대해서 분명하게 확인할 수 있다. 그리고 명료화는 내담자 자신으로 하여금 이야기한 내용을 다시 생각해 보거나 구체적 예시를 들 때 활용할 수 있다(신효정 외, 2022). 상담의 다양한 기법을 사용하여 내담한 학생 자신의 내면의 감정·정서를 정확히 파악하고 정리하여 혼란한 상태에서 벗어나도록 돕는 것은 상담자의 몫이다.

7) 학교상담 윤리의 쟁점

학교현장에서 상담교사는 전문가로서 윤리 기준을 준수해야 한다. 윤리 기준은 전문가로서 상담교사의 품행과 책임에 대한 기본 틀을 제공한다. 윤리 기준의 제정 목적은 상담교사에게 자기 통제와 조절의 기초를 제공함으로써 정보의 법률적 간섭에서 벗어나 자율성을 확보하기 위함이다(강진령·이종연·유형근·손현동, 2010). 윤리는 인간의 품행과 도덕적 의사결정에 관한 철학에 속해 있는 규율이다. 그러나 윤리 기준이 아무리 잘 만들어졌다고 하더라도 모든 경우에 적용하기에는 한계가 있다. 여기에서는 학교 장면에서 상담교사가 직면하게 되는 윤리적 쟁점을 살펴본다(강소연 외, 2019).

(1) 비밀보장

비밀보장(confidentiality)은 주로 윤리적인 의미의 개념으로, 학생의 사생활을 존중해 주어야 할 상담교사의 의무를 뜻한다. 이 개념은 상담관계에서 알게 된 내담자에 관한 정보를 내담자의 동의 없이 제3자에게 누설하지 않고 보호해 줄 것이라는 약속을 의미한다. 비밀보장 원칙이 중요한 이유는 학생이 상담과정에서 말한 내용이 제3자에게 노출되지 않을 거라는 확인이 있을 때, 상담교사를 신뢰하고 진정성 있는 대화를 할 수 있기 때문이다.

그러나 학생들 대부분은 미성년자이므로 법적으로 사생활에 대한 권리가 제한된다. 윤리기준에는 비밀보장에 연령을 제한한다는 조항은 없으므로, 비밀보장에 대한 학생의 권리는 학부모가 자녀의 상담 내용을 알 권리보다 더 존중되어야 한다. 또한 상담교사는 학부모나 학교장에게 상담이 비밀보장을 전제로 한 것임을 알리고 학생에게 직접 물어보도록 제안하고, 학생에게 허락을 받은 후 최소한의 정보만을 제공한다.

상담에서 비밀보장은 최우선 되어야 할 원칙이지만, 비밀보장 원칙에는 예외가 있다. 비밀보장의 예외적인 경우는 자해·자살의도, 사회의 안전 위협, 전염성 있는 치명적 질병, 법원명령, 아동학대·방치 등을 알게 되는 경우이다.

(2) 다중관계

다중관계(multiple relationship)란 이미 관계가 설정된 사람과 상담관계를 추가적으로 맺는 것을 말한다. 상담교사가 학생과 두 가지 이상의 자격으로 관계를 형성하게 되는 경우(예: 상담교사가 친구의 자녀나 동료를 상담하는 경우) 다중관계를 형성하는 것이다. 학교 장면에서는 부득이하게 다중관계를 피할 수 없는 경우가 많이 발생한다. 이러한 경우 사전 동의를 구하거나 외부 전문가에게 의뢰하거나 상담과정을 기록으로 남겨 다중관계를 통해 발생할 수 있는 문제의 소지를 없애거나 최소화하는 조치를 취해야 한다.

(3) 가치관 주입

상담교사는 자신의 가치관, 계획, 결정 또는 신념을 학생에게 주입해서는 안 된다. 이를 위해 자신의 가치관, 태도, 신념을 파악하는 한편, 학생에게 어떻게 전달되는지 살펴야 한다. 가치(value)는 개인의 세계와 문화에 대한 이해를 반영하는 것으로 무엇이 좋고 나쁘며 옳고 그른지에 대한 자신만의 고유한 해석이며 사람들마다 다른 양상을 보인다. 그러므로 상담교사는 자신의 가치관을 파악하고 있어야 한다. 이를 기반으로 상담교사는 가치중립적(value-neutral) 입장을 취함으로써 옳고 그름에 대한 자신이 내린 정의를 토대로 학생의 의사결정에 영향을 미치지 않도록 해야 한다. 상담과정에서 가치관에 관한 사안을 다루게 되는 경우나, 피할 수 없다고 판단한 문제를 다루어야 할 경우에는 학생을 다른 전문가에게 의뢰하는 것이 전문가 윤리에 적합하다.

여기까지 생활지도와 학교상담에 대해 살펴보았다. 학교장면에서 학생들을 대상으로 생활지도와 상담을 하는 것은 효과가 더디고 어려운 과정일 수 있으나 그 과정을 통하여 학생들이 원숙한 성인으로 자라나는 과정을 보는 것은 그 어려움을 능가하는 보람일 것이다. 생활지도 담당자로서, 또 상담자로서의 교사는 학생에 대한 충분한 발달론적 지식과 이론, 학생이 처한 환경에 대한 지식, 청소년 문제에 대한 충분한 이해와 이와 동반되는 지도경험을 통해 학생들을 성장시키고자 하는 사명감과 책임감으로 임하는 자세가 필요하리라 본다.

3. 상담이론

상담자는 상담과정에 자신의 지식과 경험을 통하여 만들어진 해결에 필요한 방법들을 적용하게 되며, 이러한 자신의 이론이나 접근방법은 내담자에게 직접적인 영향을 미치게 된다. 그러나 상담자가 만나는 내담자는 다양한 사회적·경제적·문화적 배경을 지니고 있어서 그들의 특성과 문제의 성격이 각기 다르기 때문에 인간행위에 대한 보편적인 접근만으로는 그들이 당면한 복잡한 문제를 다루기에는 어렵다는 것을 알게 된다. 그러므로 상담이론을 통하여 상담의 과정을 체계적으로 관찰하고, 상담과정에서 보여주는 다양한 행동이나 태도의 성격과 효율성을 평가할 수 있는 틀(framework)을 필요로 하게 된다. 이러한 관찰자의 관점과 평가의 틀을 제공해 주는 것이 바로 상담이론이다. 따라서 상담자는 다양한 상담이론에 대한 지식과 관점을 최대한 활용하여 인간을 바로 이해하는 것이 중요하다.

상담이론은 각 이론이 지향하는 철학적 관점이나 인간관, 성격이론, 심리적 문제를 보는 시각 등에 따라서 다양하다. 여기서는 상담이론에서 널리 적용되고 있는 대표적인 상담이론을 중심으로 살펴보고자 한다.

1) 정신분석학적 상담

(1) 기본 견해

프로이트(Sigmund Freud)에 의해 창시된 정신분석이론은 심리학이나 상담 이론뿐만 아니라 20세기 인간관, 철학, 사회사상 등에 영향을 주었다. 그의 정신분석이론은 인간행동에 대한 결정론과 무의식의 개념을 기본적으로 가정하고 있다. 즉, 프로이트는 인간이 동물적 충동과 본능을 갖고 있고 무의식적으로 행동하는 비합리적인 존재이며, 과거의 경험에 의해서 성격이 형성되는 결정론적 존재라고 보았다. 정신분석이론에서는 인간의 부적응 행동이 어린시절의 충동이나 감정을 지나치게 억압한 데서 연유한다고 보고, 이때 무의식 속에 억압된 충동이나 감정이 그 개인의 무의식 속에 계속 머물러 현재의 어떤 문제의 원인이 된다고 본다.

그러므로 정신분석 상담의 목표는 이러한 개인의 무의식적 갈등을 의식화시켜 개인의 성격을 재구성하는 데 있다. 즉, 무의식적 기능인 원본능(id)의 억압을 약화시킴으로써 의식적인 기능인 자아(ego)의 힘을 강화시킨다는 의미로 정신분석에서는 '성격 구조의 재구성'이라고 한다. 내담자가 자신의 행동을 이해하려면 행위자 자신도 자각하지 못한 무의식 속에 들어있는 경험을 의식 차원으로 끌어올려 이해하고 통찰이 생기도록 정신분석학자가 도와주어야 한다는 것이다.

정신분석학적 상담이론에서 무의식적 동기에 의해서 유발되고 지속되는 인간의 정서적 곤란과 부적응 행동을 해소시키기 위한 주요 기법은 다음과 같다.

(2) 정신분석 상담 기법

① 최면술(hypnosis): 어린 시절의 기억을 살리기 위해 최면술로 당시 경험에 도달하게 한다. 지능이 높은 사람의 경우 지시에 잘 따르지 않는 경우가 있다.

② 자유연상(free association)은 내담자로 하여금 아무리 사소하고 말하기 어려운 내용일지라도 무엇이든 머리에 떠오르는 것을 자유롭게 말하게 하여 상담자는 억압된 과거의 경험을 회상하거나 정서적 문제의 원인이 되는 단서를 찾아내어 내담자의 통찰을 돕는다.

③ 해석(interpretation)은 내담자의 어떤 사고와 느낌, 꿈, 저항, 또는 행동에 대하여 상담자가 추리하여 설명해 주는 것으로, 의식 표면의 내용부터 점차 내담자가 받아들일 수 있는 단계까지 지적하고 설명하는 기본적 절차이다.

④ 꿈의 분석(dream analysis)은 내담자의 무의식 세계에 접근할 수 있는 또 하나의 방법으로 잠잘 때 내담자의 억압된 욕망과 갈등이 의식표면에 떠 오르는데, 평소에 표현할 수 없는 감정의 표현이 가능하게 된다. 상담자는 내

담자의 꿈을 분석하고 해석해서 내담자로 하여금 자신이 가진 심리적 갈등을 통찰하게 된다.

⑤ 저항(resistance)이란 상담진행을 방해하고 현재 상태를 유지하려는 의식적·무의식적 태도, 감정, 행동, 생각을 의미한다. 상담자는 무의식적인 갈등의 의미를 파악하여 내담자가 통찰을 얻도록 돕는다.

⑥ 전이(transference)는 내담자가 어렸을 때 중요한 타인들과의 관계에서 경험했던 억압된 감정, 즉 자신의 충동, 증오, 애정, 의뢰심, 불만 등을 상담자에게 재현하는 심리적 현상을 말한다. 전이를 통하여 상담자는 내담자로 하여금 어렸을 때 중요한 타인과의 관계를 자신의 관계에서 다시 보여주고 있음을 통찰하고 이해하도록 해석해 준다.

⑦ 훈습(working through)은 '냄새나 향이 옷 속에 배어들듯이 인간의 습성도 어떤 색으로 남아 그 훈기가 스며드는 것'을 의미하는 것으로, 내담자가 상담과정에서 자신의 심리적 갈등을 깨달아 현실생활에서 자신의 사고와 행동을 실제로 수정하거나 적응방법을 실행해 나가는 과정에서 내담자에게 변화가 일어나는 것이다. 이러한 정신분석에서의 상담은 무의식적으로 자기 행동의 의미를 이해하고자 노력할 때 무의식의 지배에서 벗어나 보다 자유로운 삶을 추구하도록 돕는 것이다.

(3) 정신분석 치료과정

① 시작의 단계: 최초의 면담이 시작된 후, 내담자의 문제가 정신분석을 필요로 하는지 결정하는 단계(3~6개월)로, 내담자에 관해서 많이 알아 두되 쉽게 의식화할 수 있는 것들에만 한정하고, 내담자의 근본적인 갈등에 너무 가까이 접근하지 않도록 한다.

② 전이의 발달단계: 내담자와 분석가 사이에 친숙관계가 형성되면 내담자는 자신의 무의식적인 갈등 문제를 표출, 분석가를 향하여 전이현상이 나타난다.

③ 철저한 지속적 활동의 단계(훈습): 전이 분석에 따른 내담자의 문제에 대한 통찰은 계속 심화되고 공고화 된다. 철저한 지속적 활동 과정을 통해서 내

담자 자신의 억압된 감정이나 충동을 이해하고, 이해하는 바를 느끼게 되고, 현실을 직면할 수 있게 되며, 보다 성숙되고 효과적인 방법으로 반응하게 된다.

④ 전이의 해결단계: 분석의 종결단계이다. 내담자의 무의식적이고 신경증적인 애착이 해결에 이르게 된다. 상담을 요청하게 된 원인이었던 증상들이 약화되고, 상담 초기에 이루어졌던 해석, 재구성을 확고히 하고 정교화 시켜 주며, 더 이상 분석할 필요성이 없다.

(4) 정신분석 상담이론의 공헌

정신분석에 기초를 둔 상담자는 내담자가 겪고 있는 정서적인 어려움이나 반복되는 문제행동의 원인을 지금은 억압되어 자각하지 못하는 어렸을 때의 경험에서 찾아내어 내담자가 이해하고 통찰할 수 있도록 도와준다. 정신분석학적 상담이론은 최초의 상담이론으로서 인간에게 무의식적인 측면이 있음을 널리 알렸고, 어렸을 때의 경험이 우리의 성격이나 행동패턴을 결정하는 중요 요인이 된다는 것을 보여주었으며, 무비판적이고 허용적 분위기에서 내담자가 자유롭게 말할 수 있는 기회를 가지면 감정의 정화작용을 경험하고 증상도 호전된다는 것을 알려주었다. 이는 다른 상담이론의 개발에도 큰 영향을 미쳤다. 또한 다양한 성격이론을 개발하는 기초를 제공하였고, 다양한 상담기술을 개발하여 현대 상담 및 심리치료의 모태가 되는 이론이라 할 수 있다.

정신분석 상담은 원래 정신의학 분야에서 정신질환을 가진 환자를 치료하는 데 주로 사용되었으나, 오늘날에는 인간의 보편적인 정신현상을 이해하는 데 도움을 줄 뿐만 아니라 학교현장에서 학생들이 나타내는 성격적 갈등과 부적응을 이해하고 지도하는 데 많이 활용되고 있다.

2) 행동주의 상담이론

(1) 기본견해

행동주의 상담이론은 대부분의 비정상적인 행동이 학습에 의하여 획득되고 유지되는 것으로 가정하고 내담자의 행동을 수정하기 위해 학습의 원리를 적용하는 상담방법이다. 즉, 파블로프의 고전적 조건형성이론과 스키너(B. F. Skinner)의 조작적 조건형성이론을 중심으로 하는 학습이론을 인간 부적응 행동에 적용한 것이다. 이러한 상담은 학습된 문제행동을 소거하고 보다 효율적이고 바람직한 행동을 새롭게 학습하도록 내담자를 도와주는 것이 목적이라 할 수 있다. 행동주의 상담이론은 다음과 같은 명제를 전제로 하여 이루어진다.

첫째, 대부분의 인간행동은 학습된 것이며 따라서 변화시킬 수 있다. 부적응행동도 학습된 행동이다.

둘째, 환경을 변화시키면 그와 관련된 행동을 변화시키는 데 도움이 된다. 따라서 바람직한 행동이 나타나도록 하기 위해서는 환경을 조성하면 된다.

셋째, 강화, 관찰학습 등과 같은 사회학습의 원리가 상담에 활용될 수 있다.

넷째, 상담과정이나 결과는 구체적인 행동의 변화를 통해 객관적인 방법으로 평가할 수 있다.

다섯째, 문제행동의 종류에 따라 내담자 개개인에게 적절한 방법과 기술을 고안하여 상담에 적용할 수 있다.

(2) 행동주의 상담기법

행동주의 상담에서 활용하는 주요 기법은 다음과 같다.

① 행동계약: 목표 행동, 목표 행동이 나타나는 상황, 강화를 받는 조건, 아동과 교사(부모)의 서명, 기간 등이 적힌 계약서를 작성하는 것이다.

② 토큰법(token system): 바람직한 행동을 실천했을 때 토큰이나 교환권을 강화물로 활용하는 것이다. 조작적 조건형성의 원리 적용하여 강화하고자 하는 목표행동을 구체적으로 설정하고 목표행동을 실천했을 때 명확하게 대

가(강화물)를 지불해야 한다. 유아들이나 초등학교 저학년생들을 대상으로 선한 행위를 할 때마다 칭찬 스티커를 붙여나가면서 '칭찬포도'를 완성해가는 방법들이 이에 해당한다.

③ 혐오치료기법: 부적응 행동을 제거하기 위해 바람직하지 못한 행동에 혐오자극을 제시하여 연합하는 것을 말한다. 혐오자극으로는 전기쇼크, 구토제와 같은 약물, 혐오스러운 시각물, 타임아웃, 벌 등을 들 수 있다.

④ 모방학습(대리학습:modeling): 관찰자가 모델의 사고, 태도, 외현적 행동을 모방하거나 순응하여 행동으로 나타내는 것이다.

⑤ 행동조성(Behavior Shaping): 조작적 조건형성의 원리를 적용하여, 행동조성을 위해 바람직한 행동을 여러 단계로 나누고 세분화된 목표행동에 접근할 때마다 적절한 보상을 주어 점진적으로 특정행동을 학습시킨다. 놀이공원에서 관람객들을 위해 돌고래가 묘기를 부리는 것은 장기간에 걸쳐 세분화된 목표행동을 연속적으로 보이도록 조건형성을 한 결과물이다.

[그림 8-3] 서울대공원 개관 20주년 공연대비 '특별훈련'

출처: 어린이조선일보

⑥ 프리맥의 원리(Premack's law)는 빈도가 높거나 선호도가 높은 활동을 강화물로 이용해서 빈도가 낮은 활동을 증가시키는 원리이다. 예를 들면, 아동이 컴퓨터 게임을 선호하고 수학을 공부하는 것을 별로 원하지 않는 경우, 아동이 수학을 스스로 공부하는 행동을 증가시키기 위하여 수학을 한 뒤에 컴퓨터 게임을 하도록 하는 경우이다.

(3) 행동주의 상담이론의 공헌

행동주의 상담은 무의식과 갈등에 초점을 둔 정신분석이 유행할 때 구체적인 행동의 중요성을 강조하여 상담의 새로운 방향을 제시하였다. 또한 구체적인 행동에 초점을 맞추고 과학적이고 체계적인 원리를 제안하였을 뿐만 아니라 한 개인에게 맞는 구체적인 상담기술을 적용하여 외형적인 내담자의 행동을 바꾸는 다양한 상담기법을 개발하였다. 행동주의 상담은 실행연구를 토대로 한 과학적 연구와 상담결과에 대한 명확한 평가가 가지는 중요성을 지적하며, 상담의 구체적 효과에 대한 가이드라인을 제시하고 있다. 무엇보다도 행동주의 상담은 누구의 행동 변화나 무슨 행동변화에 대한 강요보다는 효율적인 학습을 위한 환경적 조건 조성을 강조하여 윤리적으로 중립적이라는 평가를 받고 있다.

3) 인간중심 상담이론

(1) 기본 견해

인간중심 상담이론은 1940년대 인본주의 심리학자인 로저스(C. R. Rogers)에 의해 발전된 상담이론으로, 정신분석적 상담이 인간의 본능적 욕구를 지나치게 강조하면서 상담자가 진단적이고 해석적이며 지시적인 태도를 취하는 측면과 행동주의적 상담이론이 인간의 행동을 자극에 대한 반응으로 지나치게 단순화한 측면을 비판하여 이를 대체할 인본주의에 기반을 둔 비지시적 인간중심적 상담이 등장하였다(조규판 외, 2018).

인간중심 상담이론은 인간을 합목적적이고 건설적이며 현실적인 존재인 동시에 아주 신뢰할 말한 선한 존재로 본다(김계현 외, 2015). 따라서 인간중심 상담에서는 내담자의 문제를 상담하는 데 있어 내담자의 주도성과 책임감을 강조하며, 로저스(Rogers, 1961)는 내담자가 자신의 문제를 인식할 수 있는 잠재력과 동시에 그것을 해결할 수 있는 방법 또한 갖고 있다고 본다. 즉, 내담자는 자신의 부적응 요인들을 자각하는 능력과 부적응 상태에서 벗어나서 심리적인 적응상태로 나아가는 능력과 경향성을 갖고 있다고 보는 것이다.

그러므로 인간중심 상담의 목표는 내담자로 하여금 충분히 기능하는 인간으로 성장하도록 돕는 것이다. 즉, 상담자는 상호신뢰적인 분위기를 형성하여 내담자가 거리낌 없이 자기를 공개하도록 함으로써 내담자가 자신의 내면세계를 이해하고 자신의 문제를 파악할 수 있도록 돕는 것이다. 이러한 관계를 통해 내담자는 자신의 왜곡된 지각을 수정하고, 현실적 경험과 자아개념 간에 적절한 조화를 이루며, 자신의 능력을 최대한 발휘하는 완전히 기능하는 인간이 되는 것이다(강봉규, 2004)

로저스(Rogers, 1961)는 이와 같은 상담목표를 달성하기 위해 상담자와 내담자의 관계를 중시하고, 개입의 방향에 대한 일차적인 책임이 내담자에게 있도록 내담자의 과거 문제보다 '지금-여기(now and here)'를 강조하기도 한다. 따라서 인간중심 상담에서 언급하는 상담기법은 특별한 것이라기보다는 내담자에 대한 상담자의 태도라고 할 수 있다. 그는 상담 진행과정에서 상담자가 지녀야 할 특징적인 태도로 공감적 이해, 무조건적 긍정적 수용과 진실성(솔직성)을 들고 있다.

공감적 이해는 상담과정에서 나타나는 내담자의 생각·감정·경험에 대해 상담자가 함께 느끼고 감정이입적으로 내담자를 이해하는 것을 말한다. 그렇게 하기 위해서는 공감하는 사람이 다른 사람의 지각세계에서 길을 잃지 않도록 그 대상과 충분히 분리되어야 한다(천성문 외 역, 2013). 공감적 이해는 상담자가 '그 감정에 빠져서 자신을 잃지 않으면서' 내담자의 감정이 자신의 감정인 것처럼 정확하게 이해하는 것을 뜻한다.

무조건적 긍정적 수용이란 상담자가 내담자가 나타내는 어떤 감정이나 사고·

행동에 대해서도 비판이나 평가 없이 내담자를 있는 그대로 존중하고 수용하는 태도를 말한다. 즉, 상담자는 내담자를 갈등과 부조화, 그리고 긍정적인 점과 부정적인 점을 갖추고 있는 그대로의 개인으로서 내담자를 이해하고 존중하는 것이다.

진실성이란 상담자가 내담자와의 상담관계에서 경험하는 느낌이나 감정을 가식이나 왜곡없이 솔직하게 표현하는 것을 말한다. 진실성이 있는 상담자는 속으로 생각하고 느끼는 것과 밖으로 드러나는 언행과 태도가 일치한다. 이러한 의미에서 진실성을 일반적으로 솔직성 또는 일치성이라고도 부른다.

요약하면, 인간중심 상담이론은 첫째, 상담자보다는 내담자가 주체가 되어 상담이 진행되어야 함을 강조하였다. 즉, 내담자가 주체가 되어 스스로 문제를 해결해야 한다는 점을 강조하였다.

둘째, 상담자와 내담자의 관계의 중요성을 강조하였다. 상담자와 내담자의 관계가 신뢰롭고 돈독할 때 상담이 성공할 수 있다는 사실을 인식시켰다.

셋째, 상담의 기술보다는 내담자에 대한 상담자의 태도가 상담의 성공을 가져온다고 주장하였다. 상담자의 진실성, 무조건적 긍정적 존중, 그리고 공감적 이해능력이 필수조건임을 널리 알려 주었다.

넷째, 인간행동에서 감정의 역할, 즉 정의적 측면의 중요성을 인식시켰다. 인간관계나 문제해결과정에서 표현되지 않는 감정을 제대로 이해할 수 있어야 상담에서 성공할 수 있음을 보여주었다.

(2) 상담 과정(천성문 외, 2012)

① 초기단계에서 상담자가 내담자를 무조건적으로 수용하고 공감적인 이해의 태도를 취하게 되면, 상담자와 내담자 간에 신뢰 있는 상담관계가 형성되면서 내담자는 자신의 감정을 탐색할 수있게 된다. 그리고 불안, 분노, 죄책감 등의 많은 부정적인 감정을 자유롭게 표현하게 된다. 내담자가 표현하는 것을 그대로 이해하고 수용하는 상담자의 태도는 내담자 스스로 자신을 이해

하고 수용하도록 한다.

② 상담의 중기단계에서는 내담자는 자신을 보다 잘 이해하고 수용하고 그에 따라 더욱 긍정적이고 건설적인 행동을 취하게 된다. 내담자는 이러한 과정에서 새로운 각도로 자신을 이해하고 수용하게 된다. 내담자는 자신이 왜곡하고 부정해 왔던 여러 가지 경험, 즉 사고, 감정 충동 등이 생각해 왔던 것처럼 그렇게 부정적이고 비난 받아야 하는 것이 아니라, 오히려 긍정적이고 창조적이며 가치 있는 것들임을 깨닫고, 자기의 감정에 솔직해지려는 노력을 하게 된다.

③ 종결단계에 이르면, 내담자는 전에 부인하였던 감을 수용하고 현실을 왜곡하지 않고 있는 그대로 받아들이며, 스스로 자신의 문제를 해결하며 성장해 나간다.

(3) 인간중심상담이론의 공헌

인간중심 상담에서 사용하는 상담의 초점은 기법중심에서 관계중심에 맞춰져 있고, 이는 고도로 훈련된 전문가들의 독점물이었던 상담을 모든 사람이 이해하고 활용할 수 있는 방향으로 발전시키는데 많은 공헌을 하였다. 오늘날 로저스의 접근은 개인상담, 집단상담이나 심리치료의 분야에서뿐만 아니라 교육, 사업, 결혼, 가정 생활, 국제 관계 등의 분야에서 인간의 문제를 해결하고 인간의 성장을 돕기 위한 접근방법으로 확대·발전해 나가고 있다.

4) 합리적 · 정서적 행동상담이론 (Rational Emotive Behavior Therapy: REBT)

(1) 기본 견해

합리적·정서적 행동상담이론은 엘리스(Albert Ellis) 에 의해 창시되고 널리 보급된 인지적 상담이론 중 하나이다. 합리적·정서적 행동상담에서는 인간이 합리적이고 올바른 사고를 할 수도 있지만, 비합리적이고 왜곡된 사고를 할 수도 있다고 가정한다. 엘리스는 인간은 성장이나 실현경향성을 가지고 태어났으나, 다른 한편으로는 타고난 바르지 못한 사고와 학습한 자기패배적인 사고양식 때문에 성장잠재력 실현에 어려움을 갖는다고 보고 있다.

더 나아가서 그는 인간의 감정과 행동은 모두 개인의 사고에서 나오기 때문에, 개인의 사고를 변화시키면 잘못된 개인의 행동과 감정도 변화시킬 수 있다고 믿는다. 즉, 인간의 정서, 행동, 사고 중에서 사고가 인간의 행동과 감정을 결정짓는 가장 중요한 요인으로 보았다. 따라서 합리적·정서적 행동상담에서 상담자의 역할은 내담자가 가지고 있는 잘못된 생각을 현실적이고 합리적인 생각으로 바꾸는데 있고, 이를 위해 상담자는 교육적이고 지시적인 상담기법을 사용한다.

합리적·정서적 행동상담에서는 인간의 심리적 문제는 일상생활에서 겪는 사건 자체가 아니라 그 사건을 왜곡하여 생각하는 데서 비롯된 자신의 비합리적 사고로부터 발생된다고 여긴다. 그러므로 상담자는 내담자의 왜곡된 지각과 비합리적 사고나 신념으로부터 파생된 심리적 문제를 인지시키고, 내담자가 합리적이고 논리적인 사고를 재조직할 수 있도록 돕는다.

결국 합리적·정서적 상담의 목표는 내담자의 자기파괴적인 신념들을 줄이고, 내담자가 보다 합리적이고 현실적이며 관대한 신념과 인생관을 갖게 하여, 더욱 융통성 있고 생산적인 삶을 살아가도록 내담자를 돕는 것이다(김계현 외, 2015).

(2) 상담의 일반적 원리(ABCDE 전략)

엘리스 이론의 핵심인 합리적·정서적 행동상담의 기본절차로 ABCDE모형을 제안하고 있다.

① 선행사건 A(Antecedent Event): 내담자가 생각하는 문제 장면이나 선행사건을 말한다.

② 신념체계 B(Belief System): 선행사건에 대한 내담자의 신념(Belief)을 뜻한다. 생활에 부적응을 보이는 사람들은 비합리적 신념체계를 가지고 있다.

③ 결과 C(Consequence): 선행사건 A에 대한 비합리적 신념 때문에 생긴 정서·행동적 결과(Consequence)를 말한다. 선행사건 A를 경험한 후 개인의

신념체계를 통해 사건을 해석함으로써 생기는 정서적, 행동적 결과-우울, 지나친 불안, 죄책감, 분노, 수치심 등을 말한다.

④ 논박 D(Depute): 비합리적 사고와 신념 B를 논리성, 실용성, 현실성에 비추어 상담자가 적극적으로 논박하는 것을 뜻한다. 이것은 내담자의 왜곡된 사고와 신념을 수정하기 위한 대표적인 방법이다.

⑤ 효과 E(Effect): 비합리적 신념을 논박한 후의 효과이다. 그 효과는 첫째, 이성적으로 생각하는 인지적 효과 둘째, 바람직한 정서로 바뀌는 정서적 효과 셋째, 바람직한 행동을 나타내는 행동적 효과가 있다.

ABCDE모형에서의 핵심은 내담자가 겪는 심리적 문제 C는 선행사건 A때문이 아니라 그 사건에 대해 내담자가 가진 신념 B때문이라는 것이다. 따라서 상담자는 내담자가 가지고 있는 비합리적 사고에 논박을 가해 선행사건에 대한 내담자의 사고방식을 바꿈으로써 내담자의 정서적·행동적 결과를 적응적인 것으로 변화시키는 것이다.

(3) 상담과정

① 상담초기 : 첫 회기에 상담자가 내담자와 편안하고 신뢰로운 관계를 맺어 안정적 상담관계를 수립하는 것이 중요하다. 내담자가 호소하는 심리적 문제들을 구체적으로 탐색하며 내담자가 상담에서 무엇을 기대하는지를 알아본다. REBT상담에 익숙하지 않은 내담자에게 REBT 이론 및 상담 목적을 설명하고 내담자가 상담에서 역할을 담당하도록 촉구한다.

② 상담중기: 내담자의 주요 호소문제인 심리적인 부적응과 자기 파괴적 행동을 ABC 모델을 적용하여 찾아낸다. 이러한 작업은 비합리적 신념을 찾아내고 논박한다. 논박을 통해 지적 통찰과 정서적 통찰을 내담자가 획득하도록 상담자는 인지적, 정서적, 행동적 기법을 다양하게 사용한다.

③ 상담종결: 내담자가 스스로 자신의 비합리적 신념을 논박하며 자신의 삶에 적용할 준비가 되도록 훈습(薰習)시켜야 한다.

(4) 합리적·정서적 행동상담이론의 공헌

이 접근은 상담의 효과가 크다고 알려져 있으며 상담이론의 발전에 크게 기여하고 있다. 이론의 공헌점은 첫째, 엘리스(Ellis)는 종전의 상담이론의 접근법과는 달리 인간의 심리적 부적응을 인지적 부분에 초점을 두어, 비합리적인 신념체계와 비합리적 사고를 체계화하여 이론적으로 제시하였다. 둘째, 상담과정을 통하여 얻은 통찰을 실천할 것을 강조하여, 행동적 측면을 치료과정의 부분으로 적용한 것이다. 셋째, 상담과정 중 과제를 통해서 치료자의 직접적인 개입이 없이도 내담자 스스로가 능동적으로 변화하는 방법을 제시하고 있다.

참고문헌

참고문헌

강봉규 (1992). 발달심리학. 정훈출판사.

강봉규(2004). 상담이론과 실제. 서울: 교육출판사.

강성훈(2008). 루소에 대한 자연주의적 해석의 문제. 고려대학교 대학원 박사학위논문.

강소연·권양이·김현진·박선희·이지은·이혜정·조성희·최금진·최재정·최태진 (2019). 교육학 개론. 경기: 양서원.

강이철(2011). 교육방법 및 교육공학 입문. 경기: 양서원.

강진령·유형근(2004). 초등학교 고학년을 위한 학교상담 프로그램 II. 서울: 학지사.

강진령·이종연·유형근·손형동(2010). 상담자 윤리. 서울: 학지사.

강현석· 이지은(2017). 이해중심 교육과정을 위한 백워드 설계의 이론과 실천: 교실혁명. 서울: 학지사.

강현석·전호재(2013). 교육과정 우수학교 정책의 성과와 발전 과제. 한국교육학 연구, 19(3), 45-75.

고미숙(2006). 교육철학. 서울: 문음사.

곽덕주·강대중·박현정·소경희·이선영·정동욱·조영환(2017). 미래교육, 교사가 디자인하다. 경기: 교육과학사.

교육부 홈페이지(www.moe.go.kr)

교육부(2015). 초·중등학교 교육과정. 교육부.

교육부(2017a). 선생님과 학교가 실천한 빛나는 자유학기 수업. 교육부 보도자료(2017. 6.15)

교육부(2017b). 제15회 전국 100대 교육과정 우수학교 선정 결과 발표. 교육부 보도자료(2017. 12. 15)

교육부(2021). 국민과 함께하는 미래형 교육과정 추진 계획(안). 교육부 보도자료(2021. 4)

교육부(2022). 2022 개정 초·중등학교 및 특수교육 교육과정 확정·발표. 교육부 보도자료(2022. 12. 22).

구병두·김범준(2007). 교육과정 및 교육평가. 경기: 공동체.

국가교육과정정보센터(http://www.ncic.go.kr)

권석만(2004). 젊은이를 위한 인간관계의 심리학. 서울: 학지사.

김계현·김동일·김봉환·김창대·김혜숙·남상인(2015). 학교상담과 생활지도(2판). 서울: 학지사.

김국현(2012). 교육학개론. 경기: 교육과학사.

김규태·김영보·김정란·변기흠·안병규·이재식·이혜정·장동만·최명숙(2013). 현장전문가가 들려주는 교직실무. 경기: 공동체.

김기정(1996). 『긍정적 자아개념의 형성(교육학연구 16)』, 서울: 문음사.

_____(1998). 교육심리학, 서울: 교육과학사.

김대현(2017). 교육과정의 이해. 서울: 학지사.

김대현·김석우·김영환·김정섭·김회용·박수홍·박창언·안경식·유순화·이동형·이병준·이상수·주철안·한대동·홍창남(2015). 교육과 교육학. 서울: 학지사.

김도수(1994). 교육학개론. 경기: 교육과학사.

김명희·이경희(1998). 다중지능의 이론과 실제, 서울: 양서원.

김미정·유영만(2007). 액션러닝과 조직변화; 변화를 유도하는 학습, 실천을 촉구하는 학습, 교육과학사.

김범준·구병두(2007). 교육학개론. 경기: 공동체.

김병성(1997). 교육사회학. 경기: 양서원.

김병희(2007). 교육철학 및 교육사. 경기: 공동체.

김병희·김형구·배재학·이기용·이영애·정길영·최병옥(2008). 교육학개론. 경기: 공동체.

김언주 외 역(1996). 『동기이론(교육학연구 41)』, 서울: 문음사.

김언주(1987). 심교육심리학, 서울: 문음사.

김영수·강명희·정재삼 편저(2002). 교육공학의 최근 동향, 경기: 교육과학사.

김재춘(2001). 교육과정과 교육평가. 서울: 교육과학사.

김정란·김종협·변기흠·손종호·이재식·이혜정·정미애·최계원·최명숙(2016). 교직실무. 경기: 공동체.

김정일 외(2016). 교육행정 및 교육경영, 서울: 학지사.

김정환·강선보(1996). 교육철학. 서울: 박영사.

김현진(1999). "다중지능 측정도구의 타당화 연구" 석사학위논문, 서울대학교 대학원.

남궁용건(1990). 교육사신론(신). 교학연구사.

남궁용건·김남근·김노연(2005). 알기쉬운 교육학 개론. 경기: 양서원

문선모(2007). 인간성장을 위한 교육의 과제. 계명교육포럼.

문용건(2001). 다중지능 인간지능의 새로운 이해, 서울: 김영사.

박성익(1998). 教授·學習 方法의 이론과 실제(I), 경기: 교육과학사.

박소연·김문수 역(2001). 동기-이론 연구 그리고 활용, 시그마프레스.

박수홍·안영식·정주영(2010). 체계적 액션러닝. 서울: 학지사.

박숙희·염명숙(2007). 교수-학습과 교육공학. 서울: 학지사.

박영진(2012). 교육철학 및 교육사. 정민사.

박영진·장성화(2018). 최신 교육학의 이해. 동문사.

박윤수(2017). 자유학기제 효과성 연구. 한국개발연구원 정책연구시리즈 2017-13.

박인우·김영래·나경은·장지은·정창호(2013). **한국의 교육문제**. 서울: 원미사.

박창언(2017). **현대 교육과정학**. 서울: 학지사.

백영균·한승록·박주성·김정겸·최명숙·변호승·박정환·강신천·윤성철(2016). **스마트 시대의 교육방법 및 교육공학 4판**. 서울: 학지사.

변영계(1999). **교수·학습 이론의 이해**. 서울: 학지사.

변영계·김영환·손미(2007). **교육방법 및 교육공학**. 서울: 학지사.

변영계·김영환·손미(2012). **교육방법 및 교육공학(3판)**. 서울: 학지사.

서미옥(2015). **잘 가르치기 위한 교육방법 및 교육공학**. 경기: 공동체.

서봉연 역(1983). **발달의 이론**, 중앙적성출판사.

서울대학교 교육연구소 편(1997). **한국교육사**. 서울: 교육과학사.

석태종(1995). **현대사회와 교육**. 서울: 동문사.

성기산(1993). **서양교육사 연구**. 서울: 문음사.

성태제·강대중·강이철·곽덕주·김계현·김천기·김혜숙·봉미미·유재봉·이윤미·이윤식·임웅·홍후조(2014). **최신교육학개론 2판**, 서울: 학지사.

송유진·김규태(2012). **교육철학의 이해**. 강현출판사.

신득렬(2000). **교육사상사**. 서울: 학지사.

신명희(2002). **교수방법의 심리적 기초**, 서울: 학지사.

신차균·안경식·유재봉(2006). **교육철학 및 교육사의 이해**. 서울: 학지사.

신철균·황은희·김은영(2015). 자유학기제 운영 실태 분석 연구. 아시아 교육연구, 16(3), 27-55.

신현석·안선희·김동석·김보엽·박균열·박정주·반상진·변기용·양성관·엄준용·이강·송유진(2012). 위기의 교육 현장에서 되돌아 본 Rousseau 감성교육의 재음미. 교육철학, 한국교육철학회, 제46집. 169-193.

신효정·송미경·오인수·이은경·이상민·천성문(2022). 생활지도와 상담 제2판. 서울: 박영story.

안병환·가영희·성낙동·임성우(2008). **교육행정 및 교육경영**. 경기: 공동체.

오성삼·구병두(1997). **교육과정 및 평가의 이해**. 서울: 양서원.

오인탁(1995). **고대 그리스의 교육사상**. 서울: 종로서적.

오천석(1964). **한국 신교육사**. 서울: 현대교육총서출판부.

윤재흥(2015). **교육철학 및 교육사**. 서울: 학지사.

윤정일·송기창·조동섭·김병주(2015). **교육행정학원론(6판)**. 서울: 학지사.

이경호·이일권·이정진·전상훈·조홍순(2015). **학습시회의 교육행정 빚 교육경영(2판)**. 서울: 학지사.

이광규(1980). **문화인류학 개론**. 서울: 일조각.

이기용·강정숙·김규태·김덕희·이경순·최석민(2020). 중등예비교사를 위한 교직실무. 경기: 양성원.

이명준(2000). 분석적 교육철학. 서울: 원미사.

이상오(2014). 상상력과 교육, 인간과 테크놀로지의 만남. 강현출판사.

이상주(1997). 미래를 위한 한국교육. 서울: 교육과학사.

이성은·오은순·성기옥(2002). 초·중등 교실을 위한 새교수법. 경기: 교육과학사.

이성진(1990). 교육 심리학 서설. 경기: 교육과학사.

이성호(2009). 교육과정론. 서울: 양서원.

이성흠·이준(2009). 교육방법 및 교육공학. 경기: 교육과학사.

이수원 외(1993). 심리학: 인간의 이해. 서울: 정민사.

이영덕(1990). 사회교육의 이해. 서울: 교육과학사.

이용한·곽기상(2005). 교육방법과 교육공학. 서울: 형설출판사.

이위환·김용주(2007). 교육심리학. 서울: 청목출판사.

이위환·송유진(2008) 생활 속 명품심리를 찾아서 생활 속의 심리. 서울: 청목출판사.

이장호(2005). 상담심리학(4판). 서울: 박영사.

이종만(1996). 열린 학습사회를 위한 사회교육 개혁방안. 교육개혁위원회 제10차 공청회 자료.

이주한(2009). 교육의 역사와 철학적 탐구. 서울: 창지사.

이지혜(1993). 학습하는 사회. 서울: 배영사.

이찬교·김재웅(2005). 교육행정. 서울: 한국방송통신대학교 출판부.

이창덕·민병곤·박창균·이정우·김주영(2010). 수업을 살리는 교사화법. 서울: 즐거운 학교.

이은정(2020). 백워드 설계 및 교수적합화 기반의 지적장애학생 생활 연계 과학수업 적용 연구.

이형득(1992). 상담이론. 서울: 교육과학사.

이홍우(1997). 知識의 構造와 敎科. 경기: 교육과학사.

이화여자대학교 교육공학과(2001). 21세기 교육방법 및 교육공학. 경기: 교육과학사.

임규혁(1996). 교육심리학, 서울: 학지사.

장진호(1983). 평생교육과 사회교육. 서울: 대은출판사.

장혁표(1993). 생활지도. 서울: 형설출판사.

전성연 외 역(2003). 학습과 교수에 대한 이해, 서울: 교육과학사.

전성연·김수동 역(1998). 교수-학습이론, Robert M. Gagné. 서울: 학지사.

정명화(2009). 예비교사를 위한 교육학의 이해. 경기: 공동체.

정영진(1996). 자녀발달의 결정적 시기, 서울: 학지사.

정옥분(2004). 아동발달의 이해, 서울: 학지사.

정우현(1993). 사회교육론: 그 방향과 과제. 경기: 교육과학사.

정원식(1969). 인간과 교육. 신교육학전서 제3권. 서울: 배영사.
정윤경(2016). 자유학기제의 개혁적 의미와 과제. 교육철학연구, 38(4). 105-129.
정인성·나일주(2004). 원격교육의 이해(제2판). 경기: 교육과학사.
조규락·전성연(2006). 교육방법 및 교육공학; 교육공학의 3차원적 이해, 서울: 학지사.
조규판·홍애순·송윤정·우수희·길상(2018). 교육학개론. 서울: 창지사.
조벽(2012). 조벽 교수의 수업 컨설팅. 서울: 해냄.
조현춘·조현재(1996). 심리상담과 치료의 이론과 실제. 서울: 시그마프레스.
주삼환·천세영·김택균·신붕섭·이석열·김용남·이미라·이선호·정일화·김미정·조성만(2016). 교육행정 및 교육경영(5판). 서울: 학지사.
주영주·최성희(2004). 교수매체의 제작과 활용. 서울: 남두도서.
진규철(1993). 사회교육효과에 관한 연구. 사회교육연구 제18권. 한국사회 교육협회.
진규철·엄익명·이위환(1995). 사교육에 대한 학부모 인식. 지역사회 개발 심포지엄. 상주산업대 인문사회과학부.
진규철·이위환(1992). 도시사회와 교육. 대구: 중문출판사.
천성문·박명숙·박순득·박원모·이영순·전은주·정봉희(2012). 상담심리학의 이론과 실제(2판). 서울: 학지사.
최운실(1987). 평생교육적 관점에서 본 학교교육체제 발전전략. 한국교육 개발원.
최운실(1990). 한국의 평생교육. 서울: 교학사.
최종진·심은석·박균달·박경수·조호식·노희선(2016). 현대 교육행정 및 교육경영. 서울: 양서원.
한국교육공학회(2005). 교육공학용어사전. 경기: 교육과학사.
한상길·김웅래·박선환·박숙희·정미경·조금주(2014). 교육학개론. 서울: 공동체.
한상길·김웅래·박선환·박숙희·정미경(2020). 교육학개론(2판). 경기: 공동체.
한숙자(2004). 전문상담학 개론. 서울: 창지사.
한유경·임현식·김병찬·김성기·정제영·이희숙·임소현·김은영·윤수경·이윤희·김화영·김경애·정현주(2018). 교육행정 및 교육경영. 서울: 학지사.
한혜정·이주연(2017). 학문중심 교육과정 및 이해중심 교육과정과의 비교를 통한 역량 기반 교육과정 이해. 교육과정연구. 35(3), 203-221.
홍기칠(2012). 교육방법 및 교육공학. 경기: 공동체
홍웅선(1983). 평생교육과 학교교육. 유네스코 한국위원회(편). 평생교육의 기초와 체제. 서울: 법문사.
홍후조(2016). 알기 쉬운 교육과정. 서울: 학지사.
황종건(1983). 평생교육의 원리. 유네스코 한국위원회(편). 평생교육의 기초와 체제. 서울:

법문사.

Adler, M. (1966). *How to Read a Book*. New York: Simon & Schuster.

Aristotle. (1984). 니코마코스 윤리학 (최명관 역). 서울: 서광사.

Barrow, R. (1987). 플라톤과 교육 (박재문 · 서영현 역). 서울: 문음사.

Boyd, W. (1996). 서양교육사 (이홍우 · 박재문 · 유한구 역). 서울: 교육과학사.

Bruner, J. S.(1966). The Process of Education. Harvard University Press. 1960. 李洪雨(譯). 「브루너 教育의 過程」. 서울: 培英社.

Bruner, J. S.(1966). *Toward a theory of instruction*. Cambridge, MA: Belknap.

Driscoll, M. P.(1994). *Psychology for instruction*. Needham Heights, MA: Allyn & Bacon.

Ellis, A.(1970). *The essence of rational: A comprehensive approach to treatment*.

NY: Institute for Rational Living.

Freud, S,(1949). *An outline of psychoanalysis.* NY: Norton & Company, Inc.

Gagné, R. M.(1985). *The conditions of learning*(4th ed.). NY: Holt, Rinehart & Winston.

Galbraith, J. K.(1964). *The new industrial state. Boston*, MA: Houghton Mifflin.

Hoy, W. K., & Miskel, C. G.(2013). Educational Administration: Theory, Research, and Practice(9th, ed.). NY: McGraw-Hill Education.

Kemp, J. E., & Smellie, D. C. (1989). Planning, Producing, and Using Instructional Media(6th ed.). New York: Harper & Row Publishers.

Isecke, H.(2010). Backward planning: building enduring understanding through

instructional design. 강현석 · 이지은 · 정수경(역)(2016). 백워드 설계와 수업 전문성.

서울: 학지사.

Rogers, C. R(1961). *On becoming a person: A therapist's view of psychotherapy* Boston: Houghton Mifflin Company.

Saettler, P. (1990). *The evolution of American educational technology*. Englewood, CO: Libraries Unlimited.

Seels, B., & Richey, R. C.(1994). *Instructional technology: The definition and domains of the field*. Washington, DC.: AECT.

Shertzer, B., & Stone, S.C.(1974). *Fundamantals of counseling*, 2nd. Boston: Houghton Mifflin Company.

Tyler, R. W. (1949). *Basic Principles of Curriculum and Instruction*. Chicago. The University of Chicago press.

Tyler, R. W. (1949). Basic Principles of Curriculum and Instruction. 진영은(역)(2010). Tyler의 교육과정과 수업지도의 기본원리. 서울: 양서원.

Wubbolding, W. E.(2000). *Reality Therapy for the 21st Century*. Muncie, IN: Taylor & Francis.

저 자 소 개

이위환

경북대학교 교육학과 교수

박은실

경북대학교 교육학과 외래교수

정선영

경운대학교 상담복지학과 교수

형정은

동의과학대학교 유아교육과 교수

안도연

인하대학교 아동심리학과 초빙교수

교육의 이해

초 판 1쇄 인쇄 2024년 3월 4일
초 판 1쇄 발행 2024년 3월 8일

지 은 이 | 이위환·박은실·정선영·형정은·안도연
펴 낸 이 | 김기섭
편 집 인 | 오선율
펴 낸 곳 | 창지사 www.changjisa.com
08589 서울시 금천구 가산디지털 1로 83 파트너스타워 1차 9층
전화 (02)719-2211~3
팩스 (02)701-9386
등 록 | 1977년 4월 28일 · 제1-421호

ISBN 978-89-426-1861-3 (93370)

값 21,000원